古典文獻研究輯刊

十三編

潘美月・杜潔祥 主編

第 13 冊

劉秉忠《藏春樂府》研究（下）

林妙玲 著

國家圖書館出版品預行編目資料

劉秉忠《藏春樂府》研究（下）／林妙玲 著 — 初版 — 新北市：
花木蘭文化出版社，2011〔民100〕
目 4+166 面；19×26 公分
（古典文獻研究輯刊 十三編：第 13 冊）
ISBN：978-986-254-634-5（精裝）
1.（元）劉秉忠 2.學術思想 3.詞論
011.08   100015559

ISBN-978-986-254-634-5

古典文獻研究輯刊
十三編 第十三冊   ISBN：978-986-254-634-5

劉秉忠《藏春樂府》研究（下）

作　　者 林妙玲
主　　編 潘美月　杜潔祥
總 編 輯 杜潔祥
企劃出版 北京大學文化資源研究中心
出　　版 花木蘭文化出版社
發 行 所 花木蘭文化出版社
發 行 人 高小娟
聯絡地址 新北市永和區中正路五九五號七樓
　　　　 電話：02-2923-1455／傳真：02-2923-1452
網　　址 http://www.huamulan.tw 信箱 sut81518@gmail.com
印　　刷 普羅文化出版廣告事業
初　　版 2011 年 9 月
定　　價 十三編 20 冊（精裝）新台幣 31,000 元

劉秉忠《藏春樂府》研究（下）

林妙玲　著

目 次

附錄　藏春樂府箋注

例　言

一、劉秉忠遺集於至元二十四年由商挺彙編，嚴復作序，卷數不詳，惜不復傳世。明天順五年處州知府馬偉始刊刻印行，凡六卷，收其七言律詩、七言絕句及詞。弘治元年，順德府取天順原版重刊。清光緒十九年，臨桂王鵬運四印齋重新付梓刊行《藏春樂府》一卷。清乾隆年間《四庫全書》本亦刻《藏春集》六卷。近人唐圭璋據丁丙四庫鈔本校訂四印齋本，將其樂府一卷收錄於《全金元詞》中。

二、劉秉忠詞作一卷，名爲《藏春樂府》。今可得見較爲完整的刻本有：《藏春詩集》六卷（明弘治元年順德府刊本）、《藏春集》六卷（四庫全書本）、《藏春樂府》一卷（清光緒十九年臨桂王氏家塾四印齋刊本）、《劉太傅藏春集》六卷（清鈔本）、《藏春集》六卷（清乾隆間寫文淵閣四庫全書本）、《藏春詩集》六卷（清初曹氏倦圃抄本）、《藏春詩集》六卷（清彭氏知聖道齋抄本）、《藏春集》四卷（清抄本）、《藏春詞》一卷（又次齋詞編）等。其中除了《藏春樂府》、《藏春詞》爲單純詞集外，六卷本、四卷本之《藏春集》皆是詩詞集。六卷本將其詞收於卷五，四卷本將其詞收於卷四。《全金元詞》本，將之收錄在下冊元詞的部分。

三、本箋注以弘治刻本爲底本，與天順本之鈔本——《劉太傅藏春集》六卷（清鈔本）相對照，參酌唐圭璋《全金元詞》所收錄之詞，補《析津志輯佚》所錄〈秦樓月〉一闋，共得詞八十二闋。並從詞譜、文意著手，根據劉秉忠塡該詞牌之習性，校對考訂，以求還劉秉忠樂府之原貌。

四、以下之句讀，乃參考詞譜爲之。標點「、」表句中讀，標點「，」表句，標點「。」表韻。以「○」表平聲，「●」表仄聲，「⊙」表平可仄，「◐」表仄可平。明弘治元年順德府刊本，簡稱爲弘治本；四庫全書本，簡稱四庫本；王氏家塾四印齋刊本，簡稱四印齋本；劉太傅藏春集六卷清鈔本，簡稱天順舊鈔本；唐圭璋《全金元詞》，則逕稱全金元詞。

箋　注

木蘭花慢 [1]

一

到閑人閑處，更何必、問窮通 [2]。但遣興哦詩，洗心觀易，散步攜
筇 [3]。浮雲不堪攀慕，看長空澹澹沒孤鴻 [4]。今古漁樵話裏，江
山水墨圖中 [5]。　　千年事業一朝空。春夢曉聞鐘 [6]。得史筆標
名，雲臺畫像，多少成功 [7]。歸來富春山下，笑狂奴何事傲三公 [8]。
塵事休隨夜雨，扁舟好待秋風 [9]。

【校】

五個版本所錄之字句皆同。

【箋注】

〔1〕木蘭花慢：此調有押短韻及不押短韻兩體，此屬不押短韻者，雙調，一百一
字，前段九句四平韻，後段九句五平韻。

〔2〕到閑人閑處，更何必、問窮通：只求悠閒自適，毋須在意窮困與顯達。閑人
閑處，同閒人閒處，指悠遊自得之境地，如趙師秀〈盧申之載酒舟中分韻得
明字〉：「閒人閒處住，載酒荷高情。」段成己〈立春後數日盛寒不出因賦鄙
語敬呈遯菴尊兄一笑〉：「誰伴閑人閑處閒，梅花枝上月團圓。」更何必問窮
通，即不必詢問前途是困窘或通達，用法同柴元彪〈送黃集虛赴任知州〉：「買
犢只因耕犖确，拂龜何必問窮通。」窮通，窮困與顯達，陶潛〈詠貧士〉：「介
焉安其業，所樂非窮通。」謝靈運〈過白岸亭詩〉：「榮悴迭去來，窮通成休
慼。」

〔3〕洗心觀易，散步攜筇：沉澱心靈研讀易書，策杖散步於山水之中。洗心，洗
滌心胸，摒除惡念或雜念，《易經・繫辭上》：「聖人以此洗心，退藏於密。」
王維〈與胡居士皆病寄此詩兼示學人〉：「洗心詎懸解，悟道正迷津。」散步
攜筇，持杖漫步於山水間，白居易〈新昌新居書事四十韻因寄元郎中張博士〉：
「緩步攜筇杖，徐吟展蜀箋。」齊己〈遊谷山寺〉：「此身有底難拋事，時復
攜筇信步登。」筇，竹杖，因筇竹可為杖，故稱杖為筇，郭震〈雲〉：「聚散
虛空去復還，野人閒處倚筇看。」王維〈謁璿上人〉：「床下阮家屐，窗前筇
竹杖。」

〔4〕浮雲不堪攀慕，看長空澹澹沒孤鴻：指世事難以掌控。浮雲不堪攀慕，功業
無法掌握之慨嘆，用法同杜甫〈前出塞〉：「浮雲暮南征，可望不可攀。」攀

慕，戀慕敬仰，陸雲〈吳故丞相陸公誄〉：「攀慕靡及，永戀光愛。」顏眞卿〈與夫人帖〉：「惟攀慕不及，摧毀何堪，痛當奈何。」長空澹澹沒孤鴻，喻功名利祿轉眼成空，用法同杜牧〈登樂遊原〉：「長空澹澹孤鳥沒，萬古銷沉向此中。」長空，遼闊的天空，曹植〈愁霖賦〉：「瞻玄雲之晻晻兮，聽長空之淋淋。」梁簡文帝〈春宵〉：「花樹含春叢，羅帳夜長空。」澹澹，此作悠遠的樣子，元稹〈和樂天別弟後月夜作〉：「悵望天澹澹，因思路漫漫。」許渾〈鷺鷥〉：「西風澹澹水悠悠，雪點絲飄帶雨愁。」

〔5〕今古漁樵話裏，江山水墨圖中：古今成敗轉頭空。今古漁樵話裏，今古歷史盡在漁樵言談中，用法同岑參〈緱山西峰草堂作〉：「遂耽水木興，盡作漁樵言。」漁樵，隱居山林者，何遜〈夕望江橋示蕭諮議楊建康江主簿〉：「爾情深鞏洛，予念返漁樵。」劉孝威〈奉和六月壬午應令〉：「初心重丘壑，微步懷漁樵。」江山水墨圖中，指江山已經改易，只能在水墨圖中見到。江山，國土或國家政權，如杜甫〈詠懷古跡〉：「江山故宅空文藻，雲雨荒臺豈夢思。」姚鵠〈書情獻知己〉：「花月登臨處，江山悵望中。」水墨圖，專用水墨渲染而成的圖畫，劉敞〈微雨登城〉：「淺深山色高低樹，一片江南水墨圖。」劉摯〈涵輝閣〉：「暫來秖是林泉客，長見須憑水墨圖。」

〔6〕千年事業一朝空。春夢曉聞鐘：言功名繁華如夢一場，轉眼成空。千年事業一朝空，指人世繁華轉眼成空，李嶠〈汾陰行〉：「千齡人事一朝空，四海爲家此路窮。」事業，偉大的功業，鮑照〈松柏篇〉：「戀戀念平生，事業有餘結。」杜甫〈上白帝城〉：「英雄餘事業，衰邁久風塵。」一朝，忽然有一天，陶潛〈飲酒〉：「詩書復何罪，一朝成灰塵。」鮑照〈代東武吟〉：「時事一朝異，孤績誰復論。」春夢曉聞鐘，指美夢已醒，武元衡〈酬嚴維秋夜見寄〉：「遙夜思悠悠，聞鐘遠夢休。」春夢，美夢，此比喻幻想、妄想，劉長卿〈京口懷洛陽舊居兼寄廣陵二三知己〉：「那堪歲芳盡，更使春夢積。」錢起〈送鍾評事應宏詞下第東歸〉：「世事悠揚春夢裏，年光寂寞旅愁中。」

〔7〕得史筆標名，雲臺畫像，多少成功：感嘆歷代功臣能名留千史，或得國君感念者少。得史筆標名，即獲得史書記載。史筆，本爲史官直言記載歷史的筆法，此引申指歷史，曹植〈求自試表〉：「使名掛史筆，事列朝榮。」張說〈奉和御製與宋璟源乾曜同日上官命宴東堂賜詩應制〉：「少留青史筆，未敢赤松期。」標名，題名，列舉其名也，如《後漢書·儒林列傳》：「若師資所承，宜標名爲證者，乃著之雲。」李昉〈寄孟賓於〉：「初攜書劍別湘潭，金榜標名第十三。」雲臺畫像，典出於《後漢書·馬武傳》：「永平中，顯宗追感前世功臣，乃圖畫二十八將於南宮雲臺。」指功臣名將，如司空圖〈商山〉：「清溪一路照羸身，不似雲臺畫像人。」唐彥謙〈奉使岐下聞唐弘夫行軍爲賊所擒傷而有作〉：「雲臺畫像皆何者，青史書名或不孤。」

〔8〕歸來富春山下，笑狂奴何事傲三公：指隱居山林比起追名逐利來得好。歸來富春山下，典出於《後漢書·嚴光傳》：「除為諫議大夫，不屈，乃耕於富春山，後人名其釣處為嚴陵瀨焉。」後引申為幽居之處，李白〈古風〉：「長揖萬乘君，還歸富春山。」虞儔〈釣臺〉：「橫足論交萬乘輕，富春山水足平生。」笑狂奴、何事傲三公，典出自《後漢書·嚴光傳》：「嚴光字子陵，一名遵，會稽餘姚人也。少有高名，……司徒侯霸與光素舊，遣使奉書。使人因謂光曰：『公聞先生至，區區欲即詣造，迫於典司，是以不獲。願因日暮，自屈語言。』光不答，乃投箚與之，口授曰：『君房足下：位至鼎足，甚善。懷仁輔義天下悅，阿諛順旨要領絕。』霸得書，封奏之。帝笑曰：『狂奴故態也。』車駕即日幸其館。光臥不起，帝即其臥所，撫光腹曰：『咄咄子陵，不可相助為理邪？』光又眠不應，良久，乃張目熟視，曰：『昔唐堯著德，巢父洗耳。士故有志，何至相迫乎！』帝曰：『子陵，我竟不能下汝邪？』於是升輿歎息而去。」指出嚴光藐視權貴、狂放不羈的脾氣，後代文人意多以此典詠之，陸龜蒙〈嚴光釣臺〉：「片帆竿外揖清風，石立雲孤萬古中。不是狂奴為故態，仲華爭得黑頭公。」楊傑〈嚴光〉：「狂奴肯顧安車聘，祇愛東陽七里灘。誰道世間人不識，客星光射紫微寒。」三公，人臣中最高的三個官位，如盧照鄰〈詠史〉：「三公不敢吏，五鹿何能酬。」韓愈〈符讀書城南〉：「不見三公後，寒飢出無驢。」

〔9〕塵事休隨夜雨，扁舟好待秋風：指忘卻塵世煩憂，悠然度日。塵事休隨夜雨，塵俗的事務不要像夜雨一般滴瀝不絕。塵事，世俗的事務，陶淵明〈辛丑歲七月赴假還江陵夜行塗中詩〉：「閑居三十載，遂與塵事冥。」張九齡〈南山下舊居閒放〉：「塊然屏塵事，幽獨坐林閣。」休隨，別跟隨，杜甫〈人日〉：「尊前柏葉休隨酒，勝里金花巧耐寒。」宋祁〈幽禽〉：「已伴傳書燕，休隨匝樹鴉。」扁舟好待秋風，指已有歸隱山林的企盼，杜甫〈送裴二虯作尉永嘉〉：「扁舟吾已就，把釣待秋風。」扁舟，小船，庾信〈哀江南賦〉：「吹落葉之扁舟，飄長風於上游。」劉長卿〈東湖送朱逸人歸〉：「山色湖光併在東，扁舟歸去有樵風。」好待，好整以暇地等待，皮日休〈寒日書齋即事〉：「空庭好待中宵月，獨禮星辰學步罡。」韓湘〈答從叔愈〉：「好待功名成就日，欲收身去臥煙蘿。」

二

既天生萬物，自隨分、有安排〔1〕。看鷟鷟雲霄，驊騮道路，斥鷃蒿萊〔2〕。東君更相料理，著春風吹處百花開〔3〕。戰馬頻投北望，賓鴻又自南來〔4〕。　　紫垣星月隔塵埃。千載拆中台〔5〕。歎麟出非

時，鳳歸何日，草滿金臺〔6〕。江山閱人多矣，計古來英物總沉埋〔7〕。
鏡裏不堪看鬢，樽前且好開懷〔8〕。

【校】

〔樽前〕：天順鈔本、弘治刻本、四庫本作「樽前」；四印齋本、唐圭璋
《全金元詞》俱作「尊前」。樽，同尊，酒器也。

【箋注】

〔1〕既天生萬物，自隨分、有安排：言天生萬物，自然安排其職責份際，徐鉉〈游
衛氏林亭序〉：「天生萬物，貴適其性。」傅公謀〈水調歌頭〉：「明日人間事，
天自有安排。」既，既然，《論語・季氏》：「既來之，則安之。」《詩經・出
車》：「既見君子，我心則降。」隨分，按照力量或條件許可，呂溫〈自江華
之衡陽途中作〉：「人生隨分爲憂喜，迴雁峰南是北歸。」白居易〈夢得相過
援琴命酒因彈秋思偶詠所懷兼寄繼之待價二相府〉：「雙鳳棲梧魚在藻，飛沉
隨分各逍遙。」

〔2〕看鸑鷟雲霄，驊騮道路，斥鷃蒿萊：呼應天生萬物自有安排。鸑鷟雲霄，鸑
鷟在天際飛翔。鸑鷟，紫文，爲鳳之佐，舊以爲祥瑞之鳥，《國語・周語上》：
「周之興也，鸑鷟鳴於岐山。」獨孤及〈夏中酬於逖畢燿問病見贈〉：「鸑鷟
何處來，雙舞下碧空。」雲霄，天際也，曹植〈盤石篇〉：「高彼淩雲霄，浮
氣象螭龍。」陶淵明〈已酉歲九月九日〉：「哀蟬無歸響，叢雁鳴雲霄。」驊
騮道路，駿馬在道路上奔馳。驊騮，周穆王八匹駿馬之一，後用以泛指紅色
的駿馬，《莊子・秋水》：「騏驥驊騮，一日而馳千里。」揚雄〈反騷〉：「騁驊
騮以曲囏兮，驢騾連蹇而齊足。」斥鷃蒿萊，斥鷃於原野間低飛穿梭，典出
於《莊子・逍遙遊》：「斥鷃笑之曰：『彼且奚適也，我騰躍而上，不過數仞而
下。翱翔蓬蒿之間，此亦飛之至也。』」斥鷃，鳥名，頭小尾秃，額、頭側、
頦及喉部羽毛呈淡紅色，《抱朴子・內篇・明本》：「猶斥鷃之揮短翅，以淩陽
侯之波。」嵇康〈述志詩〉：「斥鷃擅蒿林，仰笑神鳳飛。」

〔3〕東君更相料理，著春風吹處百花開：言萬象各司其職。東君，即春神，王初
〈立春後作詩〉：「東君珂佩響珊珊，青馭多時下九關。」薛濤〈試新服裁制
初成〉：「春風因過東君舍，偷樣人間染百花。」料理，照顧，劉義慶《世說
新語・德行》：「汝若爲選官，當好料理此人。」杜甫〈江畔獨步尋花七絕句〉：
「詩酒尚堪驅使在，未須料理白頭人。」著春風吹處百花開，指春風吹拂，
百花盛開的情形，武元衡〈長安春望〉：「宿雨淨煙霞，春風綻百花。」著，
命令、吩咐，王建《和蔣學士新授章服》：「看宣賜處驚回眼，著謝恩時便稱
身。」皎然〈別洞啼維諒上人〉：「情著春風生橘樹，歸心不怕洞庭波。」

〔4〕戰馬頻投北望，賓鴻又自南來：藉戰馬、賓鴻欲北來，說明人才想要有所作
為。戰馬頻投北望，駿馬頻頻北看戰場，希望能盡己所能，楊炯〈紫騮馬〉：
「發跡來南海，長鳴向北州。」李元紘〈綠墀怨〉：「征馬噪金珂，嫖姚向北
河。」頻，表示頻度，相當於屢、連，楊樹達《詞詮・卷一》：「頻，副詞。
屢也，連也。」《後漢書・劉般傳附劉愷》：「頻歷二司，舉動得禮。」投，表
示方位、方向，相當於朝、向，崔顥〈贈王威古〉：「射麋入深谷，飲馬投荒
泉。」李賀〈自昌谷到洛後門〉：「強行到東舍，解馬投舊鄰。」賓鴻又自南
來，鴻鳥從南方來依附，《楚辭・九章・抽思》：「有鳥自南兮，來集漢北，好
姱佳麗兮，牉獨處此異域。」賓鴻，鴻鳥，梁元帝〈言志賦〉：「聞賓鴻之夜
飛，想過沛而霑衣。」徐陵〈在北齊與宗室書〉：「望驥馬而增勞，瞻賓鴻而
永歎。」

〔5〕紫垣星月隔塵埃。千載拆中台：言自古英才總無出頭之日。紫垣，三垣之一，
位在北斗七星的東北方，東八顆，西七顆，各成列，似城牆護衛著北極星，
亦稱紫宮、紫微，權德輿〈奉和張舍人閣老閣中直夜思聞雅琴因以書事通簡
僚友〉：「紫垣宿清夜，藹藹復沉沉。」元稹〈酬東川李相公十六韻〉：「昔附
赤霄羽，藏蕤遊紫垣。」拆中台，賢臣多為人所害，典出於《晉書・張華列
傳》：「張華字茂先，范陽方城人也。……少自修謹，造次必以禮度。勇於赴
義，篤於周急。器識弘曠，時人罕能測之。……少子韙以中台星坼，勸華遜
位。華不從，曰：『天道玄遠，惟修德以應之耳。不如靜以待之，以俟天命。』
及倫、秀將廢賈後，秀使司馬雅夜告華曰：『今社稷將危，趙王欲與公共匡朝
廷，為霸者之事。』華知秀等必成篡奪，乃距之。雅怒曰：『刃將加頸，而吐
言如此！』不顧而出。……是夜難作，詐稱詔召華，遂與裴頠俱被收。華將
死，謂張林曰：『卿欲害忠臣耶？』林稱詔詰之曰：『卿為宰相，任天下事，
太子之廢，不能死節，何也？』華曰：『式乾之議，臣諫事具存，非不諫也。』
林曰：『諫若不從，何不去位？』華不能答。須臾，使者至曰：『詔斬公。』
華曰：『臣先帝老臣，中心如丹。臣不愛死，懼王室之難，禍不可測也。』遂
害之於前殿馬道南，夷三族，朝野莫不悲痛之。時年六十九。」又《晉書・
天文志》：「永康元年三月，中台星坼，太白晝見。占曰：『台星失常，三公憂。
太白晝見，為不臣。』是月，賈後殺太子，趙王倫尋廢殺後，斬司空張華。」
拆，亦作坼，有裂開、綻開之意；中台，司中，主宗室之星，杜甫〈秋日荊
南述懷三十韻〉：「漢庭和異域，晉史坼中台。」李白〈送岑徵君歸鳴皋山〉：
「奕世皆夔龍，中台竟三拆。」

〔6〕歎麟出非時，鳳歸何日，草滿金臺：慨士人多懷才不遇。麟出非時，人才生
不逢時，梅堯臣〈效阮步兵一日復一日〉：「麒麟出非時，未免西狩獲。」劉
過〈懷古四首為知己魏倅元長賦兼呈王永叔宗丞戴少望〉：「瑞麟出非時，巷

伯終見戕。」鳳，傳說中的百鳥之王，爲象徵祥瑞的鳥，《尚書・虞書》：「簫
韶九成，鳳皇來儀。」《禮記・禮運》：「麟鳳龜龍，謂之四靈。」草滿金臺，
昔日招賢之處，早被蔓草給湮沒了。金臺，位今河北省易水縣境內，戰國時
燕昭王欲復齊人滅國的仇恨，要招納賢士，於是以郭隗爲師，爲之築臺，布
金於上，以招致四方豪傑，稱爲黃金臺，後亦用以指招攬賢良的地方，鮑照
〈放歌行〉：「豈伊白璧賜，將起黃金臺。」陳子昂〈薊丘覽古贈盧居士藏用〉：
「隗君亦何幸，遂起黃金臺。」

〔7〕江山閱人多矣，計古來英物總沉埋：感嘆自古英雄總被埋沒。江山閱人多矣，
指歷代都有很多人才。江山，指江河與山嶽，即自然，《莊子・山木》：「彼其
道遠而險，又有江山。我無舟車，奈何？」張九齡〈九月九日登龍山〉：「清
明風日好，歷落江山望。」閱，容納，《詩・邶風・谷風》：「我躬不閱，遑恤
我後。」《荀子・王制》：「材技股肱健勇爪牙之士，彼將日日挫頓竭之於仇敵，
我今將來致之，並閱之，砥礪之於朝廷。」計古來英物總沉埋，審度古來之
英雄多被埋沒。計，考察、審核，《管子・八觀》：「行其田野，視其耕耘，計
其農事，而飢飽之國可以知也。」《孫臏兵法・威王問》：「料敵計險，必察遠
近。」英物，優秀而傑出的人物，陳舜俞〈挽劉夫人詞〉：「翩翩三鳳皆英物，
蹌蹌雙駒亦駿才。」蘇軾〈賀陳述古弟章生子〉：「我亦從來識英物，試教啼
看定何如。」沉埋，埋沒隱藏，李昌符〈詠鐵馬鞭〉：「時來終薦明君用，莫
歎沉埋二百年。」呂巖〈紹興道會〉：「我在目前人不識，爲留一笠莫沉埋。」

〔8〕鏡裏不堪看鬢，樽前且好開懷：言年華已去，卻無法得人重用，只有求飲酒以
開懷。鏡裏不堪看鬢，嘆年華已老去，意同於李白〈贈別舍人弟臺卿之江南〉：
「覺罷攬明鏡，鬢毛颯已霜。」岑參〈下外江舟懷終南舊居〉：「顏容老難稹，
把鏡悲鬢髮。」不堪，無法承受，張九齡〈望月懷遠〉：「不堪盈手贈，還寢夢
佳期。」孫逖〈宴越府陳法曹西亭〉：「江南歸思逼，春雁不堪聞。」樽前且好
開懷，暫且拋開俗事，但求一醉，意同於杜牧〈張好好詩〉：「身外任塵土，樽
前極歡娛。」薛逢〈春晚東園曉思〉：「也知留滯年華晚，爭那樽前樂未央。」

三

笑平生活計，渺浮海、一虛舟〔1〕。任紫塞風沙，烏蠻瘴霧，即處林
丘〔2〕。天地幾番朝暮，問夕陽無語水東流〔3〕。白首王家年少，夢
魂正繞揚州〔4〕。　　鳳城歌舞酒家樓。肯管世間愁〔5〕。奈麋鹿疎
情，煙霞痼疾，難與同遊〔6〕。桃花爲春憔悴，念劉郎雙鬢也成秋〔7〕。
舊事十年夜雨，不堪重到心頭〔8〕。

【校】

〔即處林丘〕：天順舊鈔本、四庫本、四印齋本、《全金元詞》俱作「即處林丘」，唯弘治本作「郎處林丘」。根據文意判斷，當以「即處林丘」為是。

〔白首王家年少〕：天順舊鈔本、弘治本、四庫本俱作「白首王家少年」；四印齋本、《全金元詞》俱作「王家年少」。《康熙詞譜》統整宋至清以來之〈木蘭花慢〉，考訂此闋詞有十二體，而劉秉忠此闋詞大致同於所載宋程垓〈木蘭花慢〉（倩嬌鶯姹燕）之音律句式，第八句之音律為「⊙●⊙○●●」。又劉秉忠其餘三闋〈木蘭花慢〉之第八句分別為：「今古漁樵話裏」，「○●○○●●」；「戰馬頻投北望」，「●●○○●●」；「花月流連醉客」，「○●○○●●」。由此可知，第六字必是仄聲，故應取「白首王家年少」為是。

〔疎情〕：天順鈔本、弘治本、四庫本作「疎情」；四印齋本、《全金元詞》作「疏情」。疎，同疏，為疏之異體字。

〔煙霞〕：天順鈔本、弘治本、四庫本作「烟霞」；四印齋本、《全金元詞》作「煙霞」。烟、煙相通。雖寫法有異，但其意義相同，並無出入。

【箋注】

〔1〕笑平生活計，渺浮海、一虛舟：自言只求隱居悠閒的日子。平生活計，生活方式，釋覺範〈寂音自贊〉：「平生活計無窖子，真是汾陽五世孫。」薛季宣〈思鄉奉和〉：「杯室開門傍石泉，平生活計枕書眠。」活計，生計也，王建〈晚秋病中〉：「萬事風吹過耳輪，貧兒活計亦曾聞。」孟郊〈送淡公〉：「倚詩為活計，從古多無肥。」渺浮海，一虛舟，即過著悠遊自適的生活，典出自《論語‧公冶長》：「子曰：『道不行，乘桴浮於海。從我者其由與？』」意同於孟浩然〈歲暮海上作〉：「仲尼既雲歿，餘亦浮於海。昏見斗柄回，方知歲星改。」元結〈閔荒詩〉：「意欲出明堂，便登浮海舟。」

〔2〕任紫塞風沙，烏蠻瘴霧，即處林丘：說明邊塞、烏蠻等地環境惡劣。紫塞風沙，邊塞風塵飛揚，李白〈出自薊北門行〉：「列卒赤山下，開營紫塞傍。孟冬風沙緊，旌旗颯凋傷。」朱慶餘〈塞下感懷〉：「竟日風沙急，臨秋草木殘。」紫塞，秦所築長城之土皆紫色，故稱長城為紫塞，鮑照〈蕪城賦〉：「南馳蒼梧、漲海，北走紫塞、鴈門。」駱賓王〈邊城落日〉：「紫塞流沙北，黃圖灞水東。」烏蠻，中國邊疆古族名，分部在邛部川，即今越西縣越西河流域，多瘴氣，杜甫〈孟冬〉：「巫峽寒都薄，烏蠻瘴遠隨。」徐凝〈蠻入西川後〉：「紛紛塞外烏蠻賊，驅盡江頭濯錦娘。」即處，所到之處。即，到、靠近、登上，《論語‧子張》：「即之也溫，聽其言也厲。」《儀禮‧大射禮》：「射人告具於公，公升，即位于席，西鄉。」林丘，林木與山丘，指荒野之地，孟

雲卿〈行行且遊獵篇〉:「遲遲平原上,狐兔奔林丘。」韋應物〈遊靈巖寺〉:
「吳岫分煙景,楚甸散林丘。」

〔3〕天地幾番朝暮,問夕陽無語水東流:日復一日,卻無人關切瞭解。天地幾番
朝暮,喻時間已久,蘇軾〈望雲樓〉:「陰晴朝暮幾回新,已向虛空付此身。」
幾番,多次也,李端〈聽夜雨寄盧綸〉:「聞君此夜東林宿,聽得荷池幾番聲。」
李頻〈題張司馬別墅〉:「庭前樹盡手中栽,先後花分幾番開。」無語水東流,
用來表示無奈或惆悵,意同於高蟾〈秋日北固晚望〉:「何事滿江惆悵水,年
年無語向東流。」柳永〈八聲甘州〉:「是處紅衰綠減,苒苒物華休。惟有長
江水,無語東流。」

〔4〕白首王家年少,夢魂正繞揚州:昔時年少的皇孫貴冑,如今儘管頭髮已經斑
白,仍想著奢靡的生活。白首王家少年,指頭髮已白的貴族。白首,人老髮
白,杜淹〈寄贈齊公〉:「赭衣登蜀道,白首別秦川。」崔湜〈至桃林塞作〉:
「丹心恆戀闕,白首更辭親。」王家年少,身分地位顯貴之少年,葉適〈剡
谿舟中〉:「王家少年未省事,扁舟往來何所自。」年少,少年,年輕人,《三
國志・蜀書・先主備傳》:「好結交豪俠,年少爭附之。」寒山子〈寒山詩集〉:
「年少從傍來,白馬黃金羈。」夢魂正繞揚州,對繁華的揚州仍戀慕不已,
陳造〈趙介卿見簡解嘲〉:「詩翁它日揚州夢,回施京華美少年。」耶律楚材
〈感事〉:「山寺幽居思少室,梅花歸夢遶揚州。」夢魂,心裡有所思念,精
誠入於夢中,張文收〈大酺樂〉:「倘隨明月去,莫道夢魂遙。」劉希夷〈巫
山懷古〉:「頹想臥瑤席,夢魂何翩翩。」揚州,周漢以來,各朝皆置揚州,
其地愈後愈狹,治所亦屢有遷易,東漢揚州治合肥,三國吳移治建業,隋改
為江都郡,治江都,在今江蘇江都縣地,由於漕運、鹽法的關係,由隋唐至
明清,其地繁華冠於全國,或稱維揚,王泠然〈汴堤柳〉:「隋家天子憶揚州,
厭坐深宮傍海遊。」劉長卿〈留辭〉:「南楚迢迢通漢口,西江淼淼去揚州。」

〔5〕鳳城歌舞酒家樓。肯管世間愁:感慨權貴不知民間疾苦。鳳城歌舞酒家樓,
形容帝都繁榮的樣子,李廓〈長安少年行〉:「曉日尋花去,春風帶酒歸。青
樓無晝夜,歌舞歇時稀。」鳳城,帝都,韋承慶〈寒食應制〉:「鳳城春色晚,
龍禁早暉通。」杜甫〈夜詩〉:「步蟾倚杖看牛鬥,銀漢遙應接鳳城。」肯管
世間愁,怎麼會理會世間的愁苦,姜特立〈滿江紅〉:「風月好,紛絲竹。都
不管世間、是非榮辱。」肯管,怎管,盧仝〈悲新年〉:「太歲只遊桃李徑,
春風肯管幾寒枝。」世間愁,世間的愁苦,姚合〈閒居遣懷〉:「慣無身無事,
不信世間愁。」張祜〈少年樂〉:「眼前長貴盛,那信世間愁。」

〔6〕奈麋鹿疎情,煙霞痼疾,難與同遊:表明自己無法與貴冑們同流。麋鹿疎情,
用來比喻自己性喜離群而居、放跡江湖。麋鹿,動物名,偶蹄目鹿科,原分
佈於我國北方草原與沼澤,角甚長似鹿,尾似馬,蹄似牛,頸似駱駝,陳子

昂〈感遇詩〉：「豈徒山木壽，空與麋鹿群。」杜甫〈題張氏隱居〉：「不貪夜識金銀氣，遠害朝看麋鹿遊。」疏情，不親近人情。疏，疏也，有疏遠、不親近之意，《禮記‧曲禮上》：「夫禮者，所以定親疏，決嫌疑，別同異，明是非也。」《新唐書‧魏元忠傳》：「中古以來，大道乖喪，疏賢哲，親近習，乃委之以事，授之以權。」煙霞痼疾，喻熱愛山水成癖，典出於《舊唐書‧田遊巖傳》：「田遊巖，京兆三原人也。初補太學生，後罷歸，遊於太白山，每遇林泉會意，輒留連不能去。……調露中，高宗幸嵩山，遣中書侍郎薛元超就問其母，遊巖山衣田冠出拜，帝令左右扶止之，謂曰：『先生養道山中，比得佳否？』遊巖曰：『臣泉石膏肓，煙霞痼疾，既逢聖代，幸得逍遙。』」釋覺範〈讀古德傳〉：「巖壑形骸雖可畫，煙霞痼疾不須醫。」

〔7〕桃花為春憔悴，念劉郎雙鬢也成秋：嘆年華老去，但卻仍在官場無法抽身。劉秉忠用與之同姓劉禹錫之典故表達心中的感慨，《舊唐書‧劉禹錫傳》：「禹錫銜前事未已，復作遊玄都觀詩序曰：『予貞元二十一年為尚書屯田員外郎，時此觀中未有花木，是歲出牧連州，尋貶朗州司馬。居十年，召還京師，人人皆言有道士手植紅桃滿觀，如爛晨霞，遂有詩以志一時之事。旋又出牧，於今十有四年，得為主客郎中。重遊茲觀，蕩然無復一樹，唯兔葵燕麥，動搖於春風，因再題二十八字，以俟後遊。』其前篇有『玄都觀裏桃千樹，總是劉郎去後栽』之句，後篇有『種桃道士今何在，前度劉郎又到來』之句，人嘉其才而薄其行。」憔悴，凋零飄揚，白居易〈別種東坡花樹兩絕〉：「花林好住莫憔悴，春至但知依舊春。」雙鬢也成秋，形容年華老去，意同王維〈秋夜獨坐〉：「獨坐悲雙鬢，空堂欲二更。」徐夤〈山寺寓居〉：「終去四明成大道，暫從雙鬢許秋霜。」

〔8〕舊事十年夜雨，不堪重到心頭：不堪的往事此時一一浮上心頭，意同於杜荀鶴〈旅舍遇雨〉：「半夜燈前十年事，一時和雨到心頭。」崔道融〈秋夕〉：「一夜雨聲多少事，不思量盡到心頭。」不堪，不好的回憶，張說〈廣州江中作〉：「去國年方晏，愁心轉不堪。」萬楚〈小山歌〉：「今日長歌思不堪，君行為報三青鳥。」心頭，心裡，白居易〈思往喜今〉：「爭似如今作賓客，都無一念到心頭。」杜荀鶴〈題開元寺門閣〉：「唯有禪居離塵俗，了無榮辱掛心頭。」

四　混一後賦 〔1〕

望乾坤浩蕩，曾際會、好風雲〔2〕。想漢鼎初成，唐基始建，生物如春〔3〕。東風吹徧原野，但無言紅綠自紛紛〔4〕。花月流連醉客，江山憔悴醒人〔5〕。　　龍蛇一屈一還伸。未信喪斯文〔6〕。復上古淳風，先王大典，不費經綸〔7〕。天君幾時揮手，倒銀河直下洗囂塵〔8〕。

鼓舞五莘鷟鷟，謳歌一角麒麟〔9〕。

【校】

此闋詞唯見四印齋本、《全金元詞》，天順舊鈔本、弘治本、四庫本皆無收錄。

〔不費經綸〕：四印齋本作「不費經綸」；《全金元詞》作「不貴經綸」。因唐圭璋《全金元詞》所錄之《藏春樂府》，據丁丙所藏四庫抄本，校補臨桂四印齋王鵬運所刻之版本而來，四庫抄本未見此闋，可知唐圭璋此處所錄，當據四印齋本而來。然「不費經綸」之意，近曹彥約〈送趙侍郎被召〉：「不應持久費經綸。」亦較能與上文銜接，故當以四印齋本「不費經綸」爲是。唐圭璋《全金元詞》「不貴經綸」，應是誤植。

【箋注】

〔1〕混一後賦：查洪德〈劉秉忠文學文獻留存情況之考查〉據題之時間點推論，認爲此闋詞應在至元十三年（西元 1276 年）忽必烈統一中原之後所作，而劉秉忠於至元十一年即歿，應爲偽作。然李冶〈車駕班師賀表〉（中統元年九月，爲眞定廉宣撫作）：「氛祲廓清，車書混一，大統會歸於中統，太平今睹於開平。」內容便言及「混一」，爲元代史料中最早言及「混一」者，可見中統時便有「混一」之說，故此闋詞應是劉秉忠本人所作。混一，統合爲一，《戰國策·卷十四》：「夫以一詐僞反覆之蘇秦，而欲經營天下、混一諸侯，其不可成也，亦明矣。」《晉書·謝安傳》：「安方欲混一文軌，上疏求自北征。」賦，吟詠、寫作，《楚辭·橘頌》：「介眇志之所惑兮，竊賦詩之所明。」司馬遷〈報任少卿書〉：「屈原放逐，乃賦離騷。」

〔2〕望乾坤浩蕩，曾際會、好風雲：遙想古來也曾有風雲際會之時。乾坤浩蕩，天地曠遠的樣子，韓愈〈喜雪獻裴尚書〉：「浩蕩乾坤合，霏微物象移。」李流謙〈次韻陳彥博梅飲之什〉：「又向疏梅檢校春，乾坤浩蕩日趨新。」乾坤，本是易經上的兩個卦名，後借稱天地，韋承慶〈直中書省〉：「大造乾坤闢，深恩雨露垂。」沈佺期〈再入道場紀事應制〉：「見闢乾坤新定位，看題日月更高懸。」曾際會，好風雲，言曾經也有才士賢臣爲時所用的時候，杜甫〈夔府書懷四十韻〉：「社稷經綸地，風雲際會期。」秦韜玉〈仙掌詩〉：「爲餘勢負天工背，索取風雲際會身。」

〔3〕想漢鼎初成，唐基始建，生物如春：描述漢、唐始成之情形。漢鼎，漢朝也，戴叔倫〈京口懷古〉：「三方歸漢鼎，一水限吳州。」杜牧〈故洛陽城有感〉：「錮黨豈能留漢鼎，清談空解識胡兒。」唐基，唐朝也，班孟堅〈典引〉：「赫赫聖漢，巍巍唐基，沕測其源，乃先孕虞育夏甄殷陶周。」生物如春，形容

充滿生機的樣子，裴度〈蜀丞相諸葛武侯祠堂碑銘〉：「煦物如春，化人如神。」曹彥約〈答都昌朱宰賀正旦啓〉：「茹連可待花種，先成生物如春。」

〔4〕東風吹徧原野，但無言紅綠自紛紛：藉此說明漢唐並未有嚴格之政令，卻能開創盛世。吹徧，即吹遍也，唐彥謙〈春草〉：「春風自年年，吹遍天涯綠。」趙長卿〈水龍吟〉：「吹遍春風，耀殘明月，總傷心處。」但，相當於祇管、儘管，《字彙‧人部》：「但，任從也。」《晉書‧謝玄傳》：「堅曰：『但卻軍，令得過，而我以鐵騎數十萬向水，逼而殺之。』」無言紅綠自紛紛，指不刻意卻可以讓花草繁盛，馮延巳〈舞春風〉：「蕙蘭有恨枝尤綠，桃李無言花自紅。」自紛紛，多而雜亂的樣子，韓偓〈山驛〉：「瀟灑襟懷遺世慮，驛樓紅葉自紛紛。」郭祥正〈晝眠呈夢錫〉：「向晚欠伸徐出戶，落花簾外自紛紛。」

〔5〕花月流連醉客，江山憔悴醒人：花月江山既能讓人流連，亦能使人警醒。花月流連醉客，風花雪月之美景令人沉醉流連。流連，留連也，留滯、徘徊不忍離去，陳子良〈夏晚尋於政世置酒賦韻〉：「以茲山水地，留連風月心。」唐彥謙〈寄友〉：「新酒秦淮縮項鯿，凌霄花下共流連。」江山憔悴醒人，客遊所歷雖江山勝景亦令人憔悴，杜甫〈送孟十二倉曹赴東京選〉：「藻鏡留連客，江山憔悴人。」姚勉〈有懷族子〉：「江山憔悴生歸思，風雨淒涼夢故人。」

〔6〕龍蛇一屈一還伸。未信喪斯文：言相信禮樂教化制度依然存在。龍蛇一屈一還伸，龍蛇屈伸乃自然之定理。龍蛇，在此比喻非凡的人，《易經‧繫辭下》：「尺蠖之屈，以求信也；龍蛇之蟄，以存身也。」《左傳‧襄公二十一年》：「深山大澤，實生龍蛇。」未信喪斯文，不信禮樂制度已無。斯文，禮樂制度教化，《論語‧子罕》：「天之將喪斯文也，後死者不得與於斯文也。」《漢書‧敘傳下》：「武功既抗，亦迪斯文，憲章六學，統壹聖眞。」

〔7〕復上古淳風，先王大典，不費經綸：恢復遠古淳樸之典章風氣，不荒廢國事。復上古淳風，恢復上古時期的淳樸風氣。復，恢復，《史記‧平原君列傳》：「三去相，三復位。」《世說新語‧方正》：「我令卿復君臣之好，何以猶絕？」上古，遠古時代，古人以書契時代以前爲上古，今多以洪荒至秦、漢以前爲上古，《易經‧繫辭下》：「上古結繩而治，後世聖人易之以書契。」司馬相如〈封禪文〉：「伊上古之初肇，自昊穹兮生民。」先王大典，古代聖王所行的隆重典禮，歐陽脩〈日本刀歌〉：「先王大典藏夷貊，蒼波浩蕩無通津。」先王，或作前王，古代聖王，《書經‧梓材》：「先王既勤用明德，懷爲夾，庶邦享作，兄弟方來。」劉勰〈文心雕龍‧徵聖〉：「先王聖化，布在方冊。」不費經綸，指國君能勵精圖治，曹彥約〈送趙侍郎被召〉：「祇爲分憂輰近臣，不應持久費經綸。」費，消耗、花用，《廣雅‧釋言》：「費，損也。」《墨子‧所染》：「傷形費神，愁心勞意。」經綸，本爲整理蠶絲，引申爲規劃、治理，《禮記‧中庸》：「惟天下至誠，爲能經綸天下之大經。」《後漢書‧南匈奴傳》：「自後

經綸失方，畔服不一。」

〔8〕天君幾時揮手，倒銀河直下洗囂塵：期待君主能勵精圖治。天君幾時揮手，上天什麼時候揮動雙手。天君，天神，米芾〈宿紫極宮〉：「道士神升金闕下，天君光降玉虛中。」直下洗囂塵，向下清淨喧囂煩擾的人世，葉適〈哭鄭丈〉：「清風如尚想，猶足洗囂塵。」直下，即向下，李白〈望廬山瀑布詩〉：「飛流直下三千尺，疑是銀河落九天。」杜甫〈醉為馬墜諸公攜酒相看〉：「白帝城門水雲外，低身直下八千尺。」囂塵，比喻紛擾的人世，虞世南〈奉和月夜觀星應令〉：「清風滌暑氣，零露淨囂塵。」駱賓王〈夏日遊目聊作〉：「暫屏囂塵累，言尋物外情。」

〔9〕鼓舞五華鸑鷟，謳歌一角麒麟：藉羽色華麗的鸑鷟飛舞，象徵祥瑞的麒麟謳歌，來形容美好繁盛的國度。鼓舞，因為歡悅而興奮，張九齡〈奉和聖製燭龍齋祭〉：「精意允溢，群靈鼓舞。」李元紘〈奉和聖製送張說上集賢學士賜宴〉：「銜恩傾旨酒，鼓舞詠康詩。」謳歌，歌詠以頌功德，《孟子·萬章上》：「謳歌者不謳歌堯之子而謳歌舜。」沈佺期〈赦到不得歸題江上石〉：「聖主謳歌洽，賢臣法令齊。」麒麟，亦作騏驎，一種傳說中罕見的神獸，形似鹿，但體積較大，牛尾、馬蹄，頭上有獨角，背上有五彩毛紋，腹部有黃色毛，因性情溫和，不傷人畜，不踐踏花草，故稱為仁獸，相傳世有聖人時此獸才會出現，《禮記·禮運》：「天降膏露，地出醴泉，山出器車，河出馬圖，鳳凰麒麟皆在郊棷，龜龍在宮沼，其餘鳥獸之卵胎，皆可俯而闚也。則是無故，先王能修禮以達義，體信以達順，故此順之實也。」

風流子 〔1〕

書帙省淹留。人間事、一笑不須愁〔2〕。紅日半窗，夢隨蝴蝶，碧雲千里，歸驟驊騮〔3〕。酒杯裏、功名渾瑣瑣，今古兩悠悠〔4〕。漢代典刑，蕭曹畫一，晉朝人物，王謝風流〔5〕。　　冠蓋照神州。春風弄絲竹，勝處追遊〔6〕。詩興筆搖牙管，字字銀鉤〔7〕。遇美景良辰，尋芳上苑，賞心樂事，取醉南樓〔8〕。好在五湖煙浪，誰識歸舟〔9〕。

【校】

〔人間事〕：天順鈔本、弘治本、四庫本作、《全金元詞》俱作「人間事」，唯四印齋本作「人閒事」。閒，中間，同「間」。

〔半窗〕：天順鈔本、四印齋本、《全金元詞》作「半窗」；弘治本作「半窻」；四庫本作「半窓」。窻、窓，乃窗之異體字。

〔蝴蝶〕：天順鈔本、弘治本、四庫本作「胡蝶」；四印齋本、《全金元詞》

作「蝴蝶」。胡蝶，或作蝴蝶、蚨蝶。

〔銀鉤〕：天順鈔本、弘治本、四庫本作「銀鈎」；四印齋本、《全金元詞》
作「銀鉤」。銀鉤，或作銀鈎。鈎，同鉤，為鉤之異體字。

〔煙浪〕：順鈔本、弘治本、四庫本作「烟浪」；四印齋本、《全金元詞》
作「煙浪」。烟、煙相通。

【箋注】

〔1〕風流子：唐教坊曲名，後為詞牌。單調者，唐詞一體；雙調者，宋詞三體，
有前後段兩起句不用韻者，有前段起句用韻、後段起句不用韻者，有前後段
起句俱用韻者。此闋詞為前後段起句俱用韻者，雙調，一百九字，前段十二
句，五平韻，後段十一句，五平韻。

〔2〕書帙省淹留。人間事，一笑不須愁：言不需要顧慮功名，放開胸懷看待這個
世界。書帙省淹留，別再執著於書堆中，反用李世民〈帝京篇〉：「韋編斷仍
續，縹帙舒還卷。對此乃淹留，欹案觀墳典。」書帙，書籍也，庾信〈擬詠
懷〉：「穀皮兩書帙，壺盧一酒樽。」張謂〈同王徵君湘中有懷詩〉：「不用開
書帙，偏宜上酒樓。」省淹留，毋須久留，曹唐〈張碩重寄杜蘭香〉：「皓月
隔花追歡別，瑞煙籠樹省淹留。」省，免去、休要，黃庭堅〈江城子〉：「倩
人傳語問平安，省愁煩，淚休彈。」淹留，久留、逗留，《楚辭‧離騷》：「時
繽紛其變易兮，又何可以淹留。」曹植〈靜思賦〉：「愁慘慘以增傷悲，予安
能乎淹留。」一笑不須愁，輕鬆看待世界，借用楊萬里〈悶歌行〉：「風氣掀
天浪打頭，只須一笑不須愁。」

〔3〕紅日半窗，夢隨蝴蝶，碧雲千里，歸驟驊騮：指幻想著快點回歸山林。紅日
半窗，清晨，天剛亮的時候，蘇軾〈僕年三十九在潤州道上過除夜作此詩又
二十年在惠州錄之以付過〉：「寺官官小未朝參，紅日半牕春睡酣。」楊冠卿
〈浣溪紗〉：「枕鴛醉倚玉釵橫，起來紅日半窗明。」夢隨蝴蝶，想像徜徉在
虛幻不實的故事裡，典出於《莊子‧齊物論》：「昔者莊周夢為蝴蝶，栩栩然
蝴蝶也，自喻適志與！不知周也。俄然覺，則蘧蘧然周也。不知周之夢為蝴
蝶與，蝴蝶之夢為周與？」後多為文人所用，李白〈古風〉：「莊周夢蝴蝶，
蝴蝶為莊周。」張祜〈華清宮和杜舍人〉：「杜鵑魂厭蜀，蝴蝶夢悲莊。」碧
雲千里，曠遠的樣子，許渾〈和友人送僧歸桂州靈巖寺〉：「碧雲千里暮愁合，
白雲一聲春思長。」韋莊〈寄從兄遵〉：「滄海十年龍景斷，碧雲千里雁行疏。」
歸驟驊騮，駕著駿馬快速回去，姚勉〈送陳糾任滿歸〉：「雲衢直上驟驊騮，
一日進風千萬里。」驟，馬快跑也，《說文解字》：「驟，馬疾步也。」《詩經‧
四牡》：「駕彼四駱，載驟駸駸。」

〔4〕酒杯裏、功名渾瑣瑣，今古兩悠悠：言不重功成名就。酒杯裏、功名渾瑣瑣，

李白〈贈從弟南平太守之遙〉:「常時飲酒逐風景,壯心遂與功名疏。」渾瑣瑣,全都是鄙陋、平庸。渾,全部、整個,戎昱〈苦哉行〉:「身為最小女,偏得渾家憐。」劉庭琦〈奉和聖製瑞雪篇〉:「羅衣點著渾是花,玉手搏來半成水。」瑣瑣,鄙陋、平庸,《詩經・節南山》:「瑣瑣姻亞,則無膴仕。」《北史・崔宏傳》:「但恐諸將瑣瑣,前後顧慮,不能乘勝深入,使不全舉耳。」今古兩悠悠,形容時間悠長貌,樓一〈垓下懷古〉:「拔山力盡烏江水,今古悠悠空浪花。」徐夤〈贈表弟黃校書輅〉:「閒來共話無生理,今古悠悠事總虛。」悠悠,渺遠無盡的樣子,《詩經・載馳》:「驅馬悠悠,言至於漕。」陳子昂〈登幽州臺歌〉:「念天地之悠悠,獨愴然而涕下。」

〔5〕漢代典刑,蕭曹畫一,晉朝人物,王謝風流:指蕭曹、王謝功業皆名震一時。漢代典刑,蕭曹畫一,典出於《史記・曹相國世家》:「百姓歌之曰:『蕭何為法,顜若畫一;曹參代之,守而勿失。載其清淨,民以寧一。』」指漢代曹參繼蕭何為相國,舉事皆無所變更,成為一時美談,高適〈自淇涉黃河途中作〉:「若使學蕭曹,功名當不朽。」杜甫〈述古〉:「豈惟高祖聖,功自蕭曹來。」後文人多以之喻後任的人依循前任所訂的規章行事,揚雄〈解嘲〉:「夫蕭規曹隨,留侯畫策,陳平出奇,功若泰山,響若坻隤。」晉朝人物,晉朝有品格、才幹的傑出人才,王庭珪〈和趙叔清登殷仲堪讀書臺〉:「晉朝人物渡江初,為郡風流只載書。」李曾伯〈再和〉:「休笑晉朝人物少,猶知口不道和戎。」王謝風流,指晉代王謝兩家的流風餘韻,杜甫〈壯遊〉:「王謝風流遠,闔廬丘墓荒。」羊士諤〈憶江南舊遊〉:「山陰道上桂花初,王謝風流滿晉書。」王乃是指王導,謝指的是謝安。

〔6〕冠蓋照神州。春風弄絲竹,勝處追遊:說明如今此些名臣事蹟,只能在閒暇覽勝時,才偶爾會想起。冠蓋照神州,蕭曹、王謝對當時的中國極具影響力。冠蓋,官吏的官帽服飾和車乘的頂蓋,後用以稱達官貴人,鮑照〈代放歌行〉:「冠蓋縱橫至,車騎四方來。」神州,中國的代稱,《史記・孟子荀卿傳》:「中國名曰赤縣神州。赤縣神州內自有九州,禹之序九州是也,不得為州數。」左思〈詠史詩〉:「皓天舒白日,靈景耀神州。」春風弄絲竹,勝處追遊,二句是指悠閒地玩賞追憶。勝處追遊,於舊地追憶,劉禹錫〈赴蘇州酬別樂天〉:「江城春日追遊處,共憶東歸舊主人。」白居易〈九月八日酬皇甫十見贈〉:「處處追遊雖不去,時時吟詠亦無妨。」

〔7〕詩興筆搖牙管,字字銀鉤:言閒暇時提筆作詩,自得其樂。牙管,象牙製筆管的毛筆,《南史・范岫傳》:「岫恭敬儼恪,進止以禮,自親喪後,蔬食布衣以終身。每所居官,恒以廉潔著稱。為長城令時,有梓材巾箱,至數十年,經貴遂不改易。在晉陵唯作牙管筆一雙,猶以為費。」後以牙管一雙比喻官吏清廉,李商隱〈為柳州鄭郎中謝上表〉:「三提郡印,唯貞苦節,以奉休辰,

牙管一雙，未嘗關慮。」銀鉤，形容書法曲勁有力，白居易〈初冬月夜得皇甫澤州手箚並詩數篇因遣報書偶題長句〉：「清冷玉韻兩三章，落箚銀鉤七八行。」費冠卿〈酬范中丞見〉：「捧將束帛山僮喜，傳示銀鉤邑客驚。」

〔8〕遇美景良辰，尋芳上苑，賞心樂事，取醉南樓：指登覽美景，尋芳醉遊，意同於白居易〈三月三日被禊洛濱序〉：「盡風光之賞，極遊泛之娛。美景良辰，賞心樂事，盡得於今日矣。」美景良辰，美好的時光，迷人的景色，《北齊書・段榮傳》：「孝言雖黷貨無厭，恣情酒色，然舉止風流，招致名士，美景良辰未嘗虛棄，賦詩奏伎，畢盡歡洽。」陳子昂〈晦日宴高氏林亭序〉：「夫天下良辰美景，園林池觀，古來遊宴歡娛眾矣。」尋芳上苑，到上苑去賞賞花。尋芳，出遊賞花，韋應物〈陪元侍御春遊〉：「賞酒宣平里，尋芳下苑中。」耿湋〈寒蜂採菊蕊〉：「遊颺下晴空，尋芳到菊叢。」上苑，供帝王遊賞或打獵的園囿，張九齡〈答太常靳博士見贈一絕〉：「上苑春先入，中園花盡開。」王維〈奉和聖製從蓬萊向興慶閣道中留春雨中春望之作應制詩〉：「鑾輿迥出千門柳，閣道迴看上苑花。」賞心樂事，愉悅的心情和歡樂之事，范純仁〈和曹演甫中秋見懷〉：「華髮蒼顏人易老，賞心樂事古難並。」王安石〈季春上旬苑中即事〉：「賞心樂事須年少，老去應無日再中。」取醉南樓，晉庾亮與僚屬於秋夜登南樓歌詠戲謔，典出於《晉書・庾亮傳》：「庾亮，字元規。……亮美姿容，善談論，性好莊老，風格峻整，動由禮節，閨門之內不肅而成，時人或以為夏侯太初、陳長文之倫也。……亮在武昌，諸佐吏殷浩之徒，乘秋夜往共登南樓，俄而不覺亮至，諸人將起避之。亮徐曰：『諸君少住，老子於此處興復不淺。』便據胡床與浩等談詠竟坐。其坦率行己，多此類也。」後形容吟詠歡娛的場所或遊樂詠謔的興致，賀鑄〈寄武昌方令臨李尉援兼簡黃岡二潘昆仲方字孝能李字文舉戊寅六月江夏賦〉：「共醉南樓故時月，斷無庾令浼人風。」袁說友〈謝梁篈父通判登樓賞雪之約〉：「清絕有人誇盛事，貳車攜客醉南樓。」

〔9〕好在五湖煙浪，誰識歸舟：表達欲功成身退卻無法如意之無奈，沈與求〈舟次吳淞江〉：「五湖煙浪靜，誰復泛扁舟。」語本《國語・卷二十一・越語下》：「反至五湖，范蠡辭於王曰：『君王勉之，臣不復入越國矣。』王曰：『不穀疑子之所謂者何也？』對曰：『臣聞之為人臣者，君憂臣勞，君辱臣死。昔者君王辱於會稽，臣所以不死者，為此事也。今事已濟矣，蠡請從會稽之罰。』王曰：『所不掩子之惡，揚子之美者，使其身無終沒於越國。子聽吾言，與子分國，不聽吾言，身死，妻子為戮。』范蠡對曰：『臣聞命矣。君行制，臣行意。』遂乘輕舟以浮於五湖，莫知其所終極。」好在五湖煙浪，山光水色依舊。好在，依舊、如故，常建〈落第長安詩〉：「家園好在尚留秦，恥作明時失路人。」白居易〈履道池上作〉：「家池動作經旬別，松竹琴魚好在無。」五湖煙浪，太湖及其附近的胥、蠡、洮、滆四湖之煙波，泛指歸居之所，范

成大〈送周畏知司直歸上饒待次〉：「後日重來應訪舊，五湖煙浪有漁船。」
俞德鄰〈贈蔣艾學〉：「萬卷圖書雙鬢老，五湖煙浪一舟輕。」誰識歸舟，有
誰能辨識回來的那艘船就是等待的那一艘，折元禮〈望海潮〉：「想斷雲橫曉，
誰識歸舟。」識歸舟，辨認歸來的船隻，謝朓〈之宣城郡出新林浦向板橋〉：
「天際識歸舟，雲中辨江樹。」秦觀〈望海潮〉：「蓬萊燕閣三休，天際識歸
舟，泛五湖煙月，西子同遊。」

永遇樂〔1〕

山谷家風，蕭閑情味，只君能識〔2〕。會友論文，哦詩遣興，此樂誰
消得〔3〕。室中天地，目前今古，今日還明日。似南華、蝶夢醒來，
秋雨數聲殘滴〔4〕。　　詩書有味，功名應小，雲散碧空幽寂〔5〕。
北海洪罇，南山佳氣，清賞今猶昔〔6〕。一天明月，幾行征雁，樓上
有人橫笛〔7〕。想醉中、八表神遊，不勞鳳翼〔8〕。

【校】

　　〔蕭閑〕：天順舊鈔本、四庫本、《全金元詞》作「蕭閑」；弘治本、四印
齋本作「瀟閑」。蕭閑，亦作蕭閒、瀟閒。

　　〔會友論文〕：天順舊鈔本、弘治本、四印齋本、《全金元詞》作「會友
論文」，唯四庫本作「會交論文」。就語意當以「會友論文」為勝。

　　〔室中天地〕：天順舊鈔本、弘治本、四庫本作「室中天地」；四印齋本、
《全金元詞》作「壺中天地」。此闋詞之音調句式近《康熙詞譜》載蘇軾〈永
遇樂〉（明月如霜），其第七句「紞如五鼓」之格律釐為「●○●●」，故「室
中天地」、「壺中天地」皆合律。但由於後文言此一天地與目前今古似南華蝶
夢，應是將實比擬為虛，斷不可能將虛喻為虛，因此「室中天地」較「壺中
天地」合乎詞意。

　　〔洪罇〕：天順舊鈔本、弘治本、四庫本作「洪罇」；四印齋本、《全金元
詞》作「洪尊」。罇、尊、樽相通，指酒器。

　　〔征雁〕：天順舊鈔本、四庫本作「征雁」；弘治本、四印齋本作「征鴈」。
雁，同鴈也。而《全金元詞》作「征鷹」，與〈永遇樂〉下片第八句末二字「●●」
之音律不合，疑為誤植。

【箋注】

　　〔1〕永遇樂：此調有平韻、仄韻兩體。仄韻者，始自北宋柳永，《樂章集》注林鍾

商，又晁補之詞名〈消息〉，自注越調；平韻者，始自南宋陳允平創爲之。此
闋爲仄韻體，雙調，一百三字，前後段各十一句，四仄韻。

〔2〕山谷家風，蕭閑情味，只君能識：喻黃庭堅之文章風格，只有與自己志同道合
者能夠瞭解。山谷家風，應指宋代文學家黃庭堅吟詠閒逸之風，吳泳〈又通黃
漕啓〉：「深醇學問，得考亭心事之眞；灑落才情，仍山谷家風之舊。」家風，
亦稱爲門風，家族世傳的習慣行爲，劉義慶〈世說新語・文學〉：「夏侯湛作周
詩成，示潘安仁。安仁曰：『此非徒溫雅，乃別見孝悌之性。』潘因此遂作家風
詩。」庾信〈哀江南賦〉：「潘岳之文彩，始述家風。」蕭閑情味，指蕭遙閒適
的情味。蕭閑，蕭閒也，蕭遙閒適，皮日休〈夜會問答十〉：「況有蕭閒洞中客，
吟爲紫鳳呼凰聲。」顧況〈山居即事〉：「下泊降茅仙，蕭閑隱洞天。」又蕭閑
情味，亦可能指蔡松年的文章風格。蔡松年，字伯堅，官眞定判官，遂爲眞定
人。累官吏部尚書，參知政事，進拜右丞相，因其鎭陽別業，有蕭閑堂，自號
蕭閑老人，其事繼母以孝聞，喜周恤親黨，性復豪侈，不計家之有無。文詞清
麗，尤工樂府，與吳激齊名，時號「吳蔡體」有集行於世。識，知道、瞭解，
崔曙〈九日登望仙臺呈劉明府容〉：「關門令尹誰能識，河上仙翁去不回。」蕭
祐〈遊石堂觀〉：「道陵公遠莫能識，髮短耳長誰獨存。」

〔3〕會友論文，哦詩遣興，此樂誰消得：論文哦詩，排解胸臆，是相當令人愉悅
的。會友論文，透過評論文章來結交朋友。會友，結交朋友，《論語・顏淵》：
「君子以文會友，以友輔仁。」祖詠〈清明宴司勳劉郎中別業〉：「以文長會
友，唯德自成鄰。」論文，評論文章，杜甫〈春日憶李白詩〉：「何時一尊酒，
重與細論文。」李端〈酬前駕部員外郎苗發〉：「論文多在夜，宿寺不虛年。」
哦詩遣興，吟詠詩歌，抒發情懷，杜甫〈至後〉：「愁極本憑詩遣興，詩成吟
詠轉淒涼。」劉跂〈次黃完仲韻〉：「新詩遣興幾成癖，濁酒忘懷定不癡。」
哦詩，吟詩，黃庭堅〈次韻王炳之惠玉板紙〉：「王侯鬚若緣坡竹，哦詩清風
起空谷。」張耒〈立秋〉：「對酒聊同楚人醉，哦詩惟聽越吟聲。」遣興，指
詩文隨興而作，以發抒情懷，劉敞〈野思〉：「遣興惟詩句，開懷獨酒樽。」
此樂誰消得，眾人皆能以此爲樂。誰消得，誰能禁得起，張孝祥〈以水仙花
供都運判院〉：「冰肌玉骨誰消得，付與霜臺衣繡人。」嚴粲〈拾橡亭爲黃炳
賦〉：「到頭鍾鼎誰消得，正要山中拾橡人。」消，禁得住、禁得起，辛棄疾
〈摸魚兒〉：「更能消，幾番風雨？匆匆春又歸去。」

〔4〕室中天地，目前今古，今日還明日。似南華、蝶夢醒來，秋雨數聲殘滴：指
研讀書籍，悠遊古今，一切都顯得相當虛無縹緲。目前今古，於眼前盡是古
今人事，韓淲〈雪後昌甫將歸章泉斯遠諸兄偕來留飲因詠林逋詩約同賦〉：「無
限目前今古意，歲華如許老駸駸。」目前，眼前，儲光羲〈泊江潭貽馬校書〉：
「明月掛青天，遙遙如目前。」韋應物〈園林晏起寄昭應韓明府盧主簿〉：「束

帶理官府，簡牘盈目前。」今日還明日，指每天周而復始。還，再也，表示
繼續、重複，孟浩然〈過故人莊〉：「待到重陽日，還來就菊花。」白居易〈春
至〉：「若爲南國春還至，爭向東樓日又長。」南華蝶夢，虛幻不實的故事，
典出於《莊子・齊物論》：「昔者莊周夢爲蝴蝶，栩栩然蝴蝶也，自喻適志與！
不知周也。俄然覺，則蘧蘧然周也。不知周之夢爲蝴蝶與，蝴蝶之夢爲周與？」
又莊子著《南華眞經》，且於天寶元年，親享玄元皇帝於新廟，以莊子爲南華
眞人，故此借南華來代替莊子，吳融〈杏花〉：「願作南華蝶，翩翩繞此條。」
秋雨數聲殘滴，喻夢初醒，似幻似眞之心情。殘滴，指雨滴聲稀稀落落，賈
島〈冬月長安雨中見終南雪〉：「西峰稍覺明，殘滴猶未絕。」陸游〈夜雨〉：
「夜雨有殘滴，秋磴無絕聲。」

〔5〕詩書有味，功名應小，雲散碧空幽寂：指功名利祿屬虛幻。詩書有味，功名
應小，指詩書令人覺得有興致，故不要過度執著功名，陳著〈次韻弟觀似單
君範〉：「詩書有味兵前友，官府無名天上人。」有味，有興致、有情趣，白
居易〈奉和思黯相公雨後林園四韻見示〉：「煙樹綠含滋，水風清有味。」杜
牧〈將赴吳興登樂遊原一絕〉：「清時有味是無能，閒愛孤雲靜愛僧。」雲散
碧空幽寂，言雲煙清幽寂靜地在天空流散。幽寂，清幽寂靜，盧象〈家叔徵
君東溪草堂〉：「雲氣轉幽寂，溪流無是非。」長孫佐輔〈山居詩〉：「看書愛
幽寂，結宇青冥間。」

〔6〕北海洪罇，南山佳氣，清賞今猶昔：言自己仍在仕與隱中舉棋不定。北海洪
罇，孔融誘益後進，典出《後漢書・孔融列傳》：「孔融字文舉，魯國人，孔
子二十世孫也。……時黃巾寇數州，而北海最爲賊衝，卓乃諷三府同舉融爲
北海相。……歲餘，復拜太中大夫。性寬容少忌，好士，喜誘益後進。及退
閑職，賓客日盈其門。常歎曰：『坐上客恆滿，尊中酒不空，吾無憂矣。』」
後人亦常用此典，蕭穎士〈山莊月夜作〉：「未奏東山妓，先傾北海尊。」羅
隱〈秋日泊平望驛寄太常裴郎中〉：「北海尊中常有酒，東陽樓上豈無詩。」
秉忠於此處透露自己欲和孔融一樣提攜後進。洪，大，《爾雅・釋詁上》：「洪，
大也。」《書・洪範》：「帝乃震怒，不畀洪範九疇。」顏延之〈陶徵士誄〉：「韜
此洪族，蔑彼名級。」南山佳氣，指隱逸悠閒的生活，化用陶淵明〈飲酒〉：
「採菊東籬下，悠然見南山。山氣日夕佳，飛鳥相與還。」之後南山遂泛指
隱居之地，李嶠〈豹〉：「若令逢雨露，長隱南山幽。」王維〈哭祖六自虛〉：
「南山俱隱逸，東洛類神仙。」佳氣，美好的氣象，儲光羲〈洛陽道五首獻
呂四郎中詩〉：「大道直如髮，春日佳氣多。」杜甫〈哀王孫詩〉：「哀哉王孫
慎勿疏，五陵佳氣無時無。」清賞，悠然地玩賞，李白〈下尋陽城汎彭蠡寄
黃判官〉：「名山發佳興，清賞亦何窮。」韋應物〈善福精舍答韓司錄清都觀
會宴見憶〉：「水木澄秋景，逍遙清賞餘。」今猶昔，古今皆是也，張擴〈秋

意〉：「朗月入簾魂魄驚，人生萬事今猶昔。」王之道〈和富公權宗丞〉：「江山清壯今猶昔，誰謂丹青畫不成。」

〔7〕一天明月，幾行征雁，樓上有人橫笛：言有人欲將之喚回現實世界。一天明月，明月照亮整個天空，陸佃〈依韻和查朝散贈新恩先輩〉：「平地彩雲看接武，一天明月負垂綸。」朱子〈次韻別林擇之〉：「幾曲清溪足相送，一天明月豈曾離。」幾行征雁，有離鄉背景之感傷，王洋〈留題翠峰〉：「早是登臨饒客淚，幾行征雁落寒沙。」征雁，又作征鴈，遠行的雁群，褚亮〈晚別樂記室彥〉：「風嚴征雁遠，雪暗去篷遲。」岑參〈奉陪封大夫九日登高〉：「橫笛驚征雁，嬌歌落塞雲。」樓上有人橫笛，藉有人橫笛表思念家鄉、友人之情，杜甫〈宴戎州楊使君東樓〉：「樓高欲愁思，橫笛未休吹。」張巡〈聞笛〉：「且夕更樓上，遙聞橫笛音。」

〔8〕想醉中、八表神遊，不勞鳳翼：醉遊神馳於八方之外，遠比樂音來得令人忘返。八表神遊，形容神思馳遠，蘇軾〈水龍吟〉：「八表神遊，浩然相對，酒酣箕踞。」劉學箕〈沁園春〉：「還知道上蓬萊穩路，八表神遊。」八表，八方以外，指極遠的地方，《晉書・王敦傳》：「今皇祚肇建，八表承風，聖恩不終，則退爾失望。」陶淵明〈歸鳥詩〉：「遠之八表，近憩雲岑。」神遊，足跡未到，而心神如遊其地，《列子・黃帝》：「晝寢而夢，遊於華胥氏之國，華胥氏之國在弇州之西，臺州之北，不知斯齊國幾千萬里，蓋非舟車足力之所及，神遊而已。」儲光羲〈樵父詞〉：「蕩漾與神遊，莫知是與非。」不勞鳳翼，指令人愉悅，不須勞煩樂音。鳳翼，《說文・竹部》：「笙，十三簧，象鳳之身也。」楊師道〈詠笙〉：「短長插鳳翼，洪細摹鸞音。」又李嶠〈簫〉：「參差橫鳳翼，搜索動人心。」然宋祁〈論竽及巢笙和笙〉：「按舊說竽長四尺二寸，三十六簧宮管在中，形參差像鳳翼。」實無法辨其為笙、簫或是竽，只能確定是吹奏樂器，庾信〈夜聽擣衣〉：「龍文鏤剪刀，鳳翼纏籆管。」

望月婆羅門引 〔1〕

一

午眠正美，覺來風雨滿紅樓 〔2〕。捲簾情思悠悠。望斷碧波煙渚，蘋蓼不勝秋 〔3〕。但冥冥天際，難識歸舟 〔4〕。　　大夫骨朽，算空把、汨羅投 〔5〕。誰辨濁涇清渭，一任東流 〔6〕。而今不醉，苦一日、醒醒一日愁。薄薄酒、且放眉頭 〔7〕。

【校】

〔午眠〕：天順舊鈔本、弘治本、四印齋本、《全金元詞》俱作「午眠」；

唯四庫本作「夜眠」。就音律、文意觀之，「午眠」、「夜眠」皆可，然弘治本、四印齋本、四庫本乃據天順本刻，舊鈔本亦據天順抄錄，唯四庫本與眾本異。故今取較多版本刻印抄錄的「午眠」。

〔滿紅樓〕：天順舊鈔本、弘治本、四印齋本、《全金元詞》俱作「滿紅樓」；四庫本作「滯江樓」。就音律、文意觀之，「滿紅樓」、「滯江樓」皆可，今以弘治本爲據。

〔望斷碧波煙渚〕：天順舊鈔本、弘治本、四印齋本、《全金元詞》俱作「望斷碧波煙渚」；然四庫本作「望斷沙烟渚」，觀其字數格式與詞牌不合，疑有缺漏。

〔算空把〕：天順舊鈔本、弘治本作「籌空把」；四庫本、四印齋本、《全金元詞》俱作「算空把」。籌，同算，皆作計數解。此處取較通行之字。

【箋注】

〔1〕望月婆羅門引：雙調，七十六字，前後段各七句，四平韻。《梅苑詞》名〈婆羅門〉，段克己詞名〈望月婆羅門引〉。按唐《教坊記》有婆羅門小曲，《宋史‧樂志》有婆羅門舞隊。《樂苑》曰：「〈婆羅門〉，商調曲也。」開元中，西涼節度楊敬述進《理道要訣》云：「天寶十三載，改婆羅門爲霓裳羽衣，屬黃鍾商。」宋詞調名疑出於此。

〔2〕午眠正美，覺來風雨滿紅樓：指午眠極安適，然一醒來，卻風雨不已，徐似道〈宿雲巖〉：「午枕忽驚毛骨冷，覺來風雨一山秋。」午眠正美，午間小睡相當舒適安穩。正美，完善、美好，趙嘏〈長安晚秋〉：「鱸魚正美不歸去，空戴南冠學楚囚。」溫庭筠〈寄崔先生〉：「菰黍正肥魚正美，五侯門下負平生。」覺來風雨滿紅樓，言一覺醒來，天色異變。覺來，即醒來，劉長卿〈初至洞庭懷灞陵別業〉：「昨夜夢中歸，煙波覺來闊。」李白〈寄遠〉：「寒燈厭夢魂欲絕，覺來相思生白髮。」風雨滿紅樓，形容風雨交加，景象冷落，許渾〈咸陽城東樓晚眺〉：「溪雲初起日沉閣，山雨欲來風滿樓。」歐陽脩〈蝶戀花〉：「煙雨滿樓山斷續，人間倚遍欄干曲。」紅樓，朱色的樓臺，李白〈侍從宜春苑奉詔賦龍池柳色初青聽新鶯百轉歌〉：「東風已綠瀛洲草，紫殿紅樓覺春好。」王建〈上陽宮〉：「畫閣紅樓宮女笑，玉簫金管路人愁。」

〔3〕捲簾情思悠悠。望斷碧波煙渚，蘋蓼不勝秋：捲簾遠望外面的景象。捲簾，捲起簾幕，崔顥〈代閨人答輕薄少年〉：「桃李花開覆井欄，朱樓落日捲簾看。」劉長卿〈漢陽獻李相公〉：「春草雨中行徑沒，暮山江上捲簾愁。」情思悠悠，情感心思渺遠無盡貌，史達祖〈過龍門〉：「獨對舊時攜手地，情思悠悠。」望斷碧波煙渚，極目眺望江上煙霧瀰漫的小沙洲。望斷，極目眺望，直到看

不見爲止，《南齊書・蘇侃傳》：「青關望斷，白日西斜。」駱賓王〈夕次蒲類津〉：「二庭歸望斷，萬里客心愁。」碧波煙渚，煙波瀰漫的小沙洲，盧祖皋〈謁金門〉：「昨日翠蛾金縷，今夜碧波煙渚。」煙渚，煙霧瀰漫的小洲，孟浩然〈宿建德江〉：「移舟泊煙渚，日暮客愁新。」白居易〈泛太湖書事寄微之〉：「煙渚雲帆處處通，飄然舟似入虛空。」蘋蓼不勝秋，喻一片凄迷的景象。蘋蓼，皆水邊植物名。蘋，一種蕨類的隱花植物，蘋科蘋屬，生在淺水中，葉有長柄，由四片小葉生在葉柄頂端形成一複葉，葉柄下部歧出的小枝上生有孢子囊，四片小葉形成的複葉彷彿田字，或稱爲白蘋、田字草、四葉菜；蓼，蓼科蓼屬，一年生草本，多生於水邊，莖高一尺餘，葉呈披針形，夏秋之際開淡綠或淡紅色的小花，李中〈溪邊吟〉：「鸂鶒雙飛下碧流，蓼花蘋穗正含秋。」呂巖〈題黃鶴樓石照〉：「黃鶴樓前吹笛時，白蘋紅蓼滿江湄。」不勝秋，禁不住秋天的摧朽，戴叔倫〈送柳道時餘北還〉：「離心比楊柳，蕭颯不勝秋。」杜牧〈秋日偶題〉：「荷花兼柳葉，彼此不勝秋。」

〔4〕但冥冥天際，難識歸舟：只見到冥冥天際，無限哀悽，化用謝朓〈之宣城郡出新林浦向板橋〉：「天際識歸舟，雲中辨江樹。旅思倦搖搖，孤遊昔已屢。」但冥冥天際，只見晦暗的天際，辛棄疾〈哨遍〉：「望飛鴻，冥冥天際。論妙理。濁醪正堪長醉。」冥冥，幽暗、晦暗貌，江淹〈潘黃門嶽述哀詩〉：「夢寐復冥冥，何由覿爾形。」崔融〈韋長史挽詞〉：「冥冥多苦霧，切切有悲風。」難識歸舟，難以辨認歸來的船隻，是否是等待的那一艘。識歸舟，辨認歸來的船隻，柳永〈八聲甘州〉：「佳人妝樓顒望，誤幾回天際識歸舟。」秦觀〈望海潮〉：「蓬萊燕閣三休，天際識歸舟，泛五湖煙月，西子同遊。」

〔5〕大夫骨朽，算空把、汨羅投：當時屈原以投江明其心志，但君主意念也沒有因此有所改易，暗示屈原投江乃徒勞無功之舉。大夫，即屈原，《史記・卷八十四・屈原賈生列傳》：「屈原者，名平，楚之同姓也。爲楚懷王左徒。博聞彊志，明於治亂，嫺於辭令。入則與王圖議國事，以出號令；出則接遇賓客，應對諸侯。王甚任之。……懷王使屈原造爲憲令，屈平屬草未定。上官大夫見而欲奪之，屈平不與，因讒之曰：『王使屈平爲令，莫不知，每一令出，平伐其功，以爲非我莫能爲也。』王怒而疏屈平。……長子頃襄王立，以其弟子蘭爲令尹。楚人既咎子蘭以勸懷王入秦而不反也。屈平既嫉之，雖放流，睠顧楚國，繫心懷王，不忘欲反。……令尹子蘭聞之大怒，卒使上官大夫短屈原於頃襄王，頃襄王怒而遷之。屈原至於江濱，被髮行吟澤畔。顏色憔悴，形容枯槁。……懷石遂自沉汨羅以死。屈原既死之後，楚有宋玉、唐勒、景差之徒者，皆好辭而以賦見稱；然皆祖屈原之從容辭令，終莫敢直諫。其後楚日以削，數十年竟爲秦所滅。」後人多詠其事，曹鄴〈文宗陵〉：「至今汨羅水，不葬大夫骨。」褚朝陽〈五絲〉：「但誇端午節，誰薦屈原祠。把酒時

伸奠，汩羅空遠而。」骨朽，死亡已久，盧仝〈歎昨日〉：「賢名聖行甚辛苦，骨朽名揚徒爾為。」強至〈題昱師房三笑圖〉：「古人骨朽不可追，今人相見如古時。」算空把汩羅投，就算投江，應該也是徒勞無功。算，料想、推測，元稹〈酬白樂天杏花園〉：「算得貞元舊朝士，幾人同見太和春。」孟貫〈山中夏日〉：「算得紅塵裏，誰知此興長。」空把，徒然將，劉長卿〈送馬秀才移家京洛便赴舉〉：「空把相如賦，何人薦禮闈。」李涉〈送孫堯夫赴舉〉：「卻教孫子藏兵法，空把文章向禮闈。」

〔6〕誰辨濁涇清渭，一任東流：感嘆自古世事是非難辨。誰辨濁涇清渭，誰能明辨是非，分明善惡。濁涇清渭，涇、渭，甘陝境內的兩條河，渭水清澈，涇水渾濁，潘嶽〈西征賦〉：「北有清渭濁涇，蘭池周曲。」後比喻明辨是非，杜甫〈秋雨歎〉：「去馬來牛不復辨，濁涇清渭何當分。」黃庭堅〈閏月訪同年李夷伯子真於河上子真以詩謝次韻〉：「白璧明珠多按劍，濁涇清渭要同流。」一任東流，任隨流水去，比喻沒人理會，白居易〈宿誠禪師山房題贈〉：「視身如傳舍，閱世任東流。」一任，任憑也，包佶〈再過金陵〉：「江山不管興亡事，一任斜陽伴客愁。」戴叔倫〈宮詞〉：「貞心一任蛾眉妒，買賦何須問馬卿。」

〔7〕而今不醉，苦一日、醒醒一日愁。薄薄酒、且放眉頭：指不醉將禁不住日復一日的愁悶，唯有借酒消除內心的煩憂。文人多如此，因此有不少相似的詩詞，李白〈將進酒〉：「鐘鼓饌玉不足貴，但願長醉不復醒。」戎昱〈苦辛行〉：「飲酒酒能散羈愁，誰家有酒判一醉，萬事從他江水流。」醒醒，清醒也，白居易〈歡喜二偈〉：「眼闇頭旋耳重聽，唯餘心口尚醒醒。」齊己〈新秋病中枕上聞蟬〉：「枕上稍醒醒，忽聞蟬一聲。」薄薄酒，味道很淡的酒，蘇軾〈薄薄酒〉：「薄薄酒勝茶湯，麁麁布勝無裳。」呂本中〈言志〉：「幸有薄薄酒，浸漬滿腹書。」且放眉頭，能暫時解憂。放眉頭，開懷也，趙鼎臣〈美之得免西行喜甚以韻見報因賀之美之嘗許候得報即置酒故見於卒章〉：「喜報征車已罷休，解鞍聊足放眉頭。」李流謙〈宿白羊〉：「入得瞿塘始斂愁，峽山行盡放眉頭。」

二

年來懶看，古今文字紙千張〔1〕。酒中悟得天常。閑殺堦前好月，不肯照西廂〔2〕。任昏昏一醉，石枕藤牀〔3〕。　　名途利場，物與我、兩相忘〔4〕。目斷霜天鴻雁，沙漠牛羊〔5〕。一庭秋草，教粉蝶黃蜂自任忙〔6〕。花老也、尚有餘香〔7〕。

【校】

〔懶看〕：天順舊鈔本、弘治本、四庫本作「懶看」；四印齋本、《全金元詞》作「嬾看」。懶、嬾相通。

〔石枕藤牀〕：天順舊鈔本、四印齋本、《全金元詞》作「石枕藤牀」；弘治本、四庫本作「石枕藤床」。牀，同床。

〔兩相忘〕：天順舊鈔本、弘治本、四庫本作「兩相忘」；四印齋本、《全金元詞》作「兩相望」。古來詩文多作「物我兩忘」，形容融入情境中而忘了事物與自己的存在。又望，通忘，故取較通行之「兩相忘」。

〔鴻雁〕：天順舊鈔本、四庫本作「鴻雁」；弘治本、四印齋本、《全金元詞》俱作「鴻鴈」。鴈，同雁。此處取較通行之字。

〔黃蜂〕：天順舊鈔本、弘治本、四庫本、四印齋本作「黃蜂」，《全金元詞》作「黃峰」。從前後文之粉蝶、花香判斷，當以「黃蜂」較為恰當，《全金元詞》所錄應為誤植。

【箋注】

〔1〕年來懶看，古今文字紙千張。酒中悟得天常：言近來懶看徒具文字的書籍，多從酒中悟得常道。年來懶看，古今文字紙千張，古今書籍歷來多為文人拿來學習借鑑，但近來卻懶看，以此形容心中極為煩悶，王績〈薛記室收過莊見尋率題古意以贈〉：「散誕時須酒，蕭條懶向書。」韋應物〈始除尚書郎別善福精舍〉：「累日曾一櫛，對書常懶讀。」楊萬里〈舟中雨望〉：「船窗深閉懶看書，獨倚船門撚白鬚。」懶，又作嬾，不想、不願意，《說文·女部》：「嬾，懈也，怠也。」天常，天理也，儒家以君臣、父子、夫婦、兄弟、朋友等人倫五常為天生不變的法則，稱為天常，《左傳·文公十八年》：「顓頊有不才子，不可教訓，不知話言，告之則頑，舍之則嚚，傲很德明，以亂天常。」《後漢書·董祀妻傳》：「漢季失權柄，董卓亂天常。」

〔2〕閑殺堦前好月，不肯照西廂：以月不肯照西廂比喻君主不能知人用賢，黃庭堅〈次韻答張沙河〉：「猛摩虎牙取吞噬，自歎日月不照臨。」反用《詩經·日月》：「日居月諸，照臨下土。」閑殺，同閒殺、閒煞，極為閒暇，齊己〈寄答武陵幕中何支使〉：「閑殺何從事，傷哉蘇子卿。」張詠〈遊趙氏西園〉：「方信承平無一事，淮陽閒殺老尚書。」堦前好月，即階前之明亮月光。堦，階也，用磚、石等砌成的梯形建築物，李嶠〈奉和人日清暉閣宴群臣遇雪應制〉：「階前莫候月，樓上雪驚春。」羅鄴〈秋夕旅懷〉：「階前月色與蛩聲，階上愁人坐復行。」西廂，西邊的廂房，曹植〈當車以駕行〉：「顧視東西廂，絲竹與鞞鐸。」王延壽〈魯靈光殿賦〉：「西廂踟躕以閑宴，東序重深而奧祕。」

〔３〕任昏昏一醉，石枕藤牀：指拋開世俗的一切，醉臥山林。任昏昏一醉，聽憑
恍惚不清醒地醉倒，杜甫〈因許八奉寄江寧旻上人〉：「聞君話我爲官在，頭
白昏昏只醉眠。」白居易〈效陶潛體詩〉：「其他不可及，且傚醉昏昏。」任，
聽憑，《世說新語・方正》：「今猶俎上腐肉，任人膾截耳。」劉長卿〈奉送從
兄罷官之淮南〉：「泝沿隨桂楫，醒醉任松華。」石枕藤牀，以山石爲枕、以
藤枝爲牀，過著安適自由的隱居生活，蘇軾〈歸宜興留題竹西寺〉：「暫借藤
牀與瓦枕，莫教孤負竹風涼。」石枕，以石爲枕，曹操〈秋胡行〉：「道深有
可得，名山歷觀。遨遊八極，枕石漱流。」白居易〈新構亭臺示諸弟姪〉：「清
泠白石枕，疏涼黃葛衣。」藤牀，即藤床，白居易〈苦熱中寄舒員外〉：「藤
床鋪晚雪，角枕截寒玉。」杜荀鶴〈贈休糧僧〉：「爭似吾師無一事，穩披雲
衲坐藤床。」

〔４〕名途利場，物與我、兩相忘：不求名利，物我兩忘。名途利場，名譽和財利，
駱賓王〈久戍邊城有懷京邑〉：「擾擾風塵地，遑遑名利途。」白居易〈常樂
里閒居偶題十六韻〉：「帝都名利場，雞鳴無安居。」物與我、兩相忘，即物
我兩忘之虛無境地，徐鉉〈棋賭賦詩輸劉起居〉：「本圖忘物我，何必計輸贏。」
郭印〈和程文或九日詩〉：「古今一照事俱空，物我兩忘心自適。」兩相忘，
又作兩相望。望，通忘，忘記，《逸周書・武儆》：「朕不敢望，敬守勿失。」
《韓非子・安危》：「使殷不遺於朝，則周不敢望秋毫於境，而況敢易位乎。」

〔５〕目斷霜天鴻雁，沙漠牛羊：極目遠望，無限哀悽。目斷霜天鴻雁，指極目遠
望，直至鴻雁不見，常形容悲悽之情，晏殊〈訴衷情〉：「憑高目斷鴻鴈來時，
無限思量。」目斷，竭盡目力遠望，宋之問〈送趙六貞固〉：「目斷南浦雲，
心醉東郊柳。」王維〈恭懿太子挽歌〉：「心悲陽祿館，目斷望思臺。」霜天，
嚴寒的天氣，有蕭瑟淒涼之意，王昌齡〈宿京江口期劉慎虛不至〉：「霜天起
長望，殘月生海門。」高適〈酬陸少府〉：「水渚人去遲，霜天雁飛急。」

〔６〕一庭秋草，教粉蝶黃蜂自任忙：感慨毫無作爲、汲汲名利的投機之輩卻備受
賞識。一庭秋草，以滿庭枯黃秋草比喻毫無賢良、德惠的地方，周賀〈山居
秋思〉：「故水故園在，秋庭秋草深。」李彭〈觀訪戴圖〉：「閒庭秋草積滿砌，
蒼苔深忽向冰。」教粉蝶黃蜂自任忙，讓蜂蝶自顧自地忙碌，在此用以形容
人唯利是圖之模樣，李商隱〈春日〉：「蝶銜紅蕊蜂銜粉，共助青樓一日忙。」
教，使、令，《書・皋陶謨》：「無教逸欲有邦，兢兢業業，一日二日萬幾。」
《左傳・襄公二十六年》：「通吳於晉，教吳叛楚。」自任，隨自己心意行事，
高適〈淇上別劉少府子英〉：「又非耕種時，閒散多自任。」鄭谷〈李夷遇侍
御久滯水鄉因抒寄懷〉：「高閒徒自任，華省待爲郎。」

〔７〕花老也、尚有餘香：喻人雖老去，但志節仍不改易，意同於邵謁〈金谷園懷
古〉：「竹死不變節，花落有餘香。」李綱〈惜花〉：「從教幾案積殘紅，尚有

－227－

餘香慰衰槁。」餘香，殘留的香氣，丘爲〈左掖梨花〉：「冷豔全欺雪，餘香乍入衣。」劉長卿〈夏中崔中丞宅見海紅搖落一花獨開〉：「竟日餘香在，過時獨秀難。」

洞仙歌 [1]

倉陳五斗，價重珠千斛。陶令家貧苦無畜 [2]。倦折腰、閭里棄印歸來，門外柳，春至無言綠 [3]。　　山明水秀，清勝宜茅屋 [4]。二頃田園一生足 [5]。樂琴書雅意，無箇事、臥看北窗松竹 [6]。忽清風、吹夢破鴻荒，愛滿院秋香、數叢黃菊 [7]。

【校】

〔家貧苦無畜〕：天順舊鈔本、弘治本、四印齋本、《全金元詞》俱作「家貧苦無畜」；四庫本作「家貧苦無蓄」。畜，積也，後作蓄。

〔北窗〕：天順舊鈔本、四印齋本、《全金元詞》俱作「北窗」；弘治本作「北窓」；四庫本作「北窻」。窻、窓乃窗之異體字。

【箋注】

〔1〕洞仙歌：唐教坊曲名。康與之詞名〈洞仙歌令〉，潘牥詞名〈羽仙歌〉，袁易詞名〈洞仙詞〉，《宋史・樂志》名〈洞中仙〉。《花庵詞選》：「公自序云：『僕七歲時，見眉州老尼姓朱，忘其名，年九十餘，自言嘗隨其師入蜀主孟昶宮中。一日，大熱，主與花蕊夫人夜起避暑摩訶池上，作一詞，朱具能記之。今四十年，朱巳死久矣，人無知此詞者，獨記其首兩句，暇日尋味，豈〈洞仙歌令〉乎？乃爲足之云。』」《墨莊漫錄》：「頃見一詩話，全載孟蜀主一詩：『冰肌玉骨清無汗，……。』云：『東坡少年遇美人，喜〈洞仙歌〉，又邂逅處景色暗相似，故檃括稍葉律，以贈之也。』據此乃詩耳，而東坡自序，乃云是〈洞仙歌令〉，蓋公以此敘自晦耳。洞仙歌腔出近世，五代及國初皆未之有也。」觀此，本調創始可能自東坡。宋人塡〈洞仙歌令〉詞者，句讀、韻腳互有異同，惟蘇辛兩體塡者最多。秉忠此闋詞乃根據蘇軾〈洞仙歌〉（冰肌玉骨）之體塡寫，雙調，前段六句，三仄韻，後段七句，四仄韻。惟上片末句減一字，下片第一句減一字，第二句增一字、一韻，第四句減四字，第五句增二字，得八十字。

〔2〕倉陳五斗，價重珠千斛。陶令家貧苦無畜：對於家貧的陶潛來說，五斗米是相當珍貴的。倉陳五斗，倉庫收藏了五斗的米糧。陳，排列、陳列、放置，《書經・洪範》：「我聞在昔，鯀陻洪水，汨陳其五行。」《禮記・中庸》：「陳其宗

器，設其裳衣。」價重珠千斛，形容相當珍貴，張擴〈寄顧景蕃〉：「聞君尙富珠千斛，許我時窺豹一斑。」鮑溶〈古鑒〉：「世間縱有應難比，十斛明珠酬未多。」陶令，陶潛也，字元亮，大司馬侃之曾孫也，家貧好酒，少懷高尙，博學善屬文，穎脫不羈，任眞自得，爲鄉鄰之所貴，李嘉祐〈送崔侍御入朝〉：「潘郎今髮白，陶令本家貧。」王維〈偶然作〉：「陶潛任天眞，其性頗耽酒。自從棄官來，家貧不能有。」畜，積也，積儲、積聚，後作蓄，《易·序卦》：「比必有所畜，故受之以小畜。」李公佐《謝小娥傳》：「小娥父畜巨產，隱名商賈間。」

〔3〕倦折腰、閭里棄印歸來，門外柳，春至無言綠：言不願爲微薄俸祿卑躬屈膝，諂媚奉迎，因而棄官隱居，典出自《晉書·陶潛傳》：「素簡貴，不私事上官。郡遣督郵至縣，吏白應束帶見之，潛歎曰：『吾不能爲五斗米折腰，拳拳事鄉里小人邪！』義熙二年，解印去縣，乃賦歸去來。」後文人多以之比喩人品清高淡泊，黃滔〈贈鄭明府〉：「莫起陶潛折腰歎，才高位下始稱賢。」吳筠〈陶徵君〉：「彭澤非我榮，折腰信爲辱。」門外柳，春至無言綠，門外柳到了春天自然綠意盎然，比喩爲人眞誠篤實，自然能感召人心，與辛棄疾〈一剪梅〉：「多情山鳥不須啼，桃李無言，下自成蹊。」意同。

〔4〕山明水秀，清勝宜茅屋：於山水間閒居。山明水秀，形容山水秀麗，風景優美，吳芾〈和周明瞻秋香〉：「已愛清秋霽景鮮，山明水秀竹娟娟。」董嗣杲〈玉壺園〉：「山明水秀軒扉敞，落日漁歌過裏湖。」清勝宜茅屋，最好能於此清靜之地築茅廬隱居。清勝，清幽美好貌，姚合〈和登安濟亭〉：「亭上風吹藤帽簷，爲憐清勝得安恬。」彭汝礪〈晚行林外兄弟相率賦詩〉：「苒苒秋風吹我衣，留連清勝夜忘歸。」宜，相稱、適當，《詩經·緇衣》：「緇衣之宜兮，敝予又改爲兮。」《呂氏春秋·當賞》：「主之賞罰爵祿之所加者宜，則親疏遠近賢不肖，皆盡其力而以爲用矣。」

〔5〕二頃田園一生足：喩自足淡泊。二頃田園，二百畝的田地園圃，比喩不大的耕地，陳師道〈張謀父乞花〉：「二頃田園汴泗東，春來心事幾人同。」方夔〈田家〉：「數間茅屋占林塘，二頃田園幸未荒。」一生足，喩不枉此生，李流謙〈謝宇文正甫惠硯〉：「一硯能令一生足，感君投贈重金玉。」元好問〈後平湖曲〉：「心樓上墻頭無一物，暮爨朝舂一生足。」

〔6〕樂琴書雅意，無箇事、臥看北窗松竹：言無拘無束，悠然度日。樂琴書雅意，以琴聲樂音抒發風雅之意。書，書寫、記載，《說文·聿部》：「書，箸也。」《廣雅·釋言》：「書，記也。」韓愈〈贈崔立之〉：「好事漆園吏，書之存雄辭。」雅意，風雅之意，吳質〈答東阿王書〉：「伐竹雲夢，斬梓泗濱，然後極雅意，盡歡情。」明皇帝〈首夏花萼樓觀群臣宴寧王山亭回樓下又申之以賞樂賦詩序〉：「景氣猶清，芳草未歇，申布雅意，復敘初筵。」無箇事，同

無個事，指悠閒、沒什麼事可煩憂，釋覺範〈靈源清禪師贊〉：「閉門無個事，兀坐青兩眸。」李之儀〈書眞公軒〉：「卻羨老僧無個事，一生長伴白雲閒。」臥看北窗松竹，比喻悠閒自得，典源於陶淵明〈與子儼等書〉：「常言五六月中，北窗下臥，遇涼風暫至，自謂是羲皇上人。」更化用白居易〈玩松竹〉：「坐愛前簷前，臥愛北窗北。窗竹多好風，簷松有嘉色。」

〔7〕忽清風、吹夢破鴻荒，愛滿院秋香、數叢黃菊：強調不論是理想或是現實，躬耕隱逸才是自己最喜愛的生活。吹夢破鴻荒，從悠遠的夢中驚起，陳造〈寄幼度主簿〉：「他日霜風吹夢破，空從旅雁覓來書。」鴻，一作洪，大也，《史記・夏本紀》：「當堯之時，鴻水滔天。」司馬貞索隱：「鴻，一作洪。鴻，大也。以鳥大曰鴻，小曰鴈，故近代文字大義者皆作鴻也。」鴻荒，即洪荒，爲原始、蒙昧的太古時代，揚雄〈問道篇〉：「鴻荒之世，聖人惡之，是以法始乎伏犧而成乎堯。」徐陵〈與齊尙書僕射楊遵彥書〉：「凡曰洪荒，終於幽厲。」愛滿院秋香、數叢黃菊，劉秉忠以菊強調陶淵明性喜閒適之情不會移易。陶淵明喜菊，文人多以此入詩文，王維〈送張舍人佐江州同薛璩十韻〉：「董奉杏成林，陶潛菊盈把。」韋應物〈效陶彭澤〉：「霜露悴百草，時菊獨妍華。」

江城子〔1〕

一

平生行止懶編排〔2〕。住蒿萊。走塵埃。社燕秋鴻，年去復年來〔3〕。看盡好花春睡穩，紅與紫，任他開〔4〕。　　紫微天上列三台。問英才。幾沉埋〔5〕。滄海遺珠，當著在鸞臺〔6〕。與世浮沉惟酒可，如有酒，且開懷〔7〕。

【校】

〔懶編排〕：四印齋本、《全金元詞》作「嬾編排」；弘治本、四庫本作「懶編排」；天順舊鈔本作「賴編排」。嬾、懶相通，作不想、不願意解。賴，作依靠、幸而解。依後文「紅與紫，任他開」之語意推敲，應以「嬾編排」、「懶編排」爲是。若取今較通行之語，當以「懶編排」爲宜。

〔惟酒可〕：天順舊鈔本作「惟醉可」；弘治本、四印齋本、四庫本、《全金元詞》俱作「惟酒可」。由歷來文人作詩填詞之用辭觀之，多「惟酒可」，如黃庭堅〈再次韻兼簡履中南玉〉：「與世浮沉惟酒可，隨時憂樂以詩鳴。」方岳〈再用韻約式之〉：「是中惟酒可，到手莫停杯。」而無「惟醉可」，故取「惟酒可」。

【箋注】

〔1〕江城子：詞牌名。唐詞單調以韋莊詞爲主，餘俱照韋詞添字，三十五字至三十七字不等；至宋人始作雙調，晁補之改名〈江神子〉，韓淲詞有「臘後春前村意遠」句，七十字，有平韻、仄韻兩體，故又名〈村意遠〉。此闋詞爲雙調，七十字，前後段各七句，五平韻。

〔2〕平生行止懶編排：指懶得安排平時行跡。平生行止，往來的蹤跡，張耒〈淮陰阻雨〉：「平生行止任遲速，篷底欠伸朝睡足。」王寂〈一段奇亦不可不紀也〉：「平生行止類如此，憑仗願有信與忠。」平生，即平時，《論語・憲問》：「見危授命，久要不忘平生之言，亦可以爲成人矣。」白居易〈與元微之書〉：「上報疾狀，次敘病心，終論平生交分。」行止，往來的蹤跡，杜審言〈秋夜宴臨津鄭明府宅〉：「行止皆無地，招尋獨有君。」杜甫〈奉送王信州崟北歸詩〉：「別離同雨散，行止各雲浮。」懶，懶惰、懈怠，《說文・女部》：「嬾，懈也，怠也。一曰臥也。」《玉篇・心部》：「懶，俗嬾字。」《南史・范曄傳》：「吾少懶學問。」編排，安排，韓維〈樂道示長句輒次韻〉：「編排暑後新投酒，檢點秋來合唱辭。」袁說友〈喜雪〉：「準擬豐年須造物，編排佳境付詩人。」

〔3〕住蒿萊。走塵埃。社燕秋鴻，年去復年來：詩人隨處客遊，日復一日。住蒿萊，於田野間生活。蒿萊，田野，張華〈鷦鷯賦序〉：「鷦鷯，小鳥也。生於蒿萊之間，長於藩蘺之下。」陳子昂〈感遇詩〉：「感時思報國，拔劍起蒿萊。」走塵埃，即生活在塵俗，王建〈上裴度舍人〉：「仙侶何因記名姓，縣丞頭白走塵埃。」白居易〈庭松〉：「顧我猶俗士，冠帶走塵埃。」塵埃，塵俗，《史記・屈原賈生傳》：「濯淖汙泥之中，蟬蛻於濁穢，以浮游塵埃之外。」《淮南子・俶眞》：「茫然仿佯於塵埃之外，而逍遙於無事之業。」社燕秋鴻，指漂泊不定，釋覺範〈與嘉父兄弟別於臨川復會毗陵〉：「我亦買舟還故山，社燕秋鴻那忍說。」李彌遜〈富沙道中〉：「社燕秋鴻應共笑，是翁如我往來頻。」年去復年來，日復一日、年復一年，即任憑時間流轉，駱賓王〈代女道士王靈妃贈道士李榮〉：「梅花如雪柳如絲，年去年來不自持。」郭良驥〈鄴中行〉：「年去年來秋更春，魏家園廟已成塵。」

〔4〕看盡好花春睡穩，紅與紫，任他開：悠閒欣賞美景。看盡好花春睡穩，描述生活之安適，化用譚用之〈幽居寄李秘書〉：「看盡好花春臥穩，醉殘紅日夜吟多。」紅與紫，繽紛的花色，此指花，韓愈〈花源〉：「丁寧紅與紫，愼莫一時開。」曾鞏〈多雨〉：「雜花萬株紅與紫，臘風吹開不可數。」

〔5〕紫微天上列三台。問英才。幾沉埋：感嘆人才多被埋沒。紫微天上列三台，天子身邊必有輔佐他的臣子。紫微，星座名，三垣之一，位在北斗七星的東北方，東八顆，西七顆，各成列，似城牆護衛著北極星，亦稱紫宮、紫垣，

劉允濟〈經廬岳回望江州想洛川有作〉：「城闕紫微星，圖書玄扈閣。」又《晉書·天文志》：「紫微，大帝之坐也，天子之常居也，主命主度也。」因此，紫微亦指稱天子之居所，宋之問〈駕出長安〉：「淑氣來黃道，祥雲覆紫微。」劉憲〈奉和七夕宴兩儀殿應制〉：「天文茲夜裏，光映紫微庭。」三台，又作三臺，星名，即上臺、中臺、下臺，共六星，各兩星相比而斜上，有如天子至臣民的階級一樣，《晉書·天文志》：「三台六星，兩兩而居，起文昌，列抵太微。一曰天柱，三公之位也。」又漢官尚書爲中臺，御史爲憲臺，謁者爲外臺，總稱爲「三臺」，即輔佐天子者，《後漢書·袁紹傳》：「坐召三臺，專制朝政。」崔融〈戶部尚書崔公挽歌〉：「八座圖書委，三臺章奏盈。」英才，才華特出的人，《孟子·盡心上》：「孟子曰：『君子有三樂，……得天下英才而教育之，三樂也。』」劉孝標〈辯命論〉：「雖游夏之英才，伊顏之殆庶，焉能抗之哉。」幾沉埋，爲何會被埋沒。幾，猶何也，表示疑問，鮑照〈擬行路難〉：「含歌攬涕恒抱愁，人生幾時得爲樂。」王勃〈普安建陰題壁〉：「山川雲霧裏，遊子幾時還。」

〔6〕滄海遺珠，當著在鸞臺：採珠人所遺之海中珠應拿到鸞臺去欣賞，比喻英才應爲人所用。滄海遺珠，比喻被埋沒的人才或珍貴的事物，《新唐書·狄仁傑傳》：「仲尼稱觀過知仁，君可謂滄海遺珠矣。」牟融〈寄永平友人〉：「青蠅點玉原非病，滄海遺珠世所嗟。」當著在鸞臺，當爲君主所重用。著，表現、顯露，《穀梁傳·僖公六年》：「此其言圍，何也？病鄭也。著鄭伯之罪也。」《人物志·利害》：「夫節清之業著於儀容，發於德行。」鸞臺，官署名，即門下省，《舊唐書·職官志》：「門下省爲鸞臺，中書省爲鳳閣，侍中爲納言，中書令爲內史。……掌出納帝命，緝熙皇極，總典吏職，贊相禮儀，以和萬邦，以弼庶務，所謂佐天子而統大政者也。」白居易〈行香歸〉：「鸞臺龍尾道，合盡少年登。」徐鉉〈使浙西先寄獻燕王侍中〉：「五年不見鸞臺長，明日將陪兔苑遊。」

〔7〕與世浮沉惟酒可，如有酒，且開懷：浮沉在人世，唯有酒能暫使自己開懷，化用黃庭堅〈再次韻兼簡履中南玉〉：「與世浮沉惟酒可，隨時憂樂以詩鳴。」與世浮沉，隨世俗的眼光或潮流而行，形容沒有己見，隨波逐流，張纘〈讓吏部尚書表〉：「山巨源意存賞拔，不免與世浮沉。」蘇轍〈次韻子瞻山村五絕〉：「與世浮沉眞避世，將家漂蕩似無家。」惟酒可，只有酒可以消愁，方嶽〈雨中有感〉：「何以消憂惟酒可，無能爲役以詩鳴。」且開懷，暫且敞開胸懷，歡暢沒有牽掛，董嗣杲〈春近〉：「久貧難養氣，獨酌且開懷。」且，姑且、暫且，《詩·唐風·山有樞》：「且以喜樂，且以永日。」《史記·伍子胥列傳》：「將軍孫武曰：『民勞，未可，且待之。』」

二　遊瓊華島 [1]

瓊華昔日賀新成。與蒼生。樂昇平 [2]。西望長山，東顧限滄溟 [3]。翠輦不來人換世，天上月，自虛盈 [4]。　　樹分殘照水邊明。雨初晴。氣還清 [5]。醉卻興亡，惟有酒多情 [6]。收取晉人腮上淚，千載後，幾新亭 [7]。

【校】

〔昇平〕：天順舊鈔本、弘治本、四印齋本、《全金元詞》俱作「昇平」；四庫本作「升平」。升平，意同昇平，指治平、太平也。

【箋注】

〔1〕瓊華島：島名，位於北平市的北海中，島上建有佛殿及白石佛塔，風景秀麗，或稱爲白塔山、瓊島、瑤島。《金史・地理志》：「寧德宮西園有瑤光臺，又有瓊華島，又有瑤光樓。」金元文人遊覽其間，多以詩詞記之，耶律鑄〈又登瓊華島舊址次呂龍山詩韻〉、王惲〈遊瓊華島〉、黃佐〈秋日登萬歲山不果至瓊華島遼後妝樓而返與張廖二子同賦分韻得登萬二字〉。

〔2〕瓊華昔日賀新成。與蒼生。樂昇平：回想當時瓊華島剛修成之盛景。瓊華島即萬歲山，陶宗儀《輟耕錄・卷一》：「萬歲山，在大內西北太液池之陽，金時名瓊華島，元中統三年修之，至元八年賜今名。其山皆疊，玲瓏石爲之，峯巒隱映，松桂隆鬱秀若天成，引金水河至其後，轉機運至山頂，出石龍口，注方池，至仁智殿後，從石龍頭噴出，入太液池，左右皆有登山之徑，縈紆萬石，中洞府出入宛轉相迷，至一殿一亭，各擅一景之妙。」劉秉忠今日登島，便回想起當時重修落成之盛況。與蒼生，樂昇平，形容一片熱鬧繁榮的太平景象。蒼生，即蒼民，比喻百姓，《尚書・益稷》：「光天之下，至於海隅蒼生。」徐陵〈爲貞陽侯與太尉王僧辯書〉：「非日非月，蒼生仰其照臨。」樂昇平，慶賀天下太平，宋之問〈扈從登封告成頌〉：「萬方俱下拜，相與樂昇平。」寇準〈瓊林院應制〉：「樂和堯酒滿，千載樂昇平。」

〔3〕西望長山，東顧限滄溟：形容幅員廣遠，氣勢浩淼。長山，《金史・地理志》：「長山有長白山、栗水。」《元史・地理志》：「長山，中。初屬濟南路，中統五年來屬。」一爲長白山，一爲山東之一縣。然二者都無法與上下詞意銜接。因此，長山也可能單純指遠山，韋述〈晚渡伊水〉：「回瞻洛陽苑，遙有長山隔。」元結〈遊石溪示學者〉：「長山勢迴合，井邑相縈帶。」滄溟，指大海，簡文帝〈昭明太子集序〉：「滄溟之深，不能比其大。」何遜〈臨行公車〉：「重與滄溟舍，纜舟去濁河。」

〔4〕翠輦不來人換世，天上月，自虛盈：時移勢易，時光不停地流轉。翠輦不來

人換世，繁華已逝，人事變遷，張鎡〈夏日南湖汎舟因過瓊華園〉：「翠輦不來知幾夏，野禽啼暝古松林。」翠輦，古代皇帝乘坐用翠鳥羽毛爲蓋的車子，亦指貴族富豪的坐車，李世民〈過舊宅〉：「新豐停翠輦，譙邑駐鳴笳。」李適〈奉和立春遊苑迎春〉：「金輿翠輦迎嘉節，御苑仙宮待獻春。」人換世，時局幾經變換，歐陽脩〈夢中作〉：「棋罷不知人換世，酒闌無奈客思家。」黃庭堅〈次韻吉老十小詩〉：「眼看人換世，手種木成陰。」天上月，自虛盈，指事物盛衰由不得人。自虛盈，自行圓缺消長，王昌齡〈靜法寺東齋〉：「閉戶脫三界，白雲自虛盈。」

〔5〕樹分殘照水邊明。雨初晴。氣還清：描寫黃昏瓊華島雨初晴時清新明朗之景象。樹分殘照水邊明，傍晚樹影映照水面之清景，周弼〈落梅〉：「玉樹分明照夕流，粉痕翻爲碧苔。」張炎〈露華〉：「雲隱山暉，樹分溪影。」殘照，夕陽餘暉，孟浩然〈同獨孤使君東齋作〉：「竹間殘照入，池上夕陽浮。」戎昱〈過東平軍〉：「畫角初鳴殘照微，營營鞍馬往來稀。」水邊明，映照在水面，光亮的樣子，僧斯植〈江村晚望〉：「雲生峯頂白，月近水邊明。」向子諲〈浣溪沙〉：「璧月光中玉漏清，小梅疏影水邊明。」雨初晴，氣還清，雨過清新貌，白居易〈早春招張賓客〉：「久雨初晴天氣新，風煙草樹盡欣欣。」賀朝清〈南山〉：「湖北雨初晴，湖南山盡見。」

〔6〕醉卻興亡，惟有酒多情：唯求一醉除卻對歷代興亡之感傷。醉卻興亡，酒可讓人忘卻世間俗事，呂巖〈贈劉方處士〉：「醉中亦話興亡事，雲道總無珪組累。」黃裳〈試院呈同事〉：「黃花明月秋來好，醉卻胸中是與非。」惟有酒多情，只有酒能知我心思，韋莊〈與東吳生相遇〉：「老去不知花有態，亂來唯覺酒多情。」李綱〈秋日〉：「溪山信美非吾土，詩酒多情解客憂。」

〔7〕收取晉人腮上淚，千載後，幾新亭：言興亡本是必然，毋須過度執著。此典故來自《世說新語·言語》：「過江諸人，每至美日，輒相邀新亭，藉卉飲宴·周侯坐而歎曰：『風景不殊，正自有山河之異！』皆相視流淚·唯王丞相愀然變色曰：『當共戮力王室，克復神州，何至作楚囚相對？』」後比喻懷念故國或感時憂國的悲憤心情，獨孤及〈癸卯歲赴南豐道中聞京師失守寄權士繇韓幼深〉：「莫作新亭泣，徒使夷吾嗤。」吳融〈過澠池書事〉：「莫道新亭人對泣，異鄉殊代也霑衣。」劉秉忠反用此典，以興衰歷千載如是，奉勸世人不必太執著。新亭，地名，位於江蘇省江寧縣南，三國吳所築，地近江濱，依山爲城壘，爲軍事及交通重地，東晉名士常遊宴於此，舊址在今南京市南，或稱爲勞勞亭，庾信〈率爾成詠〉：「彷彿新亭岸，猶言洛水濱。」孫逖〈同和詠樓前海石榴〉：「客自新亭郡，朝來數物華。」

三

松蒼竹翠歲寒天。雁山前。鳳城邊。回首燕南，一別又三年〔1〕。長愛故人心似月，人不見，月還圓〔2〕。　　小窗寂寂鎖凝煙。一燈然。一詩聯〔3〕。詩苦燈青，孤影伴無眠〔4〕。明日酒中餘思在，揮醉墨，灑雲牋〔5〕。

【校】

〔雁山〕：天順舊鈔本、四庫本作「雁山」；弘治本、四印齋本、《全金元詞》俱作「鴈山」。雁，同鴈也。此處取較通行之字。

〔小窗〕：天順舊鈔本、四印齋本、《全金元詞》作「小窗」；四庫本作「小窻」；弘治本作「北窓」；四庫本作「北窻」。窻、窓乃窗之異體字。

〔鎖凝煙〕：天順舊鈔本作「鎖凝烟」；弘治本、四印齋本作「鎖凝煙」；四庫本作「鎖凝烟」；《全金元詞》作「鎖凝煙」。鎖，同鎖。烟，同煙。

〔灑雲牋〕：天順舊鈔本、弘治本、四庫本、四印齋本作「洒雲牋」，《全金元詞》作「灑雲牋」。洒，灑之異體字。

【箋注】

〔1〕松蒼竹翠歲寒天。雁山前。鳳城邊。回首燕南，一別又三年：自言離別家鄉轉瞬已三年。松蒼竹翠歲寒天，可知作者於歲寒景色蕭索之時作此詞，古來文人多以松竹興懷思，戴叔倫〈題稚川山水〉：「松下茅亭五月涼，汀沙雲樹晚蒼蒼。行人無限秋風思，隔水青山似故鄉。」李端〈江上逢柳中庸〉：「弱竹萬株頻礙幘，新泉數步一霑衣。今來唯有禪心在，鄉路翻成向翠微。」洪邁更於《容齋筆記》中提到：「古今詩人懷想故居，形之篇詠，必以松竹梅菊為比興。」此篇亦然。雁山，又作鴈山，《明史‧地理志》：「西南有景山，一名雁山，沮水出焉，流入遠安縣界。」言雁山於湖廣；《大清一統志》：「在開建縣北十里，形勢頗平有如鴈行，為邑後屏有水，南流五里入水母塘。」指出雁山於嶺南廣西。然皆與詞人所在不符，推測鴈山於此應指京城境內之山如雁序排列貌，陳子昂〈送魏大從軍〉：「雁山橫代北，狐塞接雲中。」楊憑〈邊塞行〉：「細叢榆塞迴，高點雁山晴。」鳳城，帝都，韋承慶〈寒食應制〉：「鳳城春色晚，龍禁早暉通。」杜甫〈夜詩〉：「步蟾倚杖看牛鬥，銀漢遙應接鳳城。」燕南，燕京以南，郝經〈秋思〉：「燕南二十年，閉戶鑿混沌。」釋英〈燕山九日〉：「九月燕南客，三千里外家。」

〔2〕長愛故人心似月，人不見，月還圓：以明亮的圓月反襯自己憶起故人的悽楚。長愛故人心似月，指一直喜愛舊友之心境澄澈。長，常，經常，《商君書‧算地》：

「兵出，糧給而財有餘；兵休，民作而畜長足。」王建〈原上新居〉：「長愛當山立，黃昏不閉門。」心似月，心性高潔澄明，貫休〈深山逢老僧〉：「衲衣線粗心似月，自把短鋤鋤榾柮。」唐庚〈張嘉父生日〉：「強明心似月，勤幹鬢成霜。」人不見，月還圓，藉月自圓烘托其內心之悽愴，寇準〈杜陵〉：「杜陵人不見，夜月自徘徊。」黃庭堅〈宿黃山〉：「白首同歸人不見，黃山依舊月明中。」

〔3〕小窗寂寂鎖凝煙。一燈然。一詩聯：苦思難眠，唯有作詩排解其憂。小窗寂寂鎖凝煙，形容淒清寂寞貌，孟郊〈和令狐侍郎郭郎中題項羽廟〉：「碧草淩古廟，清塵鎖秋窗。」李賀〈有所思〉：「自從孤館深鎖窗，桂花幾度圓還缺。」寂寂，寂靜無人聲，左思〈詠史詩〉：「寂寂楊子宅，門無卿相輿。」陶潛〈飲酒〉：「班班有翔鳥，寂寂無行跡。」一燈然，點燃燈火。然，燃燒，後作燃，《說文・火部》：「然，燒也。」《孟子・公孫丑上》：「若火之始然，泉之始達。」一詩聯，吟詩作對，張渾〈七老會詩〉：「詩聯六韻猶應易，酒飲三杯未覺難。」朱翌〈戲事〉：「間出詩聯句，時因酒合錢。」

〔4〕詩苦燈青，孤影伴無眠：指出燃燈作詩仍無法解除形單影隻的苦境，化用蘇軾〈和柳子玉喜雪次韻仍呈述古〉：「燈青火冷不成眠，一夜撚鬚吟喜雪。」詩苦燈青，夜讀之淒涼。燈青，指夜深，李白〈送殷淑〉：「痛飲龍筇下，燈青月復寒。」李賀〈傷心行〉：「燈青蘭膏歇，落照飛蛾舞。」孤影，形容孤單的一個人，陶潛〈雜詩〉：「欲言無予和，揮杯勸孤影。」江淹〈還故園〉：「傷山中信寂寥，孤景吟空堂。」無眠，無法成眠，許棠〈春夜同屬文學先輩會宿〉：「無眠將及曙，多是說山陰。」羅鄴〈聞杜鵑〉：「孤館覺來聽夜半，羸僮相對亦無眠。」

〔5〕明日酒中餘思在，揮醉墨，灑雲牋：若是明日餘思尚在，便揮墨以記之。言外之意即是今夜之愁且置，留待明日抒解。餘思，遺留下來的心思，劉禹錫〈傷秦姝行〉：「曲終韻盡意不足，餘思悄絕愁空堂。」元稹〈春月〉：「杳杳有餘思，行行安可忘。」揮醉墨，灑雲牋，揮毫錄詩以記之，蔡松年〈江城子〉：「揮醉墨，灑行雲。」揮醉墨，即醉中揮毫，戴叔倫〈懷素上人草書歌〉：「神清骨竦意真率，醉來為我揮健筆。」王珪〈和永叔思白兔戲答公儀憶鶴雜言〉：「醉翁良慣觝高懷，卻揮醉墨幾欲罵。」雲牋，書信、信箋，同雲箋，韋驤〈和太守叔康以詩苔桃〉：「鈴閣揮毫寫浩才，雲牋艷艷發松煤。」黃裳〈寄梅承事〉：「花街山院青春醉，玉管雲牋白雪歌。」

三奠子 〔1〕

念我行藏有命，煙水無涯〔2〕。嗟去雁，羨歸鴉〔3〕。半生人累影，一事鬢生華〔4〕。東山客，西蜀道，且還家〔5〕。　　壺中日月，洞

裏煙霞。春不老，景長嘉〔6〕。功名眉上鎖，富貴眼前花〔7〕。三杯酒，一覺睡，一甌茶〔8〕。

【校】

〔煙水〕：天順舊鈔本、弘治本、四庫本作「烟水」；四印齊本、《全金元詞》作「煙水」。烟，同煙。

〔去雁〕：天順舊鈔本、四庫本作「去雁」；弘治本、四印齋本、《全金元詞》俱作「去鴈」。鴈，同雁。

〔人累影〕：天順舊鈔本、弘治本、四庫本、四印齋本俱作「人累影」，唯《全金元詞》作「形累影」。唐圭璋亦表示「形累影」乃據丙丁之四庫抄本改，又四庫本作「人累影」，故「形累影」應是誤抄。

〔煙霞〕：天順舊鈔本、弘治本、四庫本作「烟霞」；四印齊本、《全金元詞》作「煙霞」。烟，同煙。

〔眉上鎖〕：天順舊鈔本、弘治本、四庫本、四印齋本俱作「眉上鎖」，《全金元詞》作「眉上鎖」。鎖，鎖之異體字。

【箋注】

〔1〕三奠子：唐宋未有此調，調首見於元好問《錦機集》。按崔令欽《教坊記》有〈奠璧子〉小曲，此或因奠酒、奠聲、奠璧爲三奠，取以名詞也。雙調，六十八字，前後段各九句，四平韻。

〔2〕念我行藏有命，煙水無涯：嘆一生行止皆由命定，無法掌握。念，思、想，《詩經・文王》：「王之蓋臣，無念爾祖。」《書・洪範》：「凡厥庶民，有猷，有爲，有守，汝則念之。」行藏有命，出處行止皆由天註定，趙汝楳《周易輯聞・卷二》：「泰否禪更，行藏有命，或隱德，或揚名，或立節，皆可軌範。」行藏，出處、動向，江淹〈鮑參軍戎行〉：「豎儒守一經，未足識行藏。」潘嶽〈西征賦〉：「孔隨時以行藏，蘧與國而舒卷。」煙水無涯，煙波浩渺貌，白居易〈海漫漫戒求仙也〉：「蓬萊今古但聞名，煙水茫茫無覓處。」李彌遜〈浪淘沙〉：「醒後欲尋溪上路，煙水無窮。」

〔3〕嗟去雁，羨歸鴉：思念舊地，欲回歸故園。嗟去雁，感傷離鄉遠去的雁子。嗟，表示感傷、哀痛的語氣，《楚辭・陶壅》：「悲哉於嗟兮，心內切嗟。」蔡邕〈胡栗賦〉：「適禍賊之災人兮，嗟夭折以摧傷。」去雁，耿湋〈送郭秀才赴舉〉：「相看南去雁，離恨倍潸然。」李頻〈湘口送友人〉：「去雁遠衝雲夢雪，離人獨上洞庭船。」羨歸鴉，羨慕能回故里的鴉鳥，蘇軾〈詹守攜酒見過用前韻作詩聊復和之〉：「孤雲落日西南望，長羨歸鴉自識村。」陸游〈長

木晚興〉：「故巢東望知何處，空羨歸鴉解滿林。」

〔4〕半生人累影，一事鬢生華：言半生爲諸事奔波，如今已兩鬢斑白。半生人累影，半生被外物所累。半生，半輩子，形容人一生中很長的一段時間，牟融〈贈歐陽詹〉：「爲客囊無季子金，半生蹤跡任浮沉。」李頻〈友人話別〉：「半生都返性，終老擬安貧。」人累影，人之形體爲外物所累，李漸〈魍魎賦〉：「夫物有形而必累影。」累，拖累、累贅，《左傳·隱公十三年》：「相時而動，無累後人。」《論衡·自紀》：「於彼爲榮，於我爲累。」影，形影，物之陰影也，《書·大禹謨》：「惠迪吉，從逆凶，惟影響。」《淮南子·脩務》：「吾日悠悠慙於影，子何以輕之哉。」一事鬢生華，努力於事業功名，如今髮已蒼蒼，白居易〈除夜寄微之詩〉：「鬢毛不覺白毵毵，一事無成百不堪。」張耒〈寄晁應之〉：「塵埃落魄誰如我，一事無成白髮生。」

〔5〕東山客，西蜀道，且還家：儘管歸鄉的道路難行，仍一心想著回去。東山客，典出於《世說新語·排調》：「謝公在東山，朝命屢降而不動。後出爲桓宣武司馬，將發新亭，朝士咸出瞻送。高靈時爲中丞，亦往相祖。先時，多少飲酒，因倚如醉，戲曰：『卿屢違朝旨，高臥東山，諸人每相與言：安石不肯出，將如蒼生何？今亦蒼生將如卿何？』謝笑而不答。」後用以指隱居不仕的志願，王維〈送綦毋潛落第還鄉〉：「遂令東山客，不得顧采薇。」羊士諤〈九月十日郡樓獨酌〉：「歸期北州里，舊友東山客。」西蜀道，形容道路難行，王勃〈始平晚息〉：「觀闕長安近，江山蜀道賒。客行朝復夕，無處是鄉家。」盧照鄰〈大劍送別劉右史〉：「金碧禺山遠，關梁蜀道難。」且還家，尚且返回故園，裘萬頃〈用黃子益韻〉：「已過半生眞似夢，未荒三徑且還家」

〔6〕壺中日月，洞裏煙霞。春不老，景長嘉：形容故園環境就像仙境一般清幽。典出於葛洪《神仙傳·壺公》：「壺公者，不知其姓名。……常懸一空壺於坐上，日入之後，公輒轉足跳入壺中。人莫知所在，唯長房於樓上見之，知其非常人也。長房乃日日自掃除公座前地，及供饌物，公受而不謝。如此積久，長房不懈，亦不敢有所求。公知長房篤信，語長房曰：『至暮無人時更來。』長房如其言而往，公語長房曰：『卿見我跳入壺中時，卿便隨我跳，自當得入。』長房承公言，爲試展足，不覺已入。既入之後，不復見壺，但見樓觀五色、重門閣道，見公左右侍者數十人。……房騎竹杖辭去，忽如睡覺，已到家。家人謂是鬼，具述前事，乃發棺視之，唯一竹杖，方信之。房所騎竹杖，棄葛陂中，視之乃青龍耳。初去至歸謂一日，推問家人，已一年矣。」言仙人壺公能於一空壺中，變化出天地，中有日月，如世間，且夜宿其間，後比喻仙境或勝境，李中〈贈重安寂道者〉：「壺中日月存心近，島外煙霞入夢清。」呂巖〈七言〉：「物外煙霞爲伴侶，壺中日月任嬋娟。」春不老，永遠是美好的春季，即時間暫停，胡寅〈和仁仲春日〉：「須信壺中春不老，何人作計強

留春。」許綸〈太上皇後閣春帖子〉:「自是仙家春不老,蟠桃枝上又春風。」嘉,美、善,《說文·壴部》:「嘉,美也。」《詩經·東山》:「其新孔嘉,其舊如之何。」張衡〈西京賦〉:「嘉木樹庭,芳草如積。」

〔7〕功名眉上鎖,富貴眼前花:指功名富貴只是過眼雲煙,執著只會帶來煩憂。眉上鎖,皺著眉頭,形容內心煩悶,唐彥謙〈無題〉:「楊柳青青映畫樓,翠眉終日鎖離愁。」李白〈清平樂〉:「盡日感事傷懷,愁眉似鎖難開。」眼前花,瞬間凋謝的花朵,比喻一時的佳境,難保長久,白居易〈和春深〉:「十分杯裏物,五色眼前花。」陳著〈正月晦日與弟觀對酌〉:「弟兄窗下酒,世俗眼前花。」

〔8〕三杯酒,一覺睡,一甌茶:形容悠閒自適的生活,意同於白居易〈食後〉:「食罷一覺睡,起來兩甌茶。舉頭看日影,已復西南斜。樂人惜日促,憂人厭年賒。無憂無樂者,長短任生涯。」三杯酒、一覺睡、一甌茶都是用來描摹神態閒適,其中一、三皆是虛數,司馬光〈又即事二章上呈〉:「朝來頓飲三杯酒,醉臥西齋晝掩扉。」白居易〈天竺寺七葉堂避暑〉:「清宵一覺睡,可以銷百疾。」白居易〈營閒事〉:「桃根知酒渴,晚送一甌茶。」

玉樓春〔1〕

一

閒雲不肯狂馳騁。向晚自來棲岳頂〔2〕。野人無事也關門,一炷古香焚小鼎〔3〕。　　驚烏有恨無人省。飛去飛來明月影〔4〕。夜闌萬籟寂中聞,破牖透風微覺冷〔5〕。

【校】

〔向晚自來棲岳頂〕:天順舊鈔本作「向晚自來棲岳頂」;四庫本作「向晚自來樓岳頂」;弘治本、四印齋本、《全金元詞》作「向晚自來棲峰頂」。劉秉忠所作二闋〈玉樓春〉皆為五十六字,上下片三仄韻之體例。其上下片起句照李煜詞〈玉樓春〉(晚妝初了明肌雪)填,餘二、三、四句則照顧夐〈玉樓春〉(拂水雙飛來去燕)填。據詞譜載,顧詞第二句之音調為「○●●○○●●」,與劉秉忠另一闋〈玉樓春〉合。故取「向晚自來棲岳頂」。

【箋注】

〔1〕玉樓春:雙調,五十六字,前後段各四句,三仄韻。《花間集》顧夐詞起句有「月照玉樓春漏促」句,又有「柳映玉樓春日晚」句;《尊前集》歐陽炯詞起句有「春早玉樓煙雨夜」句,又有「日照玉樓花似錦,樓上醉和春色寢」句,取為調名。

李煜詞名〈惜春容〉，朱希眞詞名〈西湖曲〉，康與之詞名〈玉樓春令〉。

〔2〕閑雲不肯狂馳騁。向晚自來棲岳頂：藉傍晚一派悠然的景色，表達自己不欲與人爭功的想法，吳融〈閿鄉寓居〉：「結得茆簷瞰碧溪，閒雲之外不同棲。」閑雲不肯狂馳騁，比喻性喜悠遊的人不願積極進取功名。閑雲，比喻來去自如，無所羈絆的人，王勃〈滕王閣〉：「閒雲潭影日悠悠，物換星移幾度秋。」李頎〈李兵曹壁畫山水各賦得桂水帆〉：「飛鳥看共度，閒雲相與遲。」馳騁，活動、活躍、奔馳，王維〈同比部楊員外十五夜遊有懷靜者季〉：「陌頭馳騁盡繁華，王孫公子五侯家。」李絳〈和裴相國答張秘書贈馬詩〉：「縱橫逸氣寧稱力，馳騁長途定出群。」向晚自來棲岳頂，藉閒雲自棲峰頂來說明自己欲棲山林之願。向晚，傍晚，李白〈清溪行〉：「向晚猩猩啼，空悲遠遊子。」杜甫〈重題鄭氏東亭〉：「向晚尋征路，殘雲傍馬飛。」

〔3〕野人無事也關門，一炷古香焚小鼎：形容村野居民無事憂愁貌，白居易〈贈朱道士〉：「盡日窗間更無事，唯燒一炷降眞香。」野人無事，居處村野的平民平穩安適貌，韓偓〈奉和峽州孫舍人肇荊南重圍中寄諸朝士〉：「黃篾舫中梅雨裏，野人無事日高眠。」劉攽〈雨後小園〉：「老圃不須譏抱甕，野人無事伴誅茅。」古香，古雅韻致的香料，胡寅〈和趙用明梅〉：「崔竹飜新畫，龍涎出古香。」小鼎，供燃燒香料的器具，周麟之〈送台道人〉：「幽香小鼎暮煙橫，濁酒一盃春蟻綠。」彭汝礪〈翌日景繁察院公初叔明推直謙父主簿復會某晚至即席用前韻〉：「鼎實參差海陸兼，爐煙浮動麝蘭添。」

〔4〕驚鳥有恨無人省。飛去飛來明月影：感慨心中煩憂無人能知。驚鳥有恨無人省，無人知曉驚鳥之憂擾，蘇軾〈卜算子〉：「驚起卻回頭，有恨無人省。」驚鳥，受到驚擾的鳥，庾信〈奉和趙王喜雨〉：「驚鳥灑翼度，濕雁斷行來。」韋應物〈擬古詩〉：「月滿秋夜長，驚鳥號北林。」飛去飛來，沒有駐足之地，李商隱〈代贈〉：「鴛鴦可羨頭俱白，飛去飛來煙雨秋。」薛濤〈十離詩〉：「隴西獨自一孤身，飛去飛來上錦茵。」

〔5〕夜闌萬籟寂中聞，破牖透風微覺冷：指夜闌人靜，清風透戶的淒冷情形。夜闌萬籟寂中聞，夜闌人寂，靜聽萬籟，上官儀〈奉和潁川公秋夜〉：「千秋流夕景，萬籟含宵喚。」夜闌，夜深，王昌齡〈長信秋詞〉：「高殿秋砧響夜闌，霜深猶憶御衣寒。」劉長卿〈雜詠八首上禮部李侍郎〉：「月色滿軒白，琴聲宜夜闌。」萬籟，籟，孔竅所發出來的聲音，萬籟泛指自然界的各種聲音，宋之問〈發藤州〉：「露裛千花氣，泉和萬籟聲。」崔湜〈奉和幸韋嗣立山莊侍宴應制〉：「雲卷千峰色，泉和萬籟吟。」寂中聞，即靜中聞，李德裕〈題柳郎中故居〉：「下馬荒階日欲曛，潺潺石溜靜中聞。」寂，靜，沒有聲音，《老子·第二十五章》：「寂兮寥兮，獨立而不改。」常建〈破山寺後禪院詩〉：「萬籟此皆寂，惟聞鐘磬音。」破牖透風，形容生活困頓貌，李之儀〈減字木蘭

花〉:「揉花摧柳。一夜陰風幾破牖。」李新〈龍興客旅效子美寓居同谷七歌〉:
「編蓬懸席不遮攔,西面透風東面雨。」

二

翠微掩映農家住。水滿玉溪花滿樹。青山隨我入門來,黃鳥背人穿
竹去〔1〕。　　煙霞隔斷紅塵路。試問功名知此趣〔2〕。一壺春酒醉
春風,便是太平無事處〔3〕。

【校】

〔煙霞〕:天順舊鈔本、弘治本、四庫本作「烟霞」;四印齋本、《全金元
詞》作「煙霞」。烟,同煙。

〔太平無事處〕:天順舊鈔本、四印齋本、《全金元詞》、四庫本作「太平
無事處」,唯弘治本作「太平無處事」。其詞作意涵、文字結構近周行已〈子
固嘉夫相過觀几山唱和〉:「太平無事閒居樂,且醉高樓大道傍。」故以「無
事處」爲佳。

【箋注】

〔1〕翠微掩映農家住,水滿玉溪花滿樹,青山隨我入門來,黃鳥背人穿竹去:指
　　農村清幽美好之景象。翠微,《爾雅》:「山未及上曰翠微。」凡山遠望之則翠,
　　近之則翠漸微,故曰翠微,何遜〈仰贈從兄興寧寘南〉:「遠江飄素沫,高山
　　鬱翠微。」庾信〈和宇文內史春日遊山〉:「遊客值春輝,金鞍上翠微。」掩
　　映,若隱若現,李百藥〈登葉縣故城謁沈諸梁廟〉:「煙霞共掩映,林野俱蕭
　　瑟。」武三思〈奉和聖製夏日遊石淙山〉:「掩映葉光含翡翠,參差石影帶芙
　　蓉。」水滿玉溪花滿樹,流水清澈,花開燦爛的景色,儲光羲〈寄孫山人〉:
　　「新林二月孤舟還,水滿清江花滿山。」水滿玉溪,溪水充沛貌,查文徽〈寄
　　麻姑仙壇道士〉:「人歸仙洞雲連地,花落春林水滿溪。」李嶠〈五言重送橫
　　飛聯句〉:「春田草未齊,春水滿長溪。」花滿樹,繁花似錦貌,劉駕〈曉登
　　迎春閣〉:「香風滿閣花滿樹,樹樹樹梢啼曉鶯。」歐陽脩〈戲贈〉:「門前白
　　馬繫垂楊,春風滿城花滿樹。」青山隨我入門來,一派悠然自得的樣子,化
　　用晁以道〈馬上睡〉:「青山隨我行,夢寐亦清省。」黃鳥背人穿竹去,黃鶯
　　在竹林中穿梭,化用沈彬〈錦繡萬花谷〉:「幽鳥喚人穿竹去,野猿尋果出雲
　　來。」黃鳥,黃鶯的別名,《詩經·葛覃》:「黃鳥於飛,集於灌木。」曹植〈三
　　良〉:「黃鳥爲悲鳴,哀哉傷肺肝。」

〔2〕煙霞隔斷紅塵路,試問功名知此趣:與世隔絕之樂趣是追求功名者無法領略

的。隔斷紅塵路，與世俗塵務隔離，牟融〈題寺壁〉：「青山遠隔紅塵路，碧殿深籠綠樹煙。」陳著〈送兒沆赴昌國學錄〉：「巨鼇拄牢蒼璧島，長鯨截斷紅塵路。」試問，請問，為疑問之詞，庾信〈楊柳歌〉：「君言丈夫無意氣，試問燕山那得碑。」儲光羲〈題辨覺精舍〉：「試問真君子，遊山非世心。」功名，功業、名聲，《莊子‧刻意》：「若夫不刻意而高，無仁義而修，無功名而治。」陸機〈樂府詩十七首之十一〉：「但恨功名薄，竹帛無所宣。」知此趣，知道箇中的樂趣，陳襄〈留題表兄三哥養浩亭〉：「由來知此趣，何暇問攖寧。」文同〈清景堂〉：「靜能知此趣，吃吃笑勞生。」

〔3〕一壺春酒醉春風，便是太平無事處：言借酒一醉，泰然處之。一壺春酒醉春風，指飲酒作樂，享受美好春光，韓琦〈春日磻亭同會〉：「大抵相知難會合，且同樽酒醉春風。」春酒，春時釀造至冬始成的酒，張衡〈東京賦〉：「因休力以息勤，致歡忻於春酒。」呂巖〈七言〉：「盡日無人話消息，一壺春酒且醺酣。」醉春風，陶醉在春風中，李白〈宮中行樂詞〉：「煙花宜落日，絲管醉春風。」許棠〈新年呈友〉：「浮生能幾許，莫惜醉春風。」太平無事，即天下安寧，沒有紛爭，周行己〈子固嘉夫相過觀幾山唱和〉：「太平無事閒居樂，且醉高樓大道傍。」邵雍〈清風短吟〉：「生長太平無事日，又還身老太平時。」

臨江仙 〔1〕

一

同是天涯流落客，君還先到襄城〔2〕。雲南關險夢猶驚。記曾明月底，高枕遠江聲〔3〕。　　年去年來人漸老，不堪苦思功名〔4〕。傾開懷抱酒多情。幾時同一醉，揮手謝公卿〔5〕。

【校】

〔記曾明月底〕：天順舊鈔本、弘治本、四庫本作「曾記明月底」；四印齋本、《全金元詞》作「記曾明月底」。此闋詞之格律與賀鑄〈臨江仙〉（巧翦合歡羅勝子）同。因賀詞第四句之音調為「●○◎●●」，又劉秉忠其餘五闋〈臨江仙〉之音調為「◎○○●●」，第二字平仄俱與賀詞相合，皆為平聲，由是可知劉秉忠此句應作「記曾明月底」。

〔苦思功名〕：天順舊鈔本、弘治本、四庫本作「苦思功名」；四印齋本、《全金元詞》作「苦事功名」。由於「思」、「事」皆為仄聲，又「苦思功名」、「苦事功名」之意相近，故無法根據詞譜、文意判斷何者為當。此取弘治本所錄。

【箋注】

〔1〕臨江仙：唐教坊曲名。詞品云：「唐詞多緣題所賦，〈臨江仙〉則言水仙。」《花庵詞選》則認爲〈臨江仙〉多言仙事。宋柳永詞注仙呂調，元高拭詞注南呂調。李煜詞名〈謝新恩〉；賀鑄詞有「人歸落鴈後」句，名〈鴈後歸〉；韓淲詞有「羅帳畫屏新夢悄」句，名〈畫屏春〉；李清照詞有「庭院深深深幾許」句，名〈庭院深深〉。共十一體，此闋詞爲六十字體，雙調，前後段各五句，三平韻。

〔2〕同是天涯流落客，君還先到襄城：言彼此都是流落在外或有著相同際遇的人，有惺惺相惜之意。同是天涯流落客，即彼此都是流落在外的人，化用白居易〈琵琶引〉：「同是天涯淪落人，相逢何必曾相識。」李綱〈送錢申伯如邵武〉：「同是天涯流落人，此心炯炯君應識。」襄城，在全椒縣西，俗傳晉時姚襄所築，襄水經其傍，轄境相當於今河南襄城、鄭縣、舞陽等縣地，古來即爲重鎮，楊炯〈奉和上元酺宴應詔〉：「襄城非牧豎，楚國有巴人。」崔湜〈襄城即事〉：「子车懷魏闕，元凱滯襄城。」

〔3〕雲南關險夢猶驚。記曾明月底，高枕遠江聲：隨軍征戰在外，但心中仍懷念著過去快活自在的日子。雲南關險夢猶驚，據《元史》載，劉秉忠於「癸丑，從世祖征大理。明年，征雲南。每贊以天地之好生，王者之神武不殺，故克城之日，不妄戮一人。」此詞當寫於劉秉忠隨軍出征，仍未東還之時。關險，險要的邊塞隘口，蘇頲〈奉和聖製登太行山中言志應制〉：「按蹕夷關險，張旗亙井泉。」崔顥〈行經華陰〉：「河山北枕秦關險，驛樹西連漢畤平。」夢猶驚，雖於夢中仍覺得害怕，姜夔〈三高祠〉：「越國霸來頭已白，洛京歸後夢猶驚。」劉攽〈聽琴〉：「鳴憂時身欲瘦，歷處夢猶驚。」記曾明月底，高枕遠江聲，還記得當時在夜晚靜聽江聲之情懷，化用杜甫〈客夜〉：「卷簾殘月影，高枕遠江聲。」張說〈深渡驛〉：「洞房懸月影，高枕聽江流。」

〔4〕年去年來人漸老，不堪苦思功名：自念年漸衰老，沒辦法繼續求取功名。年去年來人漸老，年復一年，年華逐漸老去，化用鮑照〈擬行路難〉：「年去年來自如削，白髮零落不勝冠。」杜荀鶴〈秋宿臨江驛〉：「南來北去二三年，年去年來兩鬢斑。」不堪，禁不起，張九齡〈望月懷遠〉：「不堪盈手贈，還寢夢佳期。」孫逖〈宴越府陳法曹西亭〉：「江南歸思逼，春雁不堪聞。」苦思，深思竭慮，王充〈論衡〉：「載太山之上者七十有二君，皆勞情苦思，憂念王事。」杜甫〈暮登西安寺鐘樓寄裴十〉：「知君苦思緣詩瘦，大向交遊萬事慵。」

〔5〕傾開懷抱酒多情。幾時同一醉，揮手謝公卿：感嘆何時才能歸來與故友同醉。傾開懷抱，即放寬心胸，馮著〈短歌行〉：「君但開懷抱，情恨莫匆匆。」杜甫〈蘇端薛復筵簡薛華醉歌〉：「千里猶殘舊冰雪，百壺且試開懷抱。」幾時同一醉，何時一起飲酒共醉，元好問〈有寄〉：「南渡詩人吾未老，幾時同醉

鳳凰城。」同一醉，即一同飲酒同歡，李白〈敘舊贈江陽宰陸調〉：「大笑同一醉，取樂平生年。」杜甫〈舍弟觀歸藍田迎新婦送示兩篇〉：「此時同一醉，應在仲宣樓。」揮手謝公卿，告別公卿官宦之位，化用李白〈聞李太尉大舉秦兵百萬出征東南懦夫請纓冀申一割之用半道病還留別金陵崔侍御十九韻〉：「因之出寥廓，揮手謝公卿。」謝，辭去、推卻、拒絕，此有辭去官職之意，《玉篇·言部》：「謝，辭也，去也。」《禮記·曲禮上》：「大夫七十而致事，若不得謝，則必賜之几杖。」

<h2 style="text-align:center">二</h2>

滿路紅塵飛不去，春風弄我華顛〔1〕。故園桃李酒樽前。賞心逢美景，此事古難全〔2〕。　　若智若癡人總笑，夕陽空裊吟鞭〔3〕。馬頭山色翠相連。不知山下客，何日是歸年〔4〕。

【校】

〔酒樽〕：天順舊鈔本、弘治本、四庫本作「酒樽」；四印齋、《全金元詞》作「酒尊」。樽、尊相通，皆為酒器。

〔不知山下客〕：天順舊鈔本、四印齋、《全金元詞》作「不知山下客」；弘治本、四庫本作「不如山下客」。就文意判斷，以「不知山下客」為佳。

【箋注】

〔1〕滿路紅塵飛不去，春風弄我華顛：指自己一直處在紅塵中，至今已滿頭白髮。滿路紅塵飛不去，自言無法擺脫塵俗的紛擾。滿路紅塵，即所見皆是俗世、繁華熱鬧的地方，姚合〈夏日書事寄丘亢處士〉：「幾欲相尋去，紅塵滿路旁。」鄭谷〈郊墅〉：「滿野紅塵誰得路，連天紫閣獨關情。」春風弄我華顛，徐徐的春風吹弄著我的白髮。華顛，白頭，權德輿〈早春南亭即事〉：「振衣慚艾綬，闚鏡歎華顛。」盧肇〈被謫連州〉：「黃絹外孫翻得罪，華顛故老莫相嗤。」顛，頭也，《墨子·脩身》：「華髮隳顛，而猶弗舍者，其唯聖人乎？」《晉書·束皙傳》：「丹墀步紈褲之童，東野遺白顛之叟。」

〔2〕故園桃李酒樽前，賞心逢美景，此事古難全：憶起過往與友同賞美景、飲宴共醉，心裡不勝唏噓。故園桃李酒樽前，指於家鄉春日飲宴之情形，賀鑄〈京居感興〉：「故園桃李在，樽酒願相親。」故園桃李，故鄉的春景，顧況〈歸期〉：「到得歸時春更晚，故園桃李正芳菲。」李昭玘〈無咎哀辭〉：「夾路衣冠如昨日，故園桃李又春風。」故園，故鄉，何遜〈胡興安夜別〉：「方抱新離恨，獨守故園秋。」張九齡〈折楊柳〉：「一枝何足貴，憐是故園春。」賞心逢美景，因欣賞到美好的情景而心情舒暢，白居易〈三月三日祓禊洛濱序〉：

「美景良辰，賞心樂事，盡得於今日矣。」李翶〈奉酬劉言史宴光風亭〉：「閏餘春早景沉沉，禊飲風亭恣賞心。」賞心，內心所喜悅的事，謝朓〈之宣城郡出新林浦向板橋詩〉：「囂塵自茲隔，賞心於此遇。」張九齡〈初發曲江溪中〉：「正爾可嘉處，胡爲無賞心。」此事古難全，自古即沒有兩全其美之事，化用蘇軾〈水調歌頭〉：「人有悲歡離合，月有陰晴圓缺，此事古難全。」

〔3〕若智若癡人總笑，夕陽空裊吟鞭：言仕與隱不知如何抉擇，只能空嘆。若智若癡人總笑，暗嘲自己宦海浮沉，似是明智，似是痴愚。夕陽空裊吟鞭，指夕陽西下，炊煙裊裊，於馬上哼吟小詩，意同於范純仁〈游渶川石橋〉：「春風拂歸袂，暮景生吟鞭。恨不見山月，月曉山南邊。」空裊，徒然地繚繞，陸游〈舟中對月〉：「江空裊裊釣絲風，人靜翩翩葛巾影。」趙秉文〈明惠皇后挽歌詞〉：「禁闈斜日晚，空裊寶爐煙。」吟鞭，於馬背上哼唱著小詩，牟融〈春遊〉：「笑拂吟鞭邀好興，醉敧烏帽逞雄談。」胡宿〈送子思學士倅河內〉：「直舍十年苔已紫，吟鞭一路柳初青。」

〔4〕馬頭山色翠相連，不知山下客，何日是歸年：感慨不知何時才能歸家。馬頭山色翠相連，山光水色清翠相映，水神〈雪溪夜宴詩〉：「山勢縈迴水脈分，水光山色翠連雲。」馬頭，舊時水岸泊舟，商船聚會的地方，《資治通鑑・穆宗長慶二年》：「於黎陽築馬頭，爲渡河之勢。」李賀〈勉愛行二首送小季之廬山〉：「別柳當馬頭，官槐如兔目。」相連，彼此連接，劉長卿〈夜宴洛陽程九主簿宅送楊三山人往天臺尋智者禪師隱居〉：「群峰趨海嶠，千里黛相連。」李白〈自梁園至敬亭山見會公談陵陽山水兼期同遊因有此贈〉：「稠疊千萬峰，相連入雲去。」山下客，泛指隱士，黃裳〈寄陳邵老〉：「故舊九仙山下客，想曾攜手泛三溪。」王十朋〈再和〉：「堪羨北山山下客，不緣射雉亦如皋。」此處指自己。何日是歸年，嘆不知何時才能還家，李白〈奔亡道中〉：「萬重關塞斷，何日是歸年。」杜甫〈絕句〉：「今春看又過，何日是歸年。」

三

堂上簫韶人不奏，鳳凰何處飛鳴〔1〕。黃塵擾擾馬縱橫。誰能知樂毅，志不在齊城〔2〕。　　後輩謾搜前輩錯，到頭義重功輕〔3〕。海隅四面盡蒼生。東風吹綠草，布穀勸春耕〔4〕。

【校】

　　〔謾搜〕：天順舊鈔本、弘治本、四印齋、《全金元詞》俱作「謾搜」；四庫本作「滿搜」。就語意推斷以「謾搜」爲上，故錄「謾搜」。

　　〔四面〕：天順舊鈔本、弘治本、四印齋、《全金元詞》俱作「四面」；四

庫本作「四向」。「四面」、「四向」意同，音調與詞牌相符。今取弘治本之「四面」。

〔布穀〕：天順舊鈔本、弘治本、四庫本作「布谷」；四印齋、《全金元詞》作「布穀」。布谷，同布穀，鳥名。

【箋注】

〔1〕堂上簫韶人不奏，鳳凰何處飛鳴：指征戰頻仍，不知何時可以休止，反用《尚書・益稷》：「簫韶九成，鳳皇來儀。」鮑溶〈憶郊天〉：「至今滿耳簫韶曲，徒羨瑤池舞鳳皇。」堂上簫韶人不奏，比喻世道不安，劉禹錫〈平齊行〉：「魯人皆解帶弓箭，齊人不復聞簫韶。」梅堯臣〈送餘中舍監韶州錢監〉：「虞舜不可見，簫韶不可聞。」簫韶，本為舜所制的樂曲，後亦泛指優美的音樂，王績〈古意〉：「皇臣力牧舉，帝樂簫韶暢。」陳子昂〈與東方左史虬修竹篇〉：「妙曲方千變，簫韶亦九成。」鳳凰，傳說中的百鳥之王，雄的稱為鳳，雌的稱為凰，為象徵祥瑞的鳥，亦稱為丹鳥、火鳥、鶤雞，曹植〈龍見賀表〉：「臣聞鳳凰復見於鄴南，黃龍雙出於清泉，聖德至理以致嘉瑞，將棲鳳於林囿，豢龍於陂池，為百姓旦夕之所觀。」庾信〈周太子太保步陸逞神道碑〉：「鳳凰於飛，實興齊國。」

〔2〕黃塵擾擾馬縱橫。誰能知樂毅，志不在齊城：點出樂毅伐齊，並非為了引起爭端，而是為報知遇之恩。黃塵擾擾，黃沙紛亂的樣子，王楚〈清明日游鶴林寺〉：「蒿目黃塵擾擾間，出門偶到鶴林山。」擾擾，紛亂的樣子，《國語・晉語》：「唯有諸侯，故擾擾焉。」駱賓王〈久戍邊城有懷京邑〉：「擾擾風塵地，遑遑名利途。」誰能知樂毅，志不在齊城，《史記・卷八十・樂毅列傳》：「樂毅賢，好兵，趙人舉之。……聞燕昭王以子之之亂而齊大敗燕，燕昭王怨齊，未嘗一日而忘報齊也。燕國小，辟遠，力不能制，於是屈身下士，先禮郭隗以招賢者。樂毅於是為魏昭王使於燕，燕王以客禮待之。樂毅辭讓，遂委質為臣，燕昭王以為亞卿，久之。當是時，齊湣王彊，……諸侯皆欲背秦而服於齊。湣王自矜，百姓弗堪。於是燕昭王問伐齊之事，樂毅對曰：『齊，霸國之餘業也，地大人眾，未易獨攻也。王必欲伐之，莫如與趙及楚、魏。』於是使樂毅約趙惠文王，別使連楚、魏，令趙嚙說秦以伐齊之利。……燕昭王悉起兵，使樂毅為上將軍，……樂毅於是並護趙、楚、韓、魏、燕之兵以伐齊，破之濟西。諸侯兵罷歸，而燕軍樂毅獨追，至於臨菑。齊湣王之敗濟西，亡走，保於莒。樂毅獨留徇齊，齊皆城守。樂毅攻入臨菑，盡取齊寶財物祭器輸之燕。」言因為燕昭王「怨齊，未嘗一日而忘報齊也」，而樂毅伐齊只為報燕王知遇之恩。

〔3〕後輩謾搜前輩錯，到頭義重功輕：樂毅雖屢建戰功，但最後卻被燕惠王猜忌，

淪落趙國、客死異鄉的下場。《史記・卷八十・樂毅列傳》：「會燕昭王死，子立爲燕惠王。惠王自爲太子時嘗不快於樂毅，及即位，齊之田單聞之，乃縱反間於燕，曰：『齊城不下者兩城耳。然所以不早拔者，聞樂毅與燕新王有隙，欲連兵且留齊，南面而王齊。齊之所患，唯恐他將之來。』於是燕惠王固已疑樂毅，得齊反間，乃使騎劫代將，而召樂毅。樂毅知燕惠王之不善代之，畏誅，遂西降趙。……燕惠王後悔使騎劫代樂毅，以故破軍亡將失齊；又怨樂毅之降趙，恐趙用樂毅而乘燕之獘以伐燕。……於是燕王復以樂毅子樂間爲昌國君；而樂毅往來復通燕，燕、趙以爲客卿。樂毅卒於趙。」文人多慨樂毅因忌，旅居異鄉，故作詩文以記之，曹植〈陳審舉表〉：「昔樂毅奔趙，心不忘燕。」庾信〈周大將軍崔訛神道碑〉：「樂毅羈旅，猶思燕路。」高適〈酬裴員外以詩代書〉：「樂毅吾所憐，拔齊翻見猜。」謾搜，同漫搜，胡亂搜羅，邵雍〈演繹吟〉：「肝脾無效驗，鐘鼓漫搜尋。」陸游〈暮春龜堂即事〉：「欲把一杯壺已罄，謾搜詩句答年華。」

〔4〕海隅四面盡蒼生。東風吹綠草，布穀勸春耕：希望爲政者能仁民愛物、以德化民。海隅四面盡蒼生，上天德被四面八方，化用《書經・益稷》：「帝光天之下，至於海隅蒼生。」海隅，沿海偏遠的地方，盧照鄰〈初夏日幽莊〉：「知君振奇藻，還嗣海隅芳。」宋之問〈謁禹廟〉：「玉帛空天下，衣冠照海隅。」四面，東、南、西、北四方，泛指四周圍，《禮記・鄉飲酒義》：「四面之坐，象四時也。」陶淵明〈挽歌詩〉：「四面無人居，高墳正嶕嶢。」東風吹綠草，布穀勸春耕，盼望仁政能風行草偃，梅堯臣〈送京西轉運李刑部移京東轉運〉：「古路趨汶陽，長風吹綠草。」杜甫〈洗兵馬〉：「田家望望惜雨乾，布穀處處催春種。」布穀，即布谷，動物名，鳥綱鵑形目，似杜鵑而體較大，灰黑色，腹白，好食毛蟲，有益於森林，因叫聲像「布穀」而得名，李白〈贈從弟冽〉：「日出布穀鳴，田家擁鋤犁。」

四　梨花

冰雪肌膚香韻細，月明獨倚闌干〔1〕。遊絲縈惹宿煙環。東風吹不散，應爲護輕寒〔2〕。　　素質不宜添彩色，定知造物非慳〔3〕。杏花才思入凋殘。玉容春寂寞，休向雨中看〔4〕。

【校】

〔肌膚〕：天順舊鈔本、弘治本、四印齋、《全金元詞》作「肌膚」，唯四庫本作「饑膚」。就語意推斷以「肌膚」爲上。

〔闌干〕：天順舊鈔本、弘治本、四印齋、《全金元詞》作「闌干」，唯四

庫本作「欄杆」。闌干，又作欄干、欄杆。

〔宿煙〕：天順舊鈔本、弘治本、四庫本作「宿烟」；四印齋、《全金元詞》作「宿煙」。烟，同煙。

〔入凋殘〕：天順舊鈔本、弘治本、四庫本作「入凋殘」；四印齋、《全金元詞》作「又凋殘」。「入凋殘」，指開始逐漸零落，劉嵩〈八月〉：「八月風烟接渺漫，千崖景氣入凋殘。」「又凋殘」，形容花又凋謝了，陳起〈題寶山寺〉：「澗梅花半樹，侵曉又凋殘。」單就文意解釋皆可通，但就意境而言，「入凋殘」有因時序轉移，逐漸凋零之意，其情境與此闋詞之內容相合，因此取天順舊鈔本之「入凋殘」。

【箋注】

〔1〕冰雪肌膚香韻細，月明獨倚闌干：形容梨花的潔白清麗。冰雪肌膚，本指美人的體膚潔白晶瑩，此用來形容花色之潔白，王周〈無題〉：「冰雪肌膚力不勝，落花飛絮遶風亭。」李覯〈玉蝴蝶花〉：「莊周有夢何曾覺，冰雪肌膚落幾家。」劉攽〈水仙花〉：「早於桃李晚於梅，冰雪肌膚姑射來。明月寒霜中夜靜，素娥青女共徘徊。」月明獨倚闌干，借明月烘托梨花之潔，溫庭筠〈舞衣曲〉：「不逐秦生卷象床，滿樓明月梨花白。」崔道融〈寒食夜〉：「滿地梨花白，風吹碎月明。」獨倚闌干，獨自倚靠著欄干，崔櫓〈春晚嶽陽言懷〉：「獨倚闌干意難寫，暮笳嗚咽調孤城」李建勛〈獨夜作〉：「空庭悄悄月如霜，獨倚闌干伴花立。」

〔2〕遊絲縈惹宿煙環。東風吹不散，應為護輕寒：言遊絲、宿煙縈迴環繞，不欲離去，乃是為保護梨花，為之遮掩輕微的寒意。遊絲，蟲類所吐的絲，飛揚於空中，春夏兩季常見，庾信〈燕歌行〉：「洛陽遊絲百丈連，黃河春水千片穿。」司馬光〈上巳日與太學諸同舍飲王都尉園〉：「游絲縈復展，狂絮墮還飛。」宿煙，即隔夜的水氣，權德輿〈酬穆七侍郎早登使院西樓感懷〉：「樓中遲啓明，林際揮宿煙。」劉禹錫〈登陝州北樓卻憶京師親友〉：「塵息長道白，林清宿煙收。」東風吹不散，春風無法吹散，張耒〈二絕句〉：「何物東風吹不散，祇應多病謫官心。」護輕寒，遮掩輕微的寒意，葛勝仲〈木芍藥〉：「遮護輕寒施翠幄，標題仙品露牙籤。」張嵲〈題鮮於蹈夫墨梅二絕句〉：「黃簾綠幕護輕寒，猶憶當年叩畫欄。」護，遮蔽、掩藏，曹丕〈與吳質書〉：「觀古今文人，類不護細行。」嵇康〈與山巨源絕交書〉：「仲尼不假蓋於子夏護其短也。」

〔3〕素質不宜添彩色，定知造物非慳：讚揚梨花素雅之美。素質不宜添彩色，指梨花素白無瑕，不宜多添色彩損其靈氣。素質，白色的質地，杜甫〈白絲行〉：

「已悲素質隨時染，裂下鳴機色相射。」許渾〈玩殘雪寄江南尹劉大夫〉：「素質添瑤水，清光散玉峰。」定知造物非慳，藉肯定造物者不吝創造，形容事物之完美。造物，創造萬物者，指大自然，《莊子‧大宗師》：「偉哉！夫造物者，將以予爲此拘拘也。」張九齡〈與生公遊石窟山〉：「造物良有寄，嬉遊迺愜衷。」慳，吝嗇，元稹〈臺中鞫獄憶開元觀舊事呈損之兼贈周兄四十韻〉：「漸大官漸貴，漸富心漸慳。」韓愈〈辭唱歌〉：「復遣慳吝者，贈金不皺眉。」

〔4〕杏花才思入凋殘。玉容春寂寞，休向雨中看：慨嘆其卓然獨立、高潔自處的寂寞。杏花才思入凋殘，指杏花及文思逐漸凋零。才思，才氣與情思，指文學的創作能力，白居易〈首夏南池獨酌〉：「境勝才思劣，詩成不稱心。」韓愈〈遊城南十六首晚春〉：「楊花榆莢無才思，惟解漫天作雪飛。」入凋殘，指開始逐漸零落，劉嵩〈八月〉：「八月風煙接渺漫，千崖景氣入凋殘。」凋殘，凋落衰敗，盧象〈鄉試後自鞏還田家因謝鄰友見過之作〉：「園場近陰壑，草木易凋殘。」劉長卿〈毘陵送鄒結先赴河南充判官〉：「凋殘春草在，離亂故城多。」玉容春寂寞，空有絕色卻得孤單冷清，白居易〈長恨歌〉：「玉容寂寞淚闌干，梨花一枝春帶雨。」玉容，美麗的容顏，陸機〈擬古詩十二首西北有高樓〉：「玉容誰得顧？傾城在一彈。」後多用於比喻梨花，韓琦〈同賞梨花〉：「風開笑臉輕桃艷，雨帶啼痕自玉容。」寂寞，孤單冷清，曹植〈送應氏〉：「洛陽何寂寞，宮室盡燒焚。」鮑照〈擬阮公夜中不能寐〉：「佇立爲誰久，寂寞空自愁。」休向雨中看，以避免增添憂愁也，反用白居易〈畫竹歌〉：「東叢八莖疏且寒，憶曾湘妃廟裏雨中看。」宋雍〈春日〉：「黃鳥不堪愁裏聽，綠楊宜向雨中看。」休向，不要面對，有消極之意，韓偓〈詠燈〉：「古來幽怨皆銷骨，休向長門背雨窗。」張泌〈所思〉：「休向春台更迴望，銷魂自古因惆悵。」

五　桃花

一別仙源無覓處，劉郎鬢欲成絲〔1〕。蘭昌千樹碧參差。芳心應好在，時復問蜂兒〔2〕。　　報道洞門長閉著，只今未有開時〔3〕。杏花容冶沒人司。東家深院宇，牆外有橫枝〔4〕。

【校】

〔一別仙源〕：天順舊鈔本、弘治本、四庫本、《全金元詞》俱作「一別仙源」，唯四印齋本作「一碧仙源」。若就下文文意推敲，應以「一別仙源」爲佳。

〔報道〕：天順舊鈔本、弘治本、四印齋本、《全金元詞》俱作「報到」，

唯四庫本作「報道」。然依前後文推敲，當以「報道」為宜。

〔牆外〕：天順舊鈔本、弘治本作「墙外」，而四庫本、四印齋本、《全金元詞》俱作「牆外」。墙，為牆之異體字，今取較通行字。

【箋注】

〔1〕一別仙源無覓處，劉郎鬢欲成絲：指離開如仙境的故園已久。典出於《太平御覽・卷四十一・地部六・天臺山》：「幽明錄曰：『漢明帝永平五年，剡縣劉晨、阮肇共入天臺山取穀皮，迷不得返。經十餘日，糧盡飢餒殆死。遙望山上有一桃樹，大有子實，而絕巖邃澗，了無登路，攀葛捫蘿至上，噉數枚而飢止，體充，復下山持杯取水飲，步進漸見蕪菁葉從山腹流出，甚鮮，新復一杯，流出有胡麻飯，相謂曰此處去人徑不遠。度山，出一大溪，溪邊有二女子資質妙絕，見二女持杯出，便笑曰劉阮二郎捉向所失流杯來。晨肇既不識之，二女便呼其姓，如似有相見，忻喜問來何晚耶，遂同還家，……忘憂，至十日後求還去，女云君已來是宿緣所牽，何復欲還耶？遂留半年，氣候草木是春時，百鳥呼鳴，更懷土，求歸甚苦，女曰當如何，遂呼前來，女子有三四十人集會奏樂，共送劉阮，指示還路。既出，親舊零落，邑屋改異，無復相識。問得七世孫，傳聞上世入山迷不得歸。』秉忠藉劉晨之典，說明自己求出桃源，如今反而不得歸。歷來文人亦用此典，曹唐〈仙子洞中有懷劉阮〉：「玉沙瑤草連溪碧，流水桃花滿澗香。曉露風燈易零落，此生無處問劉郎。」趙抃〈忘歸洞〉：「看取桃源劉阮去，舊鄉雖是故人非。」仙源，神仙居住的地方，此處應是理想境界的桃花源，宋之問〈入崖口五渡寄李適〉：「未窺仙源極，獨進野人船。」王維〈桃源行〉：「春來遍是桃花水，不辨仙源何處尋。」無覓處，找不到所在，白居易〈村中留李三固言宿〉：「他日縱相思，知君無覓處。」徐凝〈寄潘先生〉：「世上仙方無覓處，欲來西嶽事先生。」鬢欲成絲，頭髮快要斑白，宋之問〈寄天臺司馬道士〉：「臥來生白髮，覽鏡忽成絲。」岑參〈送王七錄事赴虢州〉：「青雲仍未達，白髮欲成絲。」

〔2〕蘭昌千樹碧參差，芳心應好在，時復問蜂兒：藉張雲容久居蘭昌宮等人救贖的典故，說明桃花亦等待有心人之欣賞。典出《太平廣記・張雲容》：「薛昭者，唐元和末為平陸尉。……因夜值宿，因有為母復仇殺人者，與金而逸之。故縣聞于廉使，廉使奏之，坐謫為民於海東。……有客田山叟者，或云數百歲矣。素與昭洽，乃繼酒攔道而飲餞之。……昭辭行，過蘭昌宮，古木修竹，四舍其所。昭逾垣而入，追者但東西奔走，莫能知蹤矣。昭潛于古殿之西間，及夜，風清月皎，見階前有三美女，笑語而至，揖讓升於花茵，以犀杯酌酒而進之。……昭詢其姓字，長曰雲容，張氏；次曰鳳台，蕭氏；次曰蘭翹，劉氏。……遂問：『夫人何許人？何以至此？』容曰：『某乃開元中楊貴妃之

侍兒也。妃甚愛惜，常令獨舞〈霓裳〉於繡嶺宮。……此時多遇帝與申天師談道，予獨與貴妃得竊聽，亦數侍天師茶藥，頗獲天師憫之。因間處，叩頭乞藥。……天師乃與絳雪丹一粒曰：汝但服之，雖死不壞。但能大其棺、廣其穴、含以眞玉、疏而有風，使魂不蕩空，魄不沉寂。有物拘制，陶出陰陽，後百年，得遇生人交精之氣，或再生，便爲地仙耳。我沒蘭昌之時，具以白貴妃。貴妃恤之，命中貴人陳玄造受其事。送終之器，皆得如約。今已百年矣。仙師之兆，莫非今宵良會乎！此乃宿分，非偶然耳。』……遂同寢處，昭甚慰喜。如此數夕，但不知昏旦。容曰：『吾體已蘇矣，但衣服破故，更得新衣，則可起矣。今有金扼臂，君可持往近縣易衣服。』……昭然之，遂出三鄉貨之。市其衣服，夜至穴，則容已迎門而笑。引入曰：『但啓櫬，當自起矣。』昭如其言，果見容體已生。及回顧帷帳，但一大穴，多冥器服玩金玉。唯取寶器而出，遂與容同歸金陵幽棲。」范成大〈續長恨歌〉中亦云：「人似飛花去不歸，蘭昌宮殿幾斜暉。百年只有雲容姊，留得當時舊舞衣。」蘭昌，地名，約今河南宜陽，《新唐書・地理志・河南道》：「福昌，畿。本宜陽。義寧二年以宜陽、澠池、永寧置宜陽郡，武德元年曰熊州。二年更宜陽曰福昌，因隋宮爲名。……西十七里有蘭昌宮；有故隋福昌宮，顯慶三年復置。」芳心，花也，周渭〈賦得花發上林〉：「一枝如可冀，不負折芳心。」范仲淹〈依韻和介之未開菊〉：「摧芳心應有待，眞賞直須催。」時復問蜂兒，時常一次又一次地詢問蜂兒。時復問，時刻多次詢問，杜甫〈溪上〉：「西江使船至，時復問京華。」白居易〈和元九與呂二同宿話舊感贈〉：「聞道秋娘猶且在，至今時復問微之。」

〔3〕報道洞門長閉著，只今未有開時：表示仙源沒有人跡。報道，告知、傳達，宋之問〈燕巢軍幕〉：「故來呈燕頷，報道欲封侯。」白居易〈酬錢員外雪中見寄〉：「煩君想我看心坐，報道心空無可看。」洞門長閉著，門戶一直緊閉著，姚合〈閒居〉：「日日門長閉，鄰家亦懶過。」王安石〈金陵即事〉：「柴門長閉春風暖，事外還能見鳥情。」只今未有開時，儘管到今天還沒有開啓。只今，至今，李白〈白頭吟〉：「古來得意不相負，只今惟見青陵臺。」杜甫〈樂遊園歌〉：「卻憶年年人醉時，只今未醉已先悲。」

〔4〕杏花容冶沒人司，東家深院宇，牆外有橫枝：藉紅杏出牆、容冶沒人司，來說明於故園的桃花亦沒人司理，表達自己久離家鄉，極欲歸還的想望。容冶，容貌姣美，宋玉〈諷賦序〉：「玉爲人身體容冶，口多微詞。」簡文帝〈長安有狹斜行〉：「大婦舒綺綢，中婦拂羅巾，小婦最容冶。」司，察看、監視、管理，《說文解字注・司部》：「古別無伺字，司即伺字。」《周禮・地官・媒氏》：「司男女之無家者而會之。」東家深院宇，牆外有橫枝，化用吳融〈途中見杏花〉：「一枝紅杏出牆頭，牆外人行正獨愁。」葉紹翁〈遊小園不值詩〉：

「春色滿園關不住，一枝紅杏出牆來。」東家，東邊的鄰居，《孟子·告子下》：「踰東家牆而摟其處子，則得妻。」王維〈春日與裴迪過新昌里訪呂逸人不遇〉：「城上青山如屋裏，東家流水入西鄰。」深院宇，幽深的屋院，邵雍〈落花長吟〉：「飄零深院宇，點綴靜簾籠。」袁說友〈盆池荷花〉：「細擎深院宇，低裊半窗風。」橫枝，旁出的枝條，徐陵〈春日〉：「徑狹橫枝度，簾搖驚燕飛。」李白〈秋日魯郡堯祠亭上宴別杜補闕范侍御〉：「歇鞍憩古木，解帶掛橫枝。」

六　海棠

十日狂風才是定，滿園桃李紛紛〔1〕。黃蜂粉蝶莫生嗔。海棠貪睡著，留得一枝春〔2〕。　　便是徐熙相對染，丹青不到天真〔3〕。雨餘紅色愈精神。夜眠清早起，應有惜花人〔4〕。

【校】

〔夜眠清早起〕：天順舊鈔本、弘治本、四印齋本、《全金元詞》俱作「夜眠清早起」，唯四庫本作「夜眠還早起」。二句不論語意、音調皆合於此闋詞。今取弘治本所錄。

【箋注】

〔1〕十日狂風才是定，滿園桃李紛紛：描繪十日狂風方定，滿園桃李紛謝的景象。狂風才是定，即狂風初定，白居易〈松下琴贈客〉：「松寂風初定，琴清夜欲闌。」郭印〈晚春〉：「柳絮風初定，桃花水漸肥。」滿園桃李紛紛，描述桃李花凋謝的情形，王適〈古別離〉：「青軒桃李落紛紛，紫庭蘭蕙日氛氳。」滿園桃李，園子裡充滿桃花、李花嬌美茂盛的景色，羅鄴〈早梅〉：「滿園桃李雖堪賞，要且東風晚始生。」邵雍〈落花短吟〉：「滿園桃李正離披，更被狂風非意吹。」紛紛，凋零散亂的樣子，庾信〈燕歌行〉：「寒雁邕邕渡遼水，桑葉紛紛落薊門。」盧照鄰〈獄中學騷體〉：「風嫋嫋兮木紛紛，凋綠葉兮吹白雲。」

〔2〕黃蜂粉蝶莫生嗔。海棠貪睡著，留得一枝春：指唯有海棠依然盛開著。黃蜂粉蝶莫生嗔，勸告黃蜂粉蝶不要因桃李紛紛而生氣。莫生嗔，不要生氣，趙長卿〈浣溪沙〉：「料得主人偏愛惜，也應冰雪好精神，故園桃李莫生嗔。」高駢〈遣興〉：「浮世忙忙蟻子群，莫嗔頭上雪紛紛。」海棠貪睡著，留得一枝春，海棠花因為貪睡，所以才能在狂風後留存下來。海棠貪睡著，《海錄碎事》卷一引《后妃門·太真外傳》載：「上皇登沉香亭，詔妃子，時卯酒未醒，命侍兒扶掖而至，妃子醉韻殘妝，鬢亂釵橫，不能再拜。上皇曰：『是豈妃子醉，直海棠睡未足耳。』」楊貴妃醉酒初起，嬌豔動人，唐明皇將其比為睡未

足之海棠花，文人多援之，趙善括〈賀新郎〉：「江南到處多蘭菊，更海棠貪
睡未醒。」陳允平〈對燭〉：「海棠貪睡去，惆悵五更殘。」秉忠改用之，說
明海棠花之所以於狂風下倖存，乃因其貪睡故。一枝春，泛指花，劉敞〈江
梅〉：「江南誰折一枝春，玉骨冰膚畫不眞。」〈謝德華惠牡丹因招同官會飲〉：
「便乞諸公城壁飲，風前同醉一枝春。」此處用以形容海棠。

〔3〕便是徐熙相對染，丹青不到天眞：儘管是畫工精湛的徐熙也描繪不出海棠的
神韻。便是，即使、即令、就算是，陳與義〈送人歸京師詩〉：「故園便是無
兵馬，猶有歸時一段愁。」徐熙，五代南唐畫家，《十國春秋・卷三十一・徐
熙傳》：「徐熙，江寧人，世爲江南仕族。識度閑放，以高雅自任。善畫花木
禽魚、蟬蜨蔬果，後主絕愛重其蹟。熙常於雙縑幅素上畫叢艷疊石，傍出藥
苗，雜以禽鳥蜂蟬之妙，乃供後主宮中掛設之具，謂之鋪殿花，次曰裝堂花。」
《宋朝名畫評・卷三》：「徐熙，鍾陵人。世仕僞唐，爲江南盛族。熙善畫花
竹林木、蟬蝶草蟲之類，多遊園圃以求情狀，雖蔬荣莖苗，亦入圖寫意，出
古人之外，自造乎妙。尤能設色，絕有生意。李煜集英殿盛有熙畫，後卒於
家，及煜歸命，盡入府庫。太宗因閱圖畫，見熙畫石榴一本帶百餘實，嗟異
久之。上曰：『花果之妙，吾知獨有徐熙矣，其餘不足觀也。』徧示群臣，俾
爲標準。……夫精於畫者，不過薄其彩繪以取形似，於氣骨能全之乎？熙獨
不然，必先以墨定其枝葉蕚蕊，等而後傅之以色，故其氣格前就、態度彌茂，
與造化不甚遠，宜乎爲天下冠也。」文人多於詩文中頌之，梅堯臣〈和楊直
講夾竹花圖〉：「徐熙下筆能逼眞，蠻素書成纔六幅。」王安石〈徐熙花〉：「徐
熙丹青蓋江左，杏枝偃蹇花婀娜。」丹青不到天眞，指顏料無法畫出其神態。
丹青，丹砂和青矱，指繪畫時所用的顏料，《周禮・職金》：「職金掌凡金玉錫
石丹青之戒令。」江淹〈構象臺〉：「寫經記兮寄圖刹，畫影像兮在丹青。」
天眞，形容海棠純眞爛漫，沒有做作和虛僞的樣子，杜甫〈寄李白詩〉：「劇
談憐野逸，嗜酒見天眞。」梁獻〈王昭君〉：「圖畫失天眞，容華坐誤人。」

〔4〕雨餘紅色愈精神。夜眠清早起，應有惜花人：比喻經歷風雨，開得更燦爛的
海棠，必得惜花人所珍視。雨餘，經雨潤後，李嶠〈奉教追赴九成宮途中口
號〉：「雨餘林氣靜，日下山光夕。」杜審言〈和韋承慶過義陽公主山池〉：「雨
餘清晚夏，共坐北巖幽。」紅色，爲海棠之顏色，劉兼〈海棠花〉：「淡淡微
紅色不深，依依偏得似春心。」毛文錫〈贊成功〉：「海棠未坼，萬點深紅。」
精神，氣力、精力，《漢書・鄒陽傳》：「雖竭精神，欲開忠於當世之君。」韓
愈〈贈崔立之評事〉：「可憐無益費精神，有似黃金擲虛牝。」應有惜花人，
應該有珍惜花者，崔道融〈春題〉：「別有惜花人，東風莫吹散。」王安石〈越
人以幕養花因遊其下〉：「野草自花還自落，落時還有惜花人。」

小重山〔1〕

一

詩酒休驚誤一生。黃塵南北路、幾功名〔2〕。枝頭烏鵲夢頻驚。西州月、夜夜照人明〔3〕。　　枕上數寒更。西風殘漏滴、兩三聲〔4〕。客中新感故園情。音書斷、天曉雁孤鳴〔5〕。

【校】

〔雁孤鳴〕：天順舊鈔本、四庫本作「雁孤鳴」；弘治本、四印齋本、《全金元詞》俱作「鴈孤鳴」。雁，同鴈也。今取較通行者。

【箋注】

〔1〕小重山：雙調，五十八字，前後各四句，四平韻。李珣詞名〈小沖山〉；姜夔詞名〈小重山令〉；韓淲詞有「點染煙濃柳色新」句，因此又名〈柳色新〉。

〔2〕詩酒休驚誤一生。黃塵南北路、幾功名：指功名如幻，唯有詩酒能伴自己一生。詩酒休驚誤一生，別怕被詩酒迷惑一生。詩酒，即吟詩作對、飲酒取樂，盧照鄰〈春晚山莊率題〉：「唯餘詩酒意，當了一生中。」王勃〈秋日仙遊觀贈道士〉：「林泉明月在，詩酒故人同。」休驚，不要驚慌，杜甫〈姜楚公畫角鷹歌〉：「梁間燕雀休驚怕，亦未搏空上九天。」李賀〈奉和二兄罷使遣馬歸延州〉：「錦帶休驚雁，羅衣尚鬥雞。」誤一生，迷惑、耽誤一輩子，權德輿〈廣陵詩〉：「肯學諸儒輩，書窗誤一生。」白居易〈夢仙〉：「悲哉夢仙人，一夢誤一生。」黃塵南北路、幾功名，指縱橫沙場，又能獲得多少功名。黃塵，黃色的塵土，李賀〈夢天詩〉：「黃塵清水三山下，更變千年如走馬。」亦用指戰塵，劉希夷〈將軍行〉：「黃塵塞路起，走馬追兵急。」袁瓘〈鴻門行〉：「白刃縱橫逼，黃塵飛不息。」

〔3〕枝頭烏鵲夢頻驚。西州月、夜夜照人明：藉烏鵲夢頻驚，來說明自己亦常於夢中驚覺。枝頭烏鵲夢頻驚，戴叔倫〈客夜與故人偶集〉：「風枝驚暗鵲，露草覆寒蛩。」烏鵲，動物名，鳥綱雀形目，形似烏鴉，尾長六、七寸，背黑，肩、腹、翼皆白，叫聲吵雜，古時以鵲噪為喜兆，故稱為喜鵲，《荀子・哀公》：「是以鳳在列樹，麟在郊野，烏鵲之巢可俯而窺也。」杜甫〈玩月呈漢中王〉：「關山同一照，烏鵲自多驚。」西州月、夜夜照人明，指前事明白足以為鑑。《晉書・謝安傳》：「謝安，字安石。……初辟司徒府，除佐著作郎，並以疾辭。寓居會稽，與王羲之及高陽許詢、桑門支遁遊處，出則漁弋山水，入則言詠屬文，無處世意。……及萬黜廢，安始有仕進志，時年已四十餘矣。……溫當北征，會萬病卒，安投牋求歸。……安雖受朝寄，然東山之志始末不渝，

每形於言色。及鎮新城，盡室而行，造汎海之裝，欲須經略粗定，自江道還東。雅志未就，遂遇疾篤。……遂還都。聞當輿入西州門，自以本志不遂，深自慨失，因悵然謂所親曰：『昔桓溫在時，吾常懼不全。忽夢乘溫輿行十六里，見一白雞而止。乘溫輿者，代其位也。十六里，止今十六年矣。白雞主酉，今太歲在酉，吾病殆不起乎！』乃上疏遜位，……尋薨，時年六十六。」西州，今南京市西，晉太元十年，謝安病重由西州門回都，仍心掛東山之志未遂，秉忠舉謝安爲例，表示自己怕與謝安一樣，直到病衰，仍未退還，故每夜屢從夢中驚醒。

〔4〕枕上數寒更。西風殘漏滴、兩三聲：因思故鄉，故夜不能寐。枕上數寒更，夜深未能寐，只得在枕上細數寒更，化用劉瑤〈古意曲〉：「綠窗寂寞背燈時，暗數寒更不成寢。」王安石〈少狂喜文章〉：「良夜未遽央，青燈數寒更。」西風殘漏滴、兩三聲，於西風蕭瑟的秋夜，只聽到一滴一滴的漏聲。漏，古代的一種計時器，說文解字：「漏，以銅受水刻節，晝夜百節。」殘漏，即形容其連綿不絕的聲響，錢起〈宿畢侍御宅〉：「薄寒燈影外，殘漏雨聲中。」劉禹錫〈歷陽書事七十韻〉：「晤言猶亹亹，殘漏自丁丁。」

〔5〕客中新感故園情。音書斷、天曉雁孤鳴：言自己長期獨自作客異鄉之感慨。客中新感故園情，言自己始感懷故鄉。客中，作客他鄉之期間，王泠然〈汴堤柳〉：「河畔時時聞木落，客中無不淚沾裳。」王昌齡〈和振上人秋夜懷士會〉：「瑤琴多遠思，更爲客中彈。」故園情，懷念故鄉之情，李白〈春夜洛城聞笛〉：「此夜曲中聞折柳，何人不起故園情。」白居易〈早蟬〉：「一催衰鬢色，再動故園情。」音書斷、天曉雁孤鳴，言音訊斷絕，只能獨自黯然神傷。音書斷，音信斷絕，李頻〈春日思歸〉：「音書斷絕干戈後，親友相逢夢寐間。」魏承班〈漁歌子〉：「容易別，一去音書斷絕。」

二

雲去風來雨乍晴。斷煙分遠樹、夕陽明〔1〕。夕陽無處雁斜橫。山重疊、山外更人行〔2〕。　　千古短長亭。別離渾是苦、奈西征〔3〕。欲憑雙鯉寄幽情。東流水、幾日到襄城〔4〕。

【校】

〔斷煙〕：天順舊鈔本、弘治本、四庫本作「斷烟」；四印齋本、《全金元詞》作「斷煙」。烟，同煙。

〔雁斜橫〕：天順舊鈔本、四庫本、四印齋本、《全金元詞》作「雁斜橫」；弘治本作「鴈斜橫」。雁，同鴈。此取較通行之字。

〔東流水〕：天順舊鈔本、弘治本、四庫本作「東風水」；四印齋本、《全金元詞》作「東流水」。自古文人多以東流水傳遞思情，李白〈金陵酒肆留別〉：「請君問取東流水，別意與之誰短長。」李群玉〈洞庭入澧江寄巴丘故人〉：「唯憑東流水，日夜寄相思。」劉秉忠亦然，〈征西回〉：「多少凍溪凝住水，盡隨歸客向東流。」也有文人寄情東風，李白〈久別離〉：「今年寄書重相催，東風兮東風。為我吹行雲使西來，待來竟不來，落花寂寂委青苔。」劉秉忠亦如是，〈春日遣懷〉：「長繩不繫天邊日，寄與東風且慢吹。」東流水、東風歷來皆有文人使用，獨不見「東風水」合為一詞使用，故當以「東流水」為宜。

【箋注】

〔1〕雲去風來雨乍晴。斷煙分遠樹、夕陽明：描繪傍晚雨後之景況。雲去風來雨乍晴，風吹雲散，陰雨始轉晴朗。雨乍晴，雨後初晴，溫庭筠〈寒食前有懷〉：「萬物鮮華雨乍晴，春寒寂歷近清明。」韓琦〈出山口〉：「待曉出山口，溟濛雨乍晴。」斷煙分遠樹，孤煙遮隔了遠樹。斷煙，即斷煙，孤煙也，李義府〈和邊城秋氣早〉：「極望斷煙飄，遙落驚蓬沒。」徐堅〈餞許州宋司馬赴任〉：「斷煙傷別望，零雨送離杯。」夕陽明，夕陽因天空清朗，因此格外分明，吳融〈微雨〉：「自隨春靄亂，還放夕陽明。」熊皎〈九華望廬山〉：「萬疊影遮殘雪在，數峰嵐帶夕陽明。」

〔2〕夕陽無處雁斜橫。山重疊、山外更人行：言此際無處不有別情。夕陽無處雁斜橫，指傍晚時分到處都有雁鳥橫飛，劉長卿〈移使鄂州次峴陽館懷舊居〉：「萬里通秋雁，千峰共夕陽。」李商隱〈登霍山驛樓〉：「嶺鸛嵐色外，陂雁夕陽中。」無處，到處，宗楚客〈奉和人日清暉閣宴群臣遇雪應制〉：「今朝上林樹，無處不堪攀。」宋之問〈桂州三月三日〉：「越中山海高且深，興來無處不登臨。」雁斜橫，表雁自成行列地飛，顧況〈小孤山〉：「古廟楓林江水邊，寒鴉接飯雁橫天。」馬戴〈江行留別〉：「雲侵帆影盡，風逼雁行斜。」山重疊，青山層層相疊，連綿不絕，皇甫冉〈酬裴補闕吳寺見尋〉：「遠山重疊見，芳草淺深生。」韓翃〈贈別兗州孟都督〉：「遠山重疊水逶迤，落日東城閒望時。」山外更人行，遠處不斷地有人離去。山外，青山以外，用以指遠方，宋之問〈登禪定寺閣〉：「函谷青山外，昆池落日邊。」王灣〈次北固山下〉：「客路青山外，行舟綠水前。」更人行，陸續有人離開，呂本中〈赴海陵行次寶應〉：「淺水依蒲有船過，淡煙籠月更人行。」

〔3〕千古短長亭。別離渾是苦、奈西征：指不欲別離，卻又無可奈何。短長亭，古時設於路旁供行人休息的亭子，十里設一長亭，五里設一短亭，庾信〈哀

江南賦〉:「十里五里,長亭短亭。」後泛指送別的地方,王昌齡〈少年行〉:
「西陵俠少年,送客短長亭。」劉放〈蔡州路中作五首寄都下〉:「南城十里
短長亭,三月煩君復送行。」別離渾是苦,戴叔倫〈相思曲〉:「魚沉雁杳天
涯路,始信人間別離苦。」許渾〈送元晝上人歸蘇州兼寄張厚〉:「經歲別離
心盡苦,何堪黃葉落清漳。」渾是,都是,劉庭琦〈奉和聖製瑞雪篇〉:「羅
衣點著渾是花,玉手搏來半成水。」白居易〈醉後題李馬二妓〉:「艷動舞裙
渾是火,愁凝歌黛欲生煙。」奈西征,自言得隨軍西征之無奈,據《元史》
載:「癸丑,從世祖征大理。明年,征雲南。……己未,從伐宋。」劉秉忠曾
隨軍西征雲南,此闋詞應作於當時。奈,無奈、怎奈的省文,用於轉折句,
表示原因,張德瀛《詞徵‧卷三》:「奈,即無奈省文也。」陳亮〈中興論〉:
「齊楚誠天下之兩臂也,奈虜人以為天設之險而固守之乎!」

〔4〕欲憑雙鯉寄幽情。東流水、幾日到襄城:嘆路遙水遠,書信往返不易。欲憑
雙鯉寄幽情,想要藉著書信傳達思念之情。欲憑,想要藉著,賈島〈送韓湘〉:
「欲憑將一箚,寄與沃洲人。」羅隱〈寄喬逸人〉:「欲憑尺素邊鴻懶,未定
雕梁海燕愁。」雙鯉,書信也,〈飲馬長城窟行〉:「客從遠方來,遺我雙鯉
魚。呼兒烹鯉魚,中有尺素書。」因古人常將書信結成雙鯉形或將書信夾在鯉魚
形的木板中寄出,故以雙鯉魚為書信的代稱,簡稱為雙鯉,竇群〈雨後月下
寄懷羊二十七資州〉:「殷勤寄雙鯉,夢想入君懷。」李商隱〈寄令狐郎中〉:
「嵩雲秦樹久離居,雙鯉迢迢一紙書。」幽情,深遠的情思,班固〈西都賦〉:
「願賓攄懷舊之蓄念,發思古之幽情。」李白〈古風〉:「寂寞綴道論,空簾
閉幽情。」東流水,幾日到襄城,作者希望流水能傳達相思之意,化用崔湜
〈襄城即事〉:「為問東流水,何時到玉京。」東流水自古多為文人用來傳遞
思情,李白〈金陵酒肆留別白門柳〉:「請君問取東流水,別意與之誰短長。」
李群玉〈洞庭入澧江寄巴丘故人〉:「唯憑東流水,日夜寄相思。」

三

曉起清愁酒盎空。清愁緣底事、別離中〔1〕。登臨無地與君同。青山
色、山外更重重〔2〕。　落盡海棠紅。薔薇新破萼、露華濃〔3〕。
牡丹芳信一簾風。尋幽夢、曾到小園東〔4〕。

【校】

〔酒盎空〕:天順舊鈔本作「酒盞空」;四庫本作「酒益空」;弘治本、四
印齋本、《全金元詞》作「酒盎空」。就語意、音調判斷,三者皆可。今取弘
治本所作。

　　〔芳信〕：天順舊鈔本、弘治本、四庫本作「方信」；四印齋本、《全金元詞》作「芳信」。就語意判斷，以「芳信」爲宜。

【箋注】

〔1〕曉起清愁酒盎空。清愁緣底事、別離中：言清早起來，藉酒澆離愁。曉起清愁酒盎空，指曉起因愁飲酒。曉起清愁，晨早醒來莫名之愁思，許綸〈次徐漕韻賀留守劉觀文禱雪感應〉：「曉起清愁無復有，如在春風飲醇酒。」酒盎，裝酒的器具，李賀〈南園〉：「鄭公鄉老開酒盎，坐泛楚奏吟招魂。」葉適〈包顯叟挽詞〉：「客散萁奩閉，庭虛酒盎乾。」盎，腹大口小的瓦盆，《後漢書・逢萌傳》：「乃首戴瓦盎，哭於市。」緣底事，因爲什麼事，杜牧〈題桃花夫人廟〉：「至竟息亡緣底事，可憐金谷墜樓人。」韓偓〈早發藍關〉：「自問辛勤緣底事，半生驅馬傍長亭。」別離中，不能相聚之時，孟郊〈長安羈旅〉：「聽樂別離中，聲聲入幽腸。」許棠〈客行〉：「故園魂夢外，長路別離中。」

〔2〕登臨無地與君同。青山色、山外更重重：感傷和故人之距離相當遙遠。登臨無地與君同，無法和故友一同登高望遠，反用陳子昂〈登澤州城北樓讌〉：「復來登此國，臨望與君同。」子蘭〈登樓憶友〉：「登臨無限趣，恨不與君同。」登臨，登高望遠，庾信〈歲晚出橫門〉：「年華改歲陰，遊客喜登臨。」宋之問〈登禪定寺閣〉：「梵宇出三天，登臨望八川。」青山色，青山之景象，徐凝〈廬山瀑布〉：「今古長如白練飛，一條界破青山色。」溫庭筠〈題崔公池亭舊遊〉：「簷前依舊青山色，盡日無人獨上樓。」更重重，層層雜疊，有眾多悠遠之意，隋煬帝〈望江南〉：「沉沉寒影上仙宮，遠意更重重。」皎然〈南池雜詠五首寒山〉：「眾山搖落盡，寒翠更重重。」

〔3〕落盡海棠紅。薔薇新破萼、露華濃：描寫春去夏來的景色。落盡海棠紅，海棠紛落貌，歐陽炯〈鳳樓春〉：「海棠零落，鶯語殘紅。」施肩吾〈惜花〉：「落盡萬株紅，無人解繫風。」新破萼，剛綻放。破萼，綻放，王珪〈和梅聖俞感李花〉：「朝摘桃花紅破萼，暮摘李花繁滿枝。」王安石〈題景德寺試院壁〉：「屋東瓜蔓已扶疎，小石藍花破萼初。」露華濃，香味濃鬱，李白〈清平調〉：「雲想衣裳花想容，春風拂檻露華濃。」羅鄴〈宿武安山有懷〉：「野店暮來山畔逢，寒蕪漠漠露華濃。」

〔4〕牡丹芳信一簾風。尋幽夢、曾到小園東：唯求於夢中同舊友在小園相會。牡丹芳信一簾風，傳來的就只有飄著牡丹香氣的輕風。芳信，即訊息，劉允濟〈怨情〉：「玉關芳信斷，蘭閨錦字新。」盧綸〈洛陽早春憶吉中孚校書司空曙主簿因寄清江上人〉：「鶯聲報遠同芳信，柳色邀歡似故人。」尋幽夢、曾到小園東，說明自己無法歸家，只有入夢來求得慰藉。文人多如此，且以詩

記之，李吉甫〈懷伊川賦〉：「正是北州梨棗熟，夢魂秋日到郊園。」柳宗元〈零陵早春〉：「憑寄還鄉夢，殷勤入故園。」尋幽夢，隨著夢境，曹勛〈病中寄曾使君湖上〉：「遐想雅歡均四坐，欲尋幽夢下重城。」鄭剛中〈偶書〉：「寒燈吐孤花，布被尋幽夢。」

四

漠北雲南路九千。舊年鞍馬上、又新年〔1〕。玉梅寂寞老江邊。東風輭、楊柳得春先〔2〕。　　斜月照吟鞭。可人難似月、缺還圓〔3〕。桃花流水杏花天。歡娛地、誰鬭酒樽前〔4〕。

【校】

〔舊年鞍馬上〕：天順舊鈔本、弘治本、四庫本俱作「舊年鞍上馬」；四印齋本、《全金元詞》作「舊年鞍馬上」。李白〈酬中都小吏攜斗酒雙魚於逆旅見贈〉：「為君下筯一餐飽，醉著金鞍上馬歸。」李彭〈寄何生〉：「據鞍上馬能不落，何郎未免儒生酸。」歷代詩詞中，有「鞍上馬」三字連用者，皆如李白、李彭二人所作，前都有一動詞「據」或「著」，然劉秉忠所作，前只有「舊年」二字；又「鞍馬上」三字，亦曾出現在前人詩詞中，高適〈同呂判官從哥舒大夫破洪濟城迴登積石軍多福〉：「寧知鞍馬上，獨有登臨事。」陳師道〈雜題〉：「生涯鞍馬上，歲月短長亭。」語意也以「舊年鞍馬上」為佳，故取四印齋本所錄。

〔鬭〕：天順舊鈔本、弘治本作「鬭」；四印齋本、四庫本、《全金元詞》俱作「鬬」。鬭，為鬬之異體字，同鬥。

〔酒樽〕：天順舊鈔本、弘治本、四庫本作「酒樽」；四印齋本、《全金元詞》作「酒尊」。樽，同尊，酒器也。

【箋注】

〔1〕漠北雲南路九千。舊年鞍馬上、又新年：喻征途遙遠，久戰不息，轉眼又過一年。漠北雲南路九千，形容征途之遙遠。路九千，路途之遙遠；九千，虛指，言其遙也，郭祥正〈怡軒吟贈番陽張孝子〉：「迴看江南路九千，一見歸客吞悲酸。」舊年鞍馬上，去年隨軍出征。舊年，去年，鮑照〈凌煙樓銘序〉：「悲積陳古，賞絕舊年。」張說〈嶽州守歲〉：「歌舞留今夕，猶言惜舊年。」鞍馬上，指騎在馬背上過著征戰的生活，高適〈同呂判官從哥舒大夫破洪濟城迴登積石軍多福七級浮〉：「寧知鞍馬上，獨有登臨事。」陳師道〈雜題〉：

「生涯鞍馬上，歲月短長亭。」又新年，又是新的一年，李之儀〈除夜小舟中雨不止而作雪寄德麟〉：「曉鐘催去路，明日又新年。」陸游〈書懷〉：「濯錦江頭成昨夢，紫芝山下又新年。」

〔2〕玉梅寂寞老江邊。東風頓、楊柳得春先：描述初春的景象。玉梅寂寞老江邊，藉梅獨發江邊來說明自己獨自一人之寂寞。老江邊，言道路險阻不可歸也，杜甫〈恨別〉：「草木變衰行劍外，兵戈阻絕老江邊。」李俊民〈跋寶子溫江山圖〉：「淼淼澄江欲拍天，參差煙樹老江邊。」東風頓，春風輕柔。頓，軟也，曹唐〈小遊仙詩〉：「梨花新折東風軟，猶在緱山樂笑聲。」秦觀〈夢揚州〉：「小欄外、東風軟，透繡幃、花蜜香稠。」楊柳得春先，初春楊柳嫩綠貌，劉禹錫〈楊枝詞〉：「迎得春光先到來，淺黃輕綠映樓臺。」方嶽〈湖上〉：「楊柳得春青眼舊，山巒留雪白頭新。」

〔3〕斜月照吟鞭。可人難似月、缺還圓：指出人無法像月一樣，缺後還有團圓日。斜月照吟鞭，感慨今夜又在戰場上度過。吟鞭，於馬背上哼唱著小詩，牟融〈春遊〉：「笑拂吟鞭邀好興，醉敧烏帽逞雄談。」胡宿〈送子思學士倅河內〉：「直舍十年苔已紫，吟鞭一路柳初青。」可，但是、可是，李白〈相逢行〉：「相見情已深，未語可知心。」王安石〈與微之同賦梅花得香字〉：「少陵為爾牽詩興，可是無心賦海棠。」缺還圓，雖然月缺了，還會有圓的時候，蘇軾〈月兔茶〉：「月圓還缺缺還圓，此月一缺圓何年。」李曾伯〈次宋省齋問月〉：「從古到今今復古，纔圓又缺缺還圓。」

〔4〕桃花流水杏花天。歡娛地、誰鬬酒樽前：雖已到了春天，仍不能一同飲酒作樂。桃花流水杏花天，春天花開燦爛的景象，張志和〈漁父歌〉：「西塞山前白鷺飛，桃花流水鱖魚肥。」毛文錫〈訴衷情〉：「桃花流水漾縱橫，春晝彩霞明。」溫庭筠〈陽春曲〉：「霏霏霧雨杏花天，簾外春威著羅幕。」歡娛地，歡喜快樂之處，許敬宗〈安德山池宴集〉：「戚里歡娛地，園林矚望新。」李嶠〈十月奉教作〉：「別有歡娛地，歌舞應絲桐。」誰鬬酒樽前，誰可以享受歡愉的鬬酒樂趣，即自傷無法團聚開懷對酌。鬬，同鬭、鬥，即比賽、爭勝，秦韜玉〈貧女〉：「敢將十指誇鍼巧，不把雙眉鬭畫長。」杜牧〈街西長句〉：「遊騎偶同人鬥酒，名園相倚杏交花。」

五

一片殘陽樹上明。百禽爭啁噪、雨初晴〔1〕。西風鴻雁落沙汀。歸舟遠、漁笛兩三聲〔2〕。 　煙草逐人行。前山青未了、後山橫〔3〕。山川人物鬬崢嶸。黃塵路、鞍馬笑平生〔4〕。

【校】

〔鴻雁落沙汀〕：天順舊鈔本、四庫本、四印齋本、《全金元詞》作「鴻雁落沙汀」；弘治本作「鴻鴈落沙汀」。雁，同鴈。此取較通行之字。

〔煙草〕：天順舊鈔本、弘治本、四庫本作「烟草」；四印齋本、《全金元詞》作「煙草」。烟，同煙。

〔鬭崢嶸〕：天順舊鈔本、弘治本作「鬭崢嶸」；四印齋本、四庫本、《全金元詞》俱作「鬪崢嶸」。鬭，為鬪之異體字，同鬥。

【箋注】

〔1〕一片殘陽樹上明。百禽爭啁噪、雨初晴：傍晚雨後，百鳥爭鳴之情形。一片殘陽樹上明，指黃昏時候，薛能〈重遊德星亭感事〉：「殘陽照樹明於旭，猶向池邊把酒杯。」李群玉〈九日〉：「半嶺殘陽銜樹落，一行斜雁向人來。」殘陽，夕陽餘暉，亦稱殘照，劉長卿〈送子壻崔真甫李穆往揚州〉：「臨水獨揮手，殘陽歸掩門。」韋應物〈池上懷王卿〉：「重雲始成夕，忽霽尚殘陽。」百禽爭啁噪，群鳥爭鳴。啁噪，形容鳥鳴聲，石介〈永伯仲淵在獄作此以傷之〉：「惡鳥啁噪，鳳凰伏中林。」蘇舜欽〈夏熱畫寢感詠〉：「出嫌鳥啁噪，行見蛇蜿蜒。」雨初晴，雨後晴朗，賀朝〈南山〉：「湖北雨初晴，湖南山盡見。」劉禹錫〈和令狐相公春早朝回鹽鐵使院中作〉：「城隅日未過，山色雨初晴。」

〔2〕西風鴻雁落沙汀。歸舟遠、漁笛兩三聲：感嘆鴻雁已經歸宿，但自己只能於此看歸舟、聽漁笛遠去。鴻雁落沙汀，鴻雁停棲河流中的小沙洲，王維〈畫學祕訣〉：「雁鴻秋水，蘆鳥沙汀。」鴻雁，一種群居水邊的候鳥，羽毛呈紫褐色，腹部白色，嘴扁平，腿短，趾間有蹼，食植物種子、蟲、魚以維生，謝朓〈酬王晉安〉：「南中榮橘柚，寧知鴻雁飛。」王勃〈寒夜思友〉：「鴻雁西南飛，如何故人別。」沙汀，水邊平地或河流中的小沙洲，郎士元〈送長沙韋明府〉：「雲日楚天暮，沙汀白露深。」元稹〈哭呂衡州〉：「雁起沙汀闇，雲連海氣黃。」歸舟遠，歸鄉之船已遠去，杜甫〈謁先主廟〉：「絕域歸舟遠，荒城繫馬頻。」陳著〈用前韻記夢中所感〉：「風引歸舟遠翠蓬，轉頭三見柳花風。」漁笛兩三聲，漁船稀疏的鳴笛聲，在此用以表示漁船遠去的聲音，趙抃〈和六弟抗江上書懷〉：「別浦客帆卸，隔江漁笛吹。」彭汝礪〈急雨〉：「落日客帆千點細，秋風漁笛一聲長。」

〔3〕煙草逐人行。前山青未了、後山橫：描述山青茂盛的樣子。煙草逐人行，形容隨處都是青蔥的田野。煙草，即煙草，言草茂密的樣子，李益〈送人歸嶽陽〉：「煙草連天楓樹齊，岳陽歸路子規啼。」李端〈送雍郢州〉：「城間煙草

遍，浦迴雪林分。」逐人行，隨著人的腳步走，即處處皆可逢，鮑溶〈范眞傳侍御累有寄因奉酬〉：「野花無限意，處處逐人行。」陳舜俞〈客意〉：「遙山照眼碧，黃葉逐人行。」前山青未了、後山橫，指前山之青未窮，更有後山橫陳，即形容眼前山巒之蒼翠。青未了，極青翠綿延，無法用眼看盡，杜甫〈望嶽〉：「岱宗夫如何，齊魯青未了。」黃庭堅〈次韻君庸寓慈雲寺待韶惠錢不至〉：「馬祖峰前青未了，鬱孤臺下水如空。」

〔4〕山川人物鬭崢嶸。黃塵路、鞍馬笑平生：自嘲自己也想與山川爭勝的天眞。山川人物鬭崢嶸，人與山川彼此競爭。鬭崢嶸，爭勝也，晁說之〈海陵聞角〉：「慣聽邊威雷鼓裏，梅花爭發鬭崢嶸。」王之道〈和富公權宗丞〉：「閒想當年嘯詠聲，一時人物鬭崢嶸。」黃塵路、鞍馬笑平生，自嘲奔波半生。黃塵路，世俗、人事，在此亦指征戰之生活，韋驤〈再和顏長道見寄〉：「驅馳東國黃塵路，夢想南鄉碧玉山。」釋覺範〈送季長之上都〉：「十年不踏黃塵路，老盡歸心餘一縷。」鞍馬，鞍和馬，借指邊塞或征戰的生活，《漢書・匈奴傳下》：「赫然發憤，遂躬戎服，親御鞍馬，從六郡良家材力之士，馳射上林。」鮑照〈詠史〉：「賓御紛颯遝，鞍馬光照地。」平生，生平、一生，謝靈運〈還舊園作見顏范二中書〉：「長與歡愛別，永絕平生緣。」陶潛〈形贈影〉：「但餘平生物，舉目情悽洏。」

江月晃重山 〔1〕

一

芳草洲前道路，夕陽樓上欄干〔2〕。碧雲何處望歸鞍。從軍客，耽樂不思還〔3〕。　　洞裏仙人種玉，江邊楚客滋蘭〔4〕。鴛鴦沙煖鵁鶄寒。菱花鏡，不奈鬢毛斑〔5〕。

【校】

此詞與《全蜀藝文志》、《花草粹編》、《御定詞譜》、《詞律》等所收錄的陸游〈江月晃重山〉僅有「鏡」、「路」一字之差：「芳草洲前道路，夕陽樓上闌干。碧雲何處望歸鞍。從軍客，耽樂不思還。　　洞裏仙人種玉，江邊楚（一作騷）客滋蘭。鴛鴦沙煖鵁鶄寒。菱花路，不奈鬢毛斑。」然陸氏該闋〈江月晃重山〉之內容、詞牌於《全宋詞》、《放翁詞》皆未見，而劉秉忠此詞作卻見於《全金元詞》、《藏春樂府》、《藏春詩集》等詩詞集。又《全唐五代詞》、《全宋詞》、《全金元詞》中，只蒐得八闋〈江月晃重山〉，該調創作不僅集中在金元，且其中有四闋皆爲劉秉忠所作，因此爲劉秉忠詞之可能性較高。

〔欄干〕：天順舊鈔本、弘治本作「欄干」；四庫本作「欄杆」；四印齋本、《全金元詞》作「闌干」。欄干，同欄杆、闌干。

〔楚客〕：弘治本、四庫本、四印齋本、《全金元詞》俱作「楚客」；天順舊鈔本作「焚客」。就內容推斷，此處當引用屈原《楚辭‧離騷》：「余既不難夫離別兮，傷靈修之數化，余既滋蘭之九畹兮，又樹蕙之百畝。」之典，故「焚客」應爲筆誤。

〔鴛鴦沙煖〕：天順舊鈔本、弘治本、四庫本作「鴛鴦沙煖」；四印齋本、《全金元詞》作「鴛鴦沙煗」。煖、煗，皆暖之異體字。

〔鬢毛斑〕：天順舊鈔本、弘治本、四庫本作「鬢毛班」；四印齋本、《全金元詞》作「鬢毛斑」。班，同斑。

【箋注】

〔1〕江月晃重山：雙調，五十四字，前後段各五句，三平韻。每段上三句〈西江月〉體，下二句〈小重山〉體，因用〈西江月〉、〈小重山〉串合，故名〈江月晃重山〉。本闋詞與《全蜀藝文志》、《花草粹編》、《御定詞譜》、《詞律》所收錄的陸游〈江月晃重山〉僅有「鏡」、「路」一字之差：「芳草洲前道路，夕陽樓上闌干。碧雲何處望歸鞍。從軍客，耽樂不思還。　　洞裏仙人種玉，江邊楚客滋蘭。鴛鴦沙煖鵁鶄寒。菱花路，不奈鬢毛斑。」

〔2〕芳草洲前道路，夕陽樓上欄干：傍晚登樓遠望前路。芳草洲前道路，洲前有芳草連綿的道路。芳草，賞心悅目的花草，陸雲〈答吳王上將顧處徽〉：「靈卉三秀，芳草秋興。」陶潛〈桃花源記〉：「數百步中無雜樹，芳草鮮美，落英繽紛。」洲前，水上洲島前，杜甫〈秋興〉：「請看石上藤蘿月，已映洲前蘆荻花。」崔塗〈泛楚江〉：「九重城外家書遠，百里洲前客棹遙。」道路，人車通行之路，孔融〈薦謝該書〉：「棄官欲歸，道路險塞。」陶潛〈示周續之祖企謝景夷三郎〉：「相去不尋常，道路邈何因。」欄干，竹木或金屬條編成的柵欄，亦作闌干、欄杆，崔顥〈盧姬篇〉：「白玉欄干金作柱，樓上朝朝學歌舞。」白居易〈寄湘靈〉：「遙知別後西樓上，應憑闌干獨自愁。」

〔3〕碧雲何處望歸鞍。從軍客，耽樂不思還：指從軍而去者沉溺於享樂，至今仍不見歸還之跡象。碧雲何處望歸鞍，浮雲飄渺，何處可望見歸來的鞍馬，指戰事何時可已。何處望，何處可見，鄒紹先〈湘夫人〉：「疑山空杳藹，何處望君王。」錢起〈江行無題〉：「故山何處望，荒岸小長亭。」歸鞍，歸來之故人，庾信〈詠畫屏風詩〉：「歸鞍畏日晚，爭路上河橋。」王維〈燕支行〉：「拔劍已斷天驕臂，歸鞍共飲月支頭。」從軍客，耽樂不思還，作者慨嘆從軍者流連享樂，不思還京。從軍客，因征役客遊他處之人，祖無擇〈寄信安

判官張秘校〉：「蓮幕從軍客，蓬仙與校人。」劉克莊〈友人病瘧〉：「猶勝華髮從軍客，歸臥茅簷養戰瘡。」耽樂，流連於玩樂，曹植〈宜男花頌〉：「君子耽樂，好和琴瑟。」盧仝〈自詠〉：「生涯身是夢，耽樂酒為鄉。」

〔4〕洞裏仙人種玉，江邊楚客滋蘭：修身養性、循行仁義，望能得到君主眷顧。洞裏仙人種玉，典出於干寶《搜神記·卷十一》中記載，楊雍伯遇仙人，貽贈石子，種於田中而獲白璧五雙，遂以為聘，而得徐氏為妻的故事。文人多用此典，施肩吾〈訪松嶺徐鍊師〉：「千仞峰頭一謫仙，何時種玉已成田。」李翰〈蒙求〉：「雍伯種玉，黃尋飛錢。」劉秉忠藉雍伯種玉故事，慰勉自己努力修持才德，終能得君主賞識。江邊楚客滋蘭，指隨時修整氣節，期能為人所見，典出於《楚辭·離騷》：「餘既不難夫離別兮，傷靈修之數化，餘既滋蘭之九畹兮，又樹蕙之百畝。」此段話說明屈原雖感慨自己竭忠見過，傷念君主信用讒言，但於放流之時，猶種蒔眾香，循行仁義，勤身勉力，朝暮不倦。郭印〈次韻杜永年東齋種竹〉：「頗懷種柳陶尹令，更慕滋蘭屈大夫。」劉克莊〈苔友生〉：「清於楚客滋蘭日，貧似唐人乞米時。」劉秉忠藉屈原滋蘭之例，希望自己能以有用之身，報效朝廷。

〔5〕鴛鴦沙煖鶺鴒寒。菱花鏡，不奈鬢毛斑：希望能齊心為國效力，奈何年華已老去。鴛鴦沙煖鶺鴒寒，比喻彼此互相協助，共處患難，不離不棄。鴛鴦，體小於鴨，雄者羽毛美麗，頭有紫黑色羽冠，翼之上部黃褐色，雌者全體蒼褐色，棲息於池沼之上，雄曰鴛，雌曰鴦，因常偶居不離，故多以之謂夫婦，曹植〈釋思賦〉：「樂鴛鴦之同池，羨比翼之共林。」嵇康〈兄秀才公穆入軍贈詩〉：「鴛鴦於飛，肅肅其羽。」鶺鴒，同脊令，體長約五至六寸，頭黑，前額白，背黑，腹白，翼尾均長，其飛翔時相互共鳴、共擺尾，當其失去居處而棲止於高原，便鳴叫尋其同類，故多用之比喻兄弟，《詩經·小雅·棠棣》：「脊令在原，兄弟急難。每有良朋，況也永嘆。」王維〈靈雲池送從弟〉：「自歎鶺鴒臨水別，不同鴻雁向池來。」菱花鏡，不奈鬢毛斑，即鏡中的自己早已頭髮斑白。菱花鏡，鏡背雕鏤著菱花的鏡子，楊淩〈明妃怨〉：「匣中縱有菱花鏡，羞對單於照舊顏。」劉宰〈代挽趙工侍湯氏令人〉：「貝葉經中空世念，菱花鏡裏謝宮裝。」鬢毛斑，又作鬢毛斑，指人老髮白，薛業〈晚秋贈張折衝〉：「憑唐真不遇，歎息鬢毛斑。」李白〈送趙判官赴黔府中丞叔幕〉：「蹭蹬鬢毛斑，盛時難再還。」

二

杜宇聲中去住，蝸牛角上輸贏〔1〕。金甌名字儘人爭。秋鴻影，湖水鏡般明〔2〕。　　楊柳煙凝露重，蓮花月冷風清〔3〕。萬年枝穩鵲休驚。鄰家笛，夜夜故園情〔4〕。

【校】

〔金甌〕：天順舊鈔本、弘治本、四印齋本、《全金元詞》俱作「金甌」，唯四庫本作「金瓶」。此取弘治本之「金甌」。

〔煙凝〕：天順舊鈔本、弘治本、四庫本作「烟凝」；四印齋本、《全金元詞》作「煙凝」。烟，同煙。

〔萬年枝穩〕：天順舊鈔本、弘治本、四印齋本、《全金元詞》俱作「萬年枝穩」，唯四庫本作「萬年枝隱」。就語意判斷，以「萬年枝穩」爲宜，「萬年枝隱」應爲誤植。

【箋注】

〔1〕杜宇聲中去住，蝸牛角上輸贏：泛指一般人多在仕與隱中擺盪，在人事紛爭中計較輸贏。杜宇聲中去住，於出仕求名與返鄉退隱中抉擇不定。杜宇，即子規、杜鵑，《太平御覽・卷一百六十六》：「望帝以爲蜀相時，巫山蜀地，雍江洪水，望帝使鱉靈鑿巫山，治水有功。望帝自以德薄，乃委國於鱉靈，號曰開明，遂自亡去，化爲子規。故蜀人聞鳴，日我望帝也。又云望帝使鱉靈治水而淫其妻，靈還帝慙，遂化爲子規。杜宇死時適二月而子規鳴，故蜀人聞之，皆曰我望帝也。」又《花木鳥獸集類》：「杜鵑聲似不如歸去，一名杜宇，一名望帝，一名子規。」因此杜宇多爲文人用以描述懷鄉之情，顧況〈子規〉：「杜宇冤亡積有時，年年啼血動人悲。若教恨魄皆能化，何樹何山著子規。」戴叔倫〈暮春感懷〉：「杜宇聲聲喚客愁，故園何處此登樓。」去住，去留，杜甫〈哀江頭〉：「清渭東流劍閣深，去住彼此無消息。」耿湋〈晚秋過蘇少府〉：「九江迷去住，群吏且因依。」蝸牛角上輸贏，典出於《莊子・則陽》：「有國於蝸之左角者曰觸氏，有國於蝸之右角者曰蠻氏，時相與爭地而戰，伏屍數萬，逐北旬有五日而後反。」莊子借蝸牛角上兩國的戰爭，來諷喻人類的紛爭，白居易〈對酒〉：「蝸牛角上爭何事，石火光中寄此身。」雍裕之〈細言〉：「蚊眉自可託，蝸角豈勞爭。」

〔2〕金甌名字儘人爭。秋鴻影，湖水鏡般明：指現在心如湖水般澄靜，已不在乎功名地位。金甌名字儘人爭，地位名譽儘管讓人爭去。金甌，古代用爲命相時的工具，金甌名字，乃指輔佐君王的宰相，典出《新唐書・雀義玄傳》：「初，玄宗每命相，皆先書其名，一日書琳等名，覆以金甌，會太子入，帝謂曰：『此宰相名，若自意之，誰乎？即中，且賜酒。』太子曰：『非崔琳、盧從願乎？』帝曰：『然。』賜太子酒。」後人多引用之，辛棄疾〈水調歌頭〉：「快上星辰去，名姓動金甌。」石孝友〈望海潮〉：「更德標銀管，名覆金甌。共看朝天路穩，歸拜富民侯。」名字，名譽、聲望，朱浮〈爲幽州牧與彭寵書〉：「伯通以名字

典郡,有佐命之功。」姚合〈從軍行〉:「六義雖粗成,名字猶未揚。」秋鴻影,
湖水鏡般明,指心如湖水明靜,功名彷若鴻影一般倏忽即逝。湖水鏡般明,湖
水像鏡子一樣澄澈,李白〈登單父陶少府半月臺〉:「水色淥且明,令人思鏡湖。」
李白〈與賈至舍人於龍興寺剪落梧桐枝望灩湖〉:「水閑明鏡轉,雲繞畫屏移。」

〔3〕楊柳煙凝露重,蓮花月冷風清:描寫清秋風涼露重之情景。楊柳煙凝露重,
楊柳紛飛,煙寒露重之景象,劉滄〈秋日望西陽〉:「風入蒹葭秋色動,雨餘
楊柳暮煙凝。野花似泣紅妝淚,寒露滿枝枝不勝。」煙凝,水氣迷濛貌,張
九齡〈餞陳學士還江南同用徵字〉:「別前林鳥息,歸處海煙凝。」盧綸〈宿
石甕寺〉:「煙凝積水龍蛇蟄,露溼空山星漢明。」露重,表天寒也,錢起〈縣
城秋夕〉:「露重蕙花落,月冷莎雞飛。」郎士元〈和王相公題中書叢竹寄上
元相公〉:「枝繁宜露重,葉老愛天寒。」蓮花月冷風清,秋天清冷之景色,
白居易〈新秋〉:「西風飄一葉,庭前颯已涼。風池明月水,衰蓮白露房。」
月冷風清,指夜涼也,徐凝〈和夜題玉泉寺〉:「風清月冷水邊宿,詩好官高
能幾人。」林寬〈聞雁〉:「上陽宮裏三千夢,月冷風清聞過時。」

〔4〕萬年枝穩鵲休驚。鄰家笛,夜夜故園情:言如今世局已穩定,提醒自己快點
歸家。萬年枝穩鵲休驚,指國家局勢已經穩固,遊子毋須懼怕。萬年,極其
長遠的年代,萬乃虛數,泛指多,謝朓〈直中書省〉:「風動萬年枝,日華承
露掌。」上官儀〈詠雪應詔〉:「幸因千里映,還繞萬年枝。」鄰家笛,夜夜
故園情,指聽聞鄰家夜笛聲,心中興起思鄉情,李白〈春夜洛城聞笛〉:「誰
家玉笛暗飛聲,散入春風滿洛城。此夜曲中聞折柳,何人不起故園情。」杜
甫〈秦漢中王手箚報韋侍御蕭尊師亡〉:「處處鄰家笛,飄飄客子蓬。」白居
易〈酬和元九東川路詩〉:「江上何人夜吹笛,聲聲似憶故園春。此時聞者堪
頭白,況是多愁少睡人。」

三

太白詩成對酒,仲宣賦就登樓。思鄉懷古兩悠悠〔1〕。黃塵路,風雨
鬢驚秋〔2〕。　　三島雲隨鶴馭,五湖月載歸舟。青山西塞水東流〔3〕。
功名好,歡伯笑人愁〔4〕。

【校】

　　五個版本所錄之字句皆同。

【箋注】

〔1〕太白詩成對酒,仲宣賦就登樓。思鄉懷古兩悠悠:舉出李白、王粲之例,說
明思鄉懷古自古而然。太白詩成對酒,《舊唐書·文苑·李白傳》:「李白,字

太白，山東人。少有逸才，志氣宏放，飄然有超世之心。父爲任城尉，因家焉。少與魯中諸生孔巢父、韓沔、裴政、張叔明、陶沔等隱於徂徠山，酣歌縱酒，時號「竹溪六逸」。……白既嗜酒，日與飲徒醉於酒肆。玄宗度曲，欲造樂府新詞，亟召白，白已臥於酒肆矣。召入，以水灑面，即令秉筆，頃之成十餘章，帝頗嘉之。嘗沉醉殿上，引足令高力士脫靴，由是斥去。乃浪跡江湖，終日沉飲。……祿山之亂，玄宗幸蜀，在途以永王璘爲江淮兵馬都督、揚州節度大使，白在宣州謁見，遂辟爲從事。永王謀亂，兵敗，白坐長流夜郎。後遇赦得還，竟以飲酒過度，醉死於宣城。有文集二十卷，行於時。」說明李白吟詩必有酒，李白〈江上吟〉：「興酣落筆搖五嶽，詩成笑傲凌滄洲。」思鄉懷古亦然，李白〈客中行〉：「蘭陵美酒鬱金香，玉碗盛來琥珀光。但使主人能醉客，不知何處是他鄉。」李白〈梁園吟〉：「洪波浩蕩迷舊國，路遠西歸安可得。人生達命豈暇愁，且飲美酒登高樓。」文人亦以詩酒贊李白，杜甫〈飲中八仙歌〉：「李白一斗詩百篇，長安市上酒家眠。天子呼來不上船，自稱臣是酒中仙。」仲宣賦就登樓，《三國志・魏書・王粲》：「王粲，字仲宣，山陽高平人也。曾祖父龔，祖父暢，皆爲漢三公。父謙，爲大將軍何進長史。進以謙名公之冑，欲與爲婚，見其二子，使擇焉。謙弗許。以疾免，卒於家。……性善算，作算術，略盡其理。善屬文，舉筆便成，無所改定，時人常以爲宿構；然正復精意覃思，亦不能加也。著詩、賦、論、議垂六十篇。建安二十一年，從征吳。二十二年春，道病卒，時年四十一。」有〈登樓賦〉名世，藉由登樓遠望，引發對故土的思念，更對自己的人生際遇感慨萬千。後人多以登樓之典賦王粲，杜甫〈春日江村〉：「群盜哀王粲，中年召賈生。登樓初有作，前席竟爲榮。」元稹〈答姨兄胡靈之見寄五十韻〉：「登樓王粲望，落帽孟嘉情。」思鄉懷古兩悠悠，思念家鄉、追念古人，自古便是常事，唐彥謙〈蒲津河亭〉：「思鄉懷古人傷別，況此哀吟意不勝。」悠悠，眾多，《後漢書・朱穆傳》：「記短則兼折其長，貶惡則並伐其善。悠悠者皆是，其可稱乎！」盧照鄰〈詠史〉：「悠悠天下士，相送洛橋津。」

〔2〕黃塵路，風雨鬢驚秋：言歷經俗世之風雨，驚醒時年華已衰，劉氏婦〈明月堂〉：「蟬鬢驚秋華髮新，可憐紅隙盡埃塵。」風雨鬢驚秋，度過無數艱難困苦，現今已兩鬢斑白。風雨，比喻困頓的環境，《詩經・鄭風》：「風雨如晦，雞鳴不已。既見君子，云胡不喜？」盧僎〈稍秋曉坐閣遇舟東下揚州即事寄上族父江陽令〉：「歲月歡無已，風雨暗颼颼。」鬢驚秋，鬢毛斑白，朱松〈題范才元湘江喚舟圖用李居仁韻〉：「天涯投老鬢驚秋，夢想長江碧玉流」虞儔〈和姜總管感秋〉：「人生不行樂，空惜鬢驚秋。」

〔3〕三島雲隨鶴馭，五湖月載歸舟。青山西塞水東流：當盡早還鄉，過著悠閒的田野生活。三島雲隨鶴馭，比喻翱翔仙境，悠然自得貌，李紳〈憶放鶴〉：「羽

毛似雪無瑕點，顧影秋池舞白雲。閑整素儀三島近，迴飄清唳九霄聞。」李中〈鶴〉：「好共靈龜作儔侶，十洲三島逐仙翁。」三島，即崑崙、方丈、蓬萊，神仙所居的勝境。戰國時，神仙方士構造出海中三神山，名叫蓬萊、方丈、瀛洲，相傳在渤海中，為仙人所居，有不死之藥，以後道教將其發展為十洲三島，即祖洲、瀛洲、玄洲、炎洲、長洲、元洲、流州、生洲、鳳麟洲、聚窟洲及崑崙、方丈、蓬萊三島。多於詩文中見，徐陵〈天臺山徐則法師碑〉：「來去三島，賓遊二童。」李端〈雪夜尋太白道士〉：「蓬瀛三島至，天地一壺通。」五湖月載歸舟，引用范蠡的典故，喻功成身退，歸居覽勝，錢起〈送褚大落第東歸〉：「頃來荷策干明主，還復扁舟歸五湖。」李郢〈贈羽林將軍〉：「五湖歸去孤舟月，六國平來兩鬢霜。」五湖，泛指江河湖泊之勝景，李嶠〈菱〉：「五湖多賞樂，千里望難窮。」陳子昂〈感遇詩〉：「誰見鴟夷子，扁舟去五湖。」青山西塞水東流，指悠閑的隱逸生活，張志和〈漁父歌〉：「西塞山前白鷺飛，桃花流水鱖魚肥。」

〔4〕功名好，歡伯笑人愁：指功名雖好，卻會令人煩憂。歡伯笑人愁，連酒也笑人因功名愁白了頭，即欲求醉不求名。歡伯，酒也，焦贛《焦氏易林‧卷二》：「酒為歡伯，除憂來樂。」陸龜蒙〈對酒〉：「後代稱歡伯，前賢號聖人。」宋庠〈提刑張司封同年垂訪別郡以詩為謝〉：「千重使移行府重，一觴歡伯故儔親。」

四

紅雨斜斜作陣，綠雲碎碎成堆〔1〕。武陵溪口幾人迷。桃花水，流入不流迴〔2〕。　　夏日薰風殿閣，秋宵寶月樓臺〔3〕。仙凡境界隔塵埃。青鸞客，歸去又歸來〔4〕。

【校】

〔桃花水，流入不流迴〕：四印齋本、《全金元詞》俱作「桃花水，流入不流迴」，唯天順舊鈔本、弘治刻本、四庫本作「桃花流，水入不流迴」。據《康熙詞譜》所載，〈明月晃重山〉第四、五句的音調應為「○○●，○●●○○」，且劉秉忠其餘三闋〈明月晃重山〉也符合此格律。因此可知「桃花流，水入不流迴」，應為誤植。

【箋注】

〔1〕紅雨斜斜作陣，綠雲碎碎成堆：即進入桃花源前的美景，陶潛〈桃花源記〉：「緣溪行，忘路之遠近，忽逢桃花林，夾岸數百步，中無雜樹，芳草鮮美，落英繽紛。漁人甚異之，復前行，欲窮其林，林盡水源，便得一山，山有小

口，髮髯若有光，便捨船從口入。」紅雨斜斜作陣，桃花斜落、繽紛的樣子，李賀〈將進酒〉：「桃花亂落如紅雨，勸君終日酩酊醉。」蘇軾〈次韻表兄程正輔江行見桃花〉：「淨眼見桃花，紛紛墮紅雨。」斜斜，不正、偏側，《玉篇·鬥部》：「斜，不正也。」文同〈依韻和蒲誠之春日即事〉：「輕煙漠漠雨斜斜，無事常教放兩衙。」謝薖〈雨中漫成〉：「向老逢春懶問花，惡風吹雨故斜斜。」綠雲碎碎成堆，芳草叢生，綠意盎然的樣子。綠雲，比喻綠葉茂密繁盛，白居易〈雲居寺孤桐〉：「一株青玉立，千葉綠雲委。」駱浚〈題度支雜事典庭中柏樹〉：「幹聳一條青玉直，葉鋪千疊綠雲低。」碎碎，細碎不完整，李賀〈河南府試十二月樂詞十一月〉：「宮城團迴凜嚴光，白天碎碎墮瓊芳。」姜夔〈丁巳七月望湖上書事〉：「白天碎碎如拆綿，黑天昧昧如陳玄。」

〔2〕武陵溪口幾人迷，桃花水，流入不流迴：指桃花源令人流連忘返。武陵溪口幾人迷，武陵桃源美景令人著迷，孟浩然〈登望楚山最高頂〉：「雲夢掌中小，武陵花處迷。」李群玉〈惱從兄〉：「武陵洞裏尋春客，已被桃花迷不歸。」桃花水，本指桃花汛，即每年春天桃花開時，黃河等處漲起的潮流，《禮記·月令》：「仲春之月，……始雨水，桃始華，倉庚鳴，鷹化爲鳩。」《漢書·溝洫志》：「來春桃華水盛，必羨溢，有壩淤反壤之害。」蓋桃方華時，既有雨水，川谷冰泮，眾流匯集，波瀾盛長，故謂之桃花水。然在此指承載著桃花花瓣之流水，王維〈桃源行〉：「春來遍是桃花水，不辨仙源何處尋。」杜甫〈南征〉：「春岸桃花水，雲帆楓樹林。」流入不流迴，言只往不返。迴，回也，返回、掉轉，王仁昫《刊謬補缺切韻·灰韻》：「迴，覆轉。」《楚辭·離騷》：「迴朕車以復路兮，及行迷之未遠。」《三國志·魏志·武帝紀》：「迴戈東征，呂布就戮；乘轅將返，張楊殂斃。」

〔3〕夏日薰風殿閣，秋宵寶月樓臺：形容人間殿閣樓臺之美。夏日薰風殿閣，夏季宮殿樓閣吹著薰風，柳公權〈夏日聯句〉：「熏風自南來，殿閣生微涼。」薰風，和風，特指夏天由南向北吹的風，駱賓王〈夏日遊德州贈高四〉：「柳陰低椼水，荷氣上薰風。」白居易〈首夏南池獨酌〉：「薰風自南至，吹我池上林。」殿閣，宮殿與樓閣，張籍〈送邵州林使君〉：「郭外相連排殿閣，市中多半用金銀。」元稹〈春分投簡陽明洞天作〉：「榮光飄殿閣，虛籟合笙竽。」秋宵寶月樓臺，秋夜高樓涼臺上懸掛著明月，徐鉉〈和歙州陳使君見寄〉：「樓臺秋月靜，京庾晚雲屯。」秋宵，即秋夜，戎昱〈戲題秋月〉：「秋宵月色勝春宵，萬里天涯靜寂寥。」陳羽〈中秋夜臨鏡湖望月〉：「鏡裏秋宵望，湖平月彩深。」寶月，明月，吳均〈碎珠賦〉：「寶月生焉，越浦隋川，標魏之美，擅楚之賢。」李山甫〈山中依韻答劉書記見贈〉：「寶月當秋空，高潔無纖埃。」樓臺，涼臺，指高樓的露臺，上官儀〈奉和秋日即目應制〉：「樓臺相掩映，城闕互相望。」杜甫〈詠懷古蹟〉：「三峽樓臺淹日月，五溪衣服共雲山。」

〔4〕仙凡境界隔塵埃，青鸞客，歸去又歸來：指自己徘徊於塵俗，無法回到與世隔絕之仙境。仙凡境界隔塵埃，言仙界與世隔絕，馮時行〈劉守生日〉：「始知仙凡隔塵土，人間滾滾真浮漚。」韓淲〈次韻陳膚仲又過鉛山見寄兼懷真卿丈〉：「試較仙凡隔彼塵，是道淵淵書自若。」青鸞客，於凡間作客之神鳥，鮑溶〈東高峰〉：「畫裡青鸞客，雲中碧玉簫。」青鸞，傳說中的神鳥，似鳳，五色備舉而多青，能傳遞信息，唐彥謙〈無題〉：「誰知別易會應難，目斷青鸞信渺漫。」趙鼎〈王母觀〉：「五雲縹緲星河閣，腸斷青鸞一紙書。」曹勛〈寄張達道〉：「黑虎會有青鸞信，洞章同夢池塘草。」

南鄉子〔1〕

一

南北短長亭。行路無情客有情〔2〕。年去年來鞍馬上，何成。短鬢垂垂雪幾莖〔3〕。　　孤舍一檠燈。夜夜看書夜夜明〔4〕。窗外幾竿君子竹，淒清。時作西風散雨聲〔5〕。

【校】

〔鞍馬上〕：天順舊鈔本、弘治本、四庫本俱作「鞍上馬」；四印齋本、《全金元詞》作「鞍馬上」。同〈小重山〉之四（舊年鞍馬上）所校，故取四印齋本所錄。

〔窗外〕：天順舊鈔本、四印齋本、《全金元詞》作「窗外」，四庫本作「窻外」；弘治本作「窓外」。窻、窓乃窗之異體字。

【箋注】

〔1〕南鄉子：唐教坊曲名，此詞有單調、雙調。單調者始自歐陽炯詞，馮延巳、李珣俱本此添字；雙調者始自馮延巳詞。《太和正音譜》注越調，歐陽脩本此減字，王之道、黃機、趙長卿俱本此添字也。此作為雙調，五十六字，前後段各五句，四平韻。

〔2〕南北短長亭。行路無情客有情：言南爭北討，多次別離，至今仍然哀悽不已。南北短長亭，屢經別離，趙長卿〈朝中措〉：「亂山疊疊，水泠泠，南北短長亭。」短長亭，短長亭，古時設於路旁供行人休息的亭子，十里設一長亭，五里設一短亭，庾信〈哀江南賦〉：「十里五里，長亭短亭。」後泛指送別的地方，王昌齡〈少年行〉：「西陵俠少年，送客短長亭。」劉攽〈蔡州路中作五首寄都下〉：「南城十里短長亭，三月煩君復送行。」行路無情客有情，路人感受不到絲毫的離愁，但寄旅於外的人卻深切地感到哀傷，長孫佐輔〈別

友人〉：「愁多不忍醒時別，想極還尋靜處行。誰遣同衾又分手，不如行路本無情。」行路，路人、行人，任昉〈王文憲集序〉：「有識銜悲，行路掩泣。」魏徵〈諫太宗十思疏〉：「竭誠則胡越爲一體，傲物則骨肉爲行路。」

〔3〕年去年來鞍馬上，何成。短鬢垂垂雪幾莖：回想起來一事無成，只剩白鬢垂垂。年去年來，年復一年，任憑時間流轉，駱賓王〈代女道士王靈妃贈道士李榮〉：「梅花如雪柳如絲，年去年來不自持。」郭良驥〈鄴中行〉：「年去年來秋更春，魏家園廟已成塵。」何成，有何成就，岑參〈郡齋閒坐〉：「佐郡竟何成，自悲徒碌碌。」武元衡〈南徐別業早春有懷〉：「生涯擾擾竟何成，自愛深居隱姓名。」短鬢垂垂雪幾莖，頭髮已漸漸稀少、斑白，司空曙〈翫花與衛象同醉〉：「衰鬢千莖雪，他鄉一樹花。」白居易〈醉吟〉：「兩鬢千莖新似雪，十分一醆欲如泥。」垂垂，漸漸，杜甫〈和裴迪登蜀州東亭送客逢早梅相憶見寄〉：「江邊一樹垂垂發，朝夕催人自白頭。」貫休〈陳情獻蜀皇帝〉：「一缾一缽垂垂老，千水千山得得來。」

〔4〕孤舍一檠燈。夜夜看書夜夜明：指孤獨無法成眠，只好挑燈以書爲伴。孤舍一檠燈，形容夜不成眠之悽苦，化用黃大受〈沙頭秋晚〉：「病久故園千里夢，夜寒孤舍一枝燈。」檠，燈架、燭臺，庾信〈對燭賦〉：「刺取燈花持炷燭，還卻燈檠下燭盤。」韓愈〈短燈檠歌〉：「長檠八尺空自長，短檠二尺便且光。」夜夜明，每夜燈都亮著，即夜夜不得眠也，陸游〈贈楓橋化城院老僧〉：「毳衲年年補，紗燈夜夜明。」

〔5〕窗外幾竿君子竹，淒清。時作西風散雨聲：夜闌人靜，唯聽得秋雨窗竹窸窣的聲音。君子竹，竹子，禾本科多年生常綠植物，莖中空，有節，可供建築和製器物用，也可作造紙原料，枝葉經冬不凋，《說文·竹部》：「竹，冬生艸也。」文人多取其有節、虛心，象徵君子之德，錢起〈裴侍郎湘川迴以青竹筒相遺因而贈之〉：「楚竹青玉潤，從來湘水陰。緘書取直節，君子知虛心。」劉禹錫〈庭竹〉：「露滌鉛粉節，風搖青玉枝。依依似君子，無地不相宜。」故亦稱君子竹，姚勉〈題騰芳書院〉：「依牆御史柏，繞舍君子竹。」宋伯仁〈題象山縣棲霞觀應眞亭簡住持張羽士〉：「簷外萬竿君子竹，虛心能得幾人同。」淒清，形容景物淒涼冷清，潘嶽〈秋興賦〉：「月朣朧以含光兮，露淒清以凝冷。」何遜〈還杜五洲〉：「蕭散煙霧晚，淒清江漢秋。」表面寫景，實質抒情。時作西風散雨聲，常常聽見秋雨淅瀝的聲音，元好問〈秋懷〉：「涼葉蕭蕭散雨聲，虛堂淅淅掩霜清。」

二

翠袖捧離觴。濟楚兒郎窈窕娘〔1〕。別曲一聲雙淚落，悲涼。縱不關

情也斷腸〔2〕。　　今古利名忙。誰信長安道路長〔3〕。昔日去家年正少，還鄉。故國驚嗟兩鬢霜〔4〕。

【校】

〔雙淚落〕：天順舊鈔本、弘治本、四庫本、四印齋本作「雙淚落」，唐圭璋《全金元詞》作「雙泪落」。泪，爲淚之異體字。

【箋注】

〔1〕翠袖捧離觴。濟楚兒郎窈窕娘：指年少時期便分離。翠袖捧離觴，喝著離別的酒，晏幾道〈鷓鴣天〉：「彩袖殷勤捧玉鍾，當年拚卻醉顏紅。」周邦彥〈驀山溪〉：「翠袖捧金蕉，酒紅潮香凝沁粉。」翠袖，翠綠的衣袖，於此借代爲人，歐陽脩〈浣溪沙〉：「翠袖嬌鬟舞石州，兩行紅粉一時羞。」蘇轍〈聞王鞏還京會客劇飲戲贈〉：「燭花零落玉山倒，詩筆欹斜翠袖扶。」離觴，餞別酒，獨孤及〈送鄉里郎中赴江西〉：「蹢躅話世故，惆悵舉離觴。」楊衡〈送鄭丞之羅浮中習業〉：「鐘管促離觴，煙霞隨去程。」濟楚兒郎窈窕娘，優秀的青年及美好的姑娘。濟楚，贊美之詞，對人而言，指美好、漂亮，就物而言指整潔，張孝祥〈醜奴兒〉：「十分濟楚邦之媛，此日追遊雨霽雲。」高翥〈謝人惠書籍〉：「標題濟楚令心賞，字畫分明慰眼昏。」窈窕，幽靜美好的樣子，《詩經・關雎》：「窈窕淑女，君子好逑。」鄭獬〈九日登有美堂〉：「點檢東山窈窕娘，直須醉倒爲重陽。」

〔2〕別曲一聲雙淚落，悲涼。縱不關情也斷腸：比喻別離之情悲切至極。別曲一聲雙淚落，離別之曲調令人感傷，駱賓王〈送郭少府探得憂字〉：「當歌悽別曲，對酒泣離憂。」庾信〈對宴齊使〉：「酒正離杯促，歌工別曲悽。」悲涼，悲哀淒涼，班固《白虎通義・崩薨》：「黎庶殞涕，海內悲涼。」顏延之〈秋胡詩〉：「原隰多悲涼，迴飆卷高樹。」縱不關情也斷腸，縱然是毫無關聯的人，聞之亦覺得悲傷。不關情，沒有關連，毫不關心，韋驤〈御愛山〉：「行客勿輕加誚詠，播遷豈是不關情。」周紫芝〈寒食前五日作二絕〉：「寒食只今無幾日，故鄉何處不關情。」斷腸，典出於《世說新語・黜免篇》：「桓公入蜀，至三峽中，部伍中有得猿子者。其母緣岸哀號，行百餘里不去遂跳上船，至便即絕，破視其腹中，腸皆寸寸斷，公聞之怒，命黜其人。」用以比喻悲傷到了極點，蘇頲〈山鷓鴣詞〉：「愁多人易老，斷腸君不知。」張說〈南中別蔣五岑向青州〉：「有淚皆成血，無聲不斷腸。」

〔3〕今古利名忙。誰信長安道路長：言古今人奮力地追求名利，無名氏〈賀聖朝〉：「長安道上行客，依舊利深名切。改變容顏，消磨今古。隴頭殘月。」長安，指京師，盧照鄰〈行路難〉：「君不見長安城北渭橋邊，枯木橫槎臥古田。」

李白〈金陵詩〉:「晉家南渡日,此地舊長安。」在此比喻角逐名利的場所,孟郊〈感別送從叔校書簡再登科東歸〉:「長安車馬道,高槐結浮陰。下有名利人,一人千萬心。」白居易〈送張山人歸嵩陽〉:「長安古來名利地,空手無金行路難。」

〔4〕昔日去家年正少,還鄉。故國驚嗟兩鬢霜:少小離家老大回之慨嘆,賀知章〈回鄉偶書〉:「少小離家老大回,鄉音難改鬢毛衰。」昔日去家年正少,之前離開家時,正值青春年少。去家,離家,曹植〈雜詩〉:「悠悠遠行客,去家千餘里。」李白〈闕歌行上新平長史兄粲〉:「憶昨去家此爲客,荷花初紅柳條碧。」還鄉,返回家鄉,江淹〈從征虜始安王道中〉:「容裔還鄉櫂,逶迤去國旌。」宋之問〈送姚侍御出使江東〉:「飲冰朝受命,衣錦晝還鄉。」故國驚嗟兩鬢霜,家鄉父老皆驚嘆其兩鬢已如霜。故國,故鄉,劉長卿〈送李秘書卻赴南中〉:「炎洲百口住,故國幾人歸。」杜甫〈上白帝城詩〉:「取醉他鄉客,相逢故國人。」驚嗟,驚訝感嘆,李白〈秦女休行〉:「何慚聶政姊,萬古共驚嗟。」孟郊〈弔盧殷〉:「零落難苦言,起坐空驚嗟。」兩鬢霜,兩邊鬢髮已白,指年老,何元上〈所居寺院涼夜書情呈上呂和叔溫郎中〉:「何由一示雲霄路,腸斷星星兩鬢霜。」成彥雄〈元日〉:「戴星先捧祝堯觴,鏡裏堪驚兩鬢霜。」

三

憔悴寄西州。賦得登樓懶上樓〔1〕。魂夢不知關塞遠,悠悠。疎雨梧桐客裏秋〔2〕。　　往事起新愁。九曲回腸不自由〔3〕。見說世間離別苦,休休。一夜相思白了頭〔4〕。

【校】

〔懶上樓〕:天順舊鈔本、弘治本、四庫本作「懶上樓」;四印齋本、《全金元詞》作「嬾上樓」。嬾,爲懶之異體字。

〔疎雨〕:天順舊鈔本、弘治本、四庫本作「疎雨」;四印齋本、《全金元詞》作「疏雨」。疎,同疏。

〔九曲回腸〕:天順舊鈔本、四庫本、四印齋本、《全金元詞》作「九曲迴腸」;弘治本作「九曲回腸」。回腸,又作迴腸。

〔白了頭〕:天順舊鈔本、弘治本、四庫本作「白了頭」;四印齋本、《全金元詞》作「了白頭」。就前文語意、格律平仄判斷,二者皆宜,今據弘治本。

【箋注】

〔1〕憔悴寄西州。賦得登樓懶上樓:言登樓懷友。憔悴寄西州,憂愁不知何時可還

家，再過著悠閒的日子。憔悴，憂患、煩惱，劉向〈九歎‧怨思〉：「身憔悴而考且兮，日黃昏而長悲。」鮑照〈送盛侍郎餞候亭〉：「結睇園中草，憔悴悲此春。」西州，今南京市西，西晉時，為謝安之居所，武元衡〈送李秀才赴滑州詣大夫舅〉：「東武楊公姻婭重，西州謝傅舅甥賢。」徐鉉〈和蕭郎中午日見寄〉：「謝公制勝常閒暇，願接西州敵手棋。」晉太元十年，謝安病衰，仍不得隱之典故參見〈小重山之一〉註 3，劉秉忠以之感嘆歸隱故鄉之路遙。賦得登樓懶上樓，故鄉可望而不可及，因此產生欲賦登樓之詩，卻不想登樓之矛盾。賦得，古人與朋友分題賦詩，分到題目稱為賦得，如褚亮〈賦得蜀都〉、劉孝孫〈賦得春鶯送友人〉、楊濬〈送劉散員賦得陳思王詩明月照高樓〉。懶，不想、不願意，王績〈薛記室收過莊見尋率題古意以贈〉：「散誕時須酒，蕭條懶向書。」薛逢〈酬牛秀才登樓見示〉：「旅館再經秋，心煩懶上樓。」

〔2〕魂夢不知關塞遠，悠悠。疏雨梧桐客裏秋：只有在夢裡才能回到故鄉。魂夢不知關塞遠，在夢中不知往來必經的關口要塞距離很遠，指夢中不認為回家的路很遠。魂夢，心裡有所思念，精誠入於夢中，白居易〈夢裴相公〉：「五年生死隔，一夕魂夢通。」舒元輿〈坊州按獄蘇氏莊記室二賢自鄜州走馬相訪留連數日發後獨坐寂寞因成詩寄之〉：「相去百餘里，魂夢自相馳。」關塞，關口要塞，往來必經的要道，《左傳‧昭公二十六年》：「晉知躒、趙鞅帥師納王，使汝寬守關塞。」《墨子‧號令》：「數使人行勞賜守邊城關塞、備蠻夷之勞苦者。」悠悠，渺遠無盡的樣子，《詩經‧載馳》：「驅馬悠悠，言至於漕。」陳子昂〈登幽州臺歌〉：「念天地之悠悠，獨愴然而涕下。」疏雨梧桐客裏秋，於細雨不絕之秋夜，更感到作客他鄉的寂寥，蔡戡〈用前韻成二首一以謝憲使和章一以述懷〉：「夜雨梧桐驚客夢，秋風鱸鱠動歸心。」疏雨梧桐，多用以描寫秋雨之淒清，張元幹〈祝英臺近〉：「可堪疏雨梧桐，空階絡緯，背人處，偷彈珠淚。」趙蕃〈次韻斯遠去秋八月十三日午睡既醒登山遠望見懷〉：「賦當疏雨梧桐日，題就扶疏夏木時。」客裏，作客他鄉之時，豆盧復〈落第歸鄉留別長安主人〉：「客裏愁多不記春，聞鶯始歎柳條新。」杜甫〈歸來〉：「客裏有所過，歸來知路難。」

〔3〕往事起新愁。九曲回腸不自由：回憶往事倍感愁苦。往事起新愁，回想往事，又興起另一番愁緒，晏幾道〈浣溪沙〉：「涼月送歸思往事，落英飄去起新愁。」吳芾〈過吳門登簡孚堂有感〉：「無復故人論舊事，卻因陳跡惹新愁。」起，引動、興起，《詩‧沔水》：「念彼不蹟，載起載行；心之憂矣，不可弭忘！」《左傳‧昭公二十六年》：「冬十月丙申，王起師於滑。」九曲回腸不自由，憂傷無法依據自己的意念行事。九曲回腸，形容情緒憂傷、悲苦，駱賓王〈疇昔篇〉：「回腸隨九折，迸淚連雙流。」元稹〈送致用〉：「欲識九迴腸斷處，潯陽流水逐條分。」回腸，形容內心焦慮，好似腸子在迴轉糾結，又作迴腸，

徐陵〈在北齊與楊僕射書〉:「朝千悲而掩泣,夜萬緒而回腸。」〈秋日夔府詠懷奉寄鄭監審李賓客之芳一百韻〉:「弔影夔州僻,回腸杜曲煎。」不自由,無法依照自己的意志行事,極受外力拘束或限制,崔國輔〈中流曲〉:「渡口水流急,迴船不自由。」盧綸〈倫開府席上賦得詠美人名解愁〉:「不敢苦相留,明知不自由。」

〔4〕見說世間離別苦,休休。一夜相思白了頭:藉一夜白了頭形容別離極苦。見說世間離別苦,聽說世間離別是相當痛苦的,陳羽〈題清鏡寺留別〉:「世人並道離別苦,誰信山僧輕別離。」見說,聽說,王維〈贈裴旻將軍〉:「見說雲中擒黠虜,始知天上有將軍。」劉長卿〈送杜越江佐覲省往新安江〉:「見說江中孤嶼在,此行應賦謝公詩。」休休,失意、失志,蘇軾〈南鄉子〉:「萬事到頭都是夢,休休。明日黃花蝶也愁。」李清照〈鳳凰臺上憶吹簫〉:「休休,這回去也,千萬遍陽關,也則難留。」一夜相思白了頭,形容相思之悽苦,郭祥正〈公素送酒見及復次前韻和答〉:「摻別城東秋未深,相思白髮已盈簪。」韓淲〈和昌甫〉:「相思白髮空千丈,坐對煙林滴露梢。」

四

遊子繞天涯。才離蠻煙又塞沙〔1〕。歲歲年年寒食裏,無家。尚惜飄零看落花〔2〕。　　閑客臥煙霞。應笑勞生鬢早華〔3〕。驚破石泉槐火夢,啼鴉。掃地焚香自煮茶〔4〕。

【校】

〔才離蠻煙又塞沙〕:天順舊鈔本、弘治本、四庫本作「才離蠻烟烟塞沙」;四印齋本、《全金元詞》作「才離蠻煙又塞沙」。此闋〈南鄉子〉之句式與《康熙詞譜》所錄之馮延巳〈南鄉子〉(細雨濕流光)同。馮詞第二句後三字之音律為「●●○」,且劉秉忠填其餘七闋〈南鄉子〉第二句後三字亦作「●●○」,因此當以「又塞沙」為是。烟,同煙。

〔煙霞〕:天順舊鈔本、弘治本、四庫本作「烟霞」;四印齋本、《全金元詞》作「煙霞」。烟,同煙。

〔煮茶〕:天順舊鈔本、弘治本、四印齋本作「煑茶」;四庫本、《全金元詞》作「煮茶」。煑、煮相通。

【箋注】

〔1〕遊子繞天涯。才離蠻煙又塞沙:言遊子到處漂泊。遊子繞天涯,離家的遊子在遠地漂泊,孟郊〈遊子〉:「萱草生堂階,遊子行天涯。」遊子,指離家遠

遊的人，曹植〈送應氏〉：「遊子久不歸，不識陌與阡。」鮑照〈登翻車峴〉：「遊子思故居，離客遲新鄉。」天涯，天的邊際，指遙遠的地方，陶潛〈雜詩〉：「蕭條隔天涯，惆悵念常餐。」江淹〈悼室人〉：「暮氣亦何勁，嚴風照天涯。」才離蠻煙煙塞沙，才離開了南蠻，轉眼又到了邊塞，比喻到處流轉，無時停歇。蠻煙，即南方蠻荒之地，殷堯藩〈九日〉：「瘴雨蠻煙朝暮景，平蕪野草古今愁。」慕幽〈三峽聞猿〉：「瘴雨晚藏神女廟，蠻煙寒鎖夜郎城。」蠻，我國南方種族的舊稱，《禮記·王制》：「南方曰蠻，雕題交趾，有不火食者矣。」塞沙，邊塞之黃沙，指邊境關塞處，李昂〈從軍行〉：「塞沙飛淅瀝，遙裔連窮磧。」王維〈送宇文三赴河西充行軍司馬〉：「橫吹雜繁笳，邊風捲塞沙。」

〔2〕歲歲年年寒食裏，無家。尚惜飄零看落花：感嘆無家可歸，孤身一人。歲歲年年寒食裏，泛指每年過節之時。寒食，每年冬至後一百零五日，約在清明前一、二日，相傳晉文公時為求介之推出仕而焚林，之推抱木而死，全國哀悼，於是乃定是日禁火寒食，宗懍〈荊楚歲時記·二月〉：「去冬節一百五日，即有疾風甚雨，謂之寒食，禁火三日，造餳大麥粥。」宋之問〈寒食還陸渾別業〉：「伊川桃李正芳新，寒食山中酒復春。」無家，沒有地方可以投奔依靠，韋應物〈采玉行〉：「絕嶺夜無家，深榛雨中宿。」杜甫〈一百五日夜對〉：「無家對寒食，有淚如金波。」尚惜飄零看落花，仍舊悲痛地看著紛飛的落花。惜，哀傷、可惜，《說文·心部》：「惜，痛也。」《論語·子罕》：「子謂顏淵曰：『惜乎！吾見其進也，未見其止也。』」《古詩十九首·西北有高樓》：「不惜歌者苦，但傷知音稀。」飄零，比喻身世不幸，生活無依，四處流浪，杜甫〈通泉驛南去通泉縣十五里山水作〉：「我生苦飄零，所歷有嗟歎。」耿湋〈雨中留別〉：「憫默此中別，飄零何處期。」

〔3〕閑客臥煙霞。應笑勞生鬢早華：自言性喜悠閒，卻因為國勞碌奔波，如今鬢髮已華。閑客臥煙霞，隱居鄉野者悠遊自在，笑看煙霞，牟融〈天臺〉：「此地不知何處去，暫留瓊珮臥煙霞。」許渾〈題蘇州虎丘寺僧院〉：「世間誰似西林客，一臥煙霞四十春。」詞人藉以表達對田居生活的嚮往。勞生鬢早華，指勞碌一生，如今鬢髮已白。勞生，語本《莊子·大宗師》：「夫大塊載我以形，勞我以生，佚我以老，息我以死。」指勞碌辛苦的人生，張九齡〈使還都湘東作〉：「感物遽如此，勞生安可思。」駱賓王〈宿山莊〉：「牽跡猶多蹇，勞生未寡尤。」華，花白，《墨子·修身》：「華髮隳顛，而猶弗舍者，其唯聖人乎！」《後漢書·文苑列傳·邊讓》：「幕府初開，博選清英，華髮舊德，並為元龜。」

〔4〕驚破石泉槐火夢，啼鴉。掃地焚香自煮茶：指隱逸山林的幻夢雖被鴉啼驚醒，但仍可於世俗中過著悠閒的生活。驚破石泉槐火夢，啼鴉，啼鴉陣陣叫聲令

自己由快活自在、遊憩賞玩之美夢中驚醒，李商隱〈西南行卻寄相送者〉：「明朝驚破還鄉夢，定是陳倉碧野雞。」石泉槐火，言出於蘇軾〈參寥泉銘〉：「在天雨露，在地江湖，皆我四大，滋相所濡。偉哉參寥，彈指八極，退守斯泉，一謙四益。餘晚聞道，夢幻是身，眞即是夢，夢即是眞。石泉槐火，九年而信，夫求何伸，實敝汝神。」石泉槐火夢，指山泉田野景色迷人的美夢，劉秉忠借此表達對山水遊賞的嚮往，胡寅〈寒食日約蔡生以雨不至〉：「楊柳杏花何處好，石泉槐火一時新。」石泉，流經山石間的泉水。屈原〈九歌·山鬼〉：「山中人兮芳杜若，飲石泉兮蔭松柏。」左思〈招隱詩〉：「石泉漱瓊瑤，纖鱗亦浮沉。」槐火，多天用槐或檀木取火，稱爲槐火，王勃〈守歲序〉：「槐火滅而寒氣消，蘆灰用而春風起。」掃地焚香自煮茶，形容獨自一人過著悠閒的生活，徐鉉〈和蕭郎中小雪日作〉：「征西府裏日西斜，獨試新爐自煮茶。」趙蕃〈寄懷〉：「客來儻有論文興，活火風爐自煮茶。」

五

李杜放詩豪。萬丈晴虹吸海濤〔1〕。六義不傳風雅變，離騷。金玉無言價自高〔2〕。　　春日對春醪。短詠長歌慰寂寥〔3〕。幽鳥落來花裏語，從教。彩鳳飄飄上九霄〔4〕。

【校】

〔慰寂寥〕：天順舊鈔本、弘治本、四印齋本、《全金元詞》作「慰寂寥」，唯四庫本作「尉寂寥」。就語意判斷，當以「慰寂寥」爲是，「尉寂寥」乃誤植。

【箋注】

〔1〕李杜放詩豪。萬丈晴虹吸海濤：言李白、杜甫於詩壇中的偉大成就，韓愈〈調張籍〉：「李杜文章在，光燄萬丈長。」皇甫湜〈題浯溪石〉：「李杜才海翻，高下非可概。」放詩豪，作詩不受拘束，薛嶼〈劉荊山謁賈秋壑〉：「鬢絲千縷去衡寒，酒放詩豪強自寬。」放，恣縱、不拘束，《廣雅·釋言》：「放，妄也。」《孟子·滕文公下》：「湯居亳，與葛爲鄰，葛伯放而不祀。」萬丈晴虹吸海濤，形容氣勢壯闊。晴虹，雨後或日出、日沒之際，天空中出現紅色在外、紫色在內的彩色圓弧，李嶠〈寒食清明日早赴王門率成〉：「日帶晴虹上，花隨早蝶來。」白居易〈河亭晴望〉：「晴虹橋影出，秋雁櫓聲來。」吸海濤，吸飲海中的大波浪。吸，飲，《廣雅·釋詁四》：「吸，飲也。」《楚辭·九章·悲回風》：「吸湛露之浮京兮，漱凝霜之雰雰。」吳筠〈遊仙二十四首〉：「凌晨吸丹景，入夜飲黃月。」海濤，大海浪，王建〈宮詞〉：「蓬萊正殿壓金鼇，紅日初生碧海濤。」

杜牧〈長安雜題長句〉:「雨晴九陌鋪江練,嵐嫩千峰疊海濤。」

〔2〕六義不傳風雅變,離騷。金玉無言價自高:推崇離騷的文學價值。六義不傳風雅變,離騷,指離騷繼風雅後興起,晁補之〈離騷新序〉:「自風雅變而爲離騷,至離騷變而爲賦。」六義,詩經中的風、雅、頌、賦、比、興,《毛詩・大序》:「故詩有六義焉,一曰風,二曰賦,三曰比,四曰興,五曰雅,六曰頌。」大抵說來,風爲各國的歌謠、雅是周王畿的歌曲、頌是廟堂祭祀的樂歌,此三種是詩經的三種體制;賦是敷陳其事、比是指物譬喻、興是借物起興,是詩經的三種表現內容的方法,劉勰《文心雕龍・明詩》:「自商暨周,雅頌圓備,四始彪炳,六義環深。」不傳,不轉授、無法流傳,劉歆〈移書讓太常博士〉:「抑此三學以尙書爲不備,謂左氏不傳春秋,豈不哀哉。」謝惠連〈祭古塚文〉:「爲壽爲夭,寧顯寧晦,銘誌湮滅,姓字不傳。」風雅變,爲詩文之事已然轉變,張詠〈寄柏閣宗泂上人〉:「周衰風雅變,詩匠著禪衣。」余靖〈孫工部詩集序〉:「周召沒而王跡衰,幽厲作而風雅變。」離騷,楚辭篇名,戰國時屈原所作,屈原仕楚懷王,因讒言被疏,憂愁幽思而作離騷,以表明愛國心志,全文詞采雅麗,爲一長篇韻文,對後代文學有深遠的影響,陸雲〈九愍〉:「昔屈原放逐而離騷之辭興,自今及古文雅之士,莫不以其情而玩其辭而表意焉。」劉長卿〈南楚懷古〉:「獨餘湘水上,千載聞離騷。」金玉無言價自高,言離騷就好比金玉,雖然無言,但仍得人們的喜愛,句型同竇庠〈段都尉別業〉:「春來欲問林園主,桃李無言鳥自啼。」韋驤〈送張公度之官南安〉:「更將學行規逢掖,桃李無言下自蹊。」金玉,黃金與珠玉,泛指珍寶,《周禮・天官・玉府》:「玉府,掌王之金玉。」嵇康〈生生厚招咎〉:「金玉滿堂莫守,古人安此粗醜。」

〔3〕春日對春醪。短詠長歌慰寂寥:指春日醉吟以聊慰心中之孤寂。春日對春醪,春日醉飲,張紘〈行路難〉:「當春對酒不須疑,視日相看能幾時」劉長卿〈題王少府堯山隱處簡陸鄱陽〉:「對酒春日長,山村杏花落。」春醪,春酒,陶潛〈停雲〉:「靜寄東軒,春醪獨撫。」秦系〈山中枉張宙員外書期訪衡門〉:「時果連枝熟,春醪滿甕香。」短詠長歌,吟詠詩歌,杜甫〈狂歌行贈四兄〉:「樓頭喫酒樓下臥,長歌短詠還相酬。」趙蕃〈初六日阻風新淦〉:「鶺鴒屬玉爾自得,短詠長歌吾亦任。」慰寂寥,安撫心中寂靜冷清之感,皮日休〈病中美景頗阻追遊因寄魯望〉:「瘦床閒臥晝迢迢,唯把眞如慰寂寥。」吳融〈南遷途中作七首寄友人〉:「驚魂往往坐疑飄,便好爲文慰寂寥。」

〔4〕幽鳥落來花裏語,從教。彩鳳飄飄上九霄:幽鳥於花裡語,彩鳳在九霄飛,皆是必然之理,劉秉忠藉此表示唯有自然地從胸臆抒發之作,才是上乘。幽鳥落來花裏語,鳥而於花叢中鳴叫,李紳〈新樓詩二十首靈汜橋〉:「岸花前後聞幽鳥,湖月高低怨綠楊。」劉滄〈夏日登西林白上人樓〉:「苔點落花微

萼在，葉藏幽鳥碎聲閑。」從教，使順其自然地，徐凝〈春寒〉：「亂雪從教舞，回風任聽吹。」殷堯藩〈久雨〉：「詩酒從教數，簾幃一任重。」從，聽從、依順，《書・益稷》：「予違汝弼，汝無面從，退有後言。」《墨子・號令》：「不從令者斬。」教，使，令，《集韻・爻韻》：「教，令也。」《書・皋陶謨》：「無教逸欲有邦，兢兢業業，一日二日萬幾。」《左傳・襄公二十六年》：「通吳於晉，教吳叛楚。」彩鳳飄飄上九霄，五彩的鳳凰在九霄飛翔，羅隱〈淮南送盧端公歸臺〉：「鳳鸞勢逸九霄寬，北去南來任羽翰。」陸游〈讀書至夜分感歎有賦〉：「豈惟鸞鳳九霄上，景鍾大鼎森陸離。」

六

季子解縱橫。六印纍纍拜上卿〔1〕。鳳鳥不來人漸老，謀生。二頃田園也易成〔2〕。　　樽酒醉淵明。菊有幽香竹有聲〔3〕。吹破北窗千古夢，風清。小鳥喧啾噪曉晴〔4〕。

【校】

〔樽酒〕：天順舊鈔本、弘治本、四庫本作「樽酒」；四印齋本、《全金元詞》作「尊酒」。樽，同尊，酒器也。

〔北窗〕：天順舊鈔本、四印齋本、《全金元詞》作「北窗」，四庫本作「北窻」；弘治本作「北窗」。窻、窗乃窗之異體字。

〔小鳥〕：天順舊鈔本、弘治本、四印齋本、《全金元詞》作「小鳥」；四庫本作「古鳥」。就文意、格律判斷，二者皆宜，此取弘治本。

【箋注】

〔1〕季子解縱橫。六印纍纍拜上卿：引用蘇秦提出合縱抗秦，六國拜相之功績，《史記・蘇秦列傳》：「於是六國從合而並力焉。蘇秦爲從約長，並相六國。」《史記・索隱》：「蘇秦字季子，蓋蘇忿生之後，己姓也。」此典文人多有引用，李白〈魏郡別蘇明府因北遊〉：「洛陽蘇季子，劍戟森詞鋒。六印雖未佩，軒車若飛龍。」杜甫〈暮冬送蘇四郎徯兵曹適桂州〉：「飄飄蘇季子，六印佩何遲。」劉兼〈春宵〉：「五湖范蠡才堪重，六印蘇秦道不同。」纍纍，繁多、重積的樣子，亦作累累，《禮記・樂記》：「倨中矩，句中鉤，纍纍乎端如貫珠。」《漢書・石顯傳》：「印何纍纍，綬若若邪！」拜上卿，官拜上卿，《韓非子・外儲說左下》：「孟獻伯拜上卿，叔嚮往賀。」上卿，古代官階，三代時，天子、諸侯國皆設卿，分上、中、下三等，上卿爲最高的等級，《左傳・成公三年》：「次國之上卿，當大國之中，中當其下，下當其上大夫。小國之上卿，

當大國之下卿，中當其上大夫，下當其下大夫。」後泛指朝中大臣，王維〈奉和聖製送不蒙都護兼鴻臚卿歸安西應制〉：「上卿增命服，都護揚歸斾。」高適〈崔司錄宅燕大理李卿〉：「上卿才大名不朽，早朝至尊暮求友。」

〔2〕鳳鳥不來人漸老，謀生。二頃田園也易成：言不羨封侯拜相，只求老來有二頃田畝謀生，反用《史記‧蘇秦列傳》：「蘇秦喟然歎曰：『此一人之身，富貴則親戚畏懼之，貧賤則輕易之，況人乎！且使我有雒陽負郭田二頃，吾豈能佩六國相印乎！』於是散千金以賜宗族朋友。」蘇秦認為有田二頃，必無法致相，故散金以賜親友；劉秉忠反用之，認為二頃田園即可謀生，不須執著於將相。鳳鳥不來人漸老，比喻功名未得而年事已高。鳳鳥不來，祥瑞不來，化用徐夤〈寓題述懷〉：「宣尼既沒蘇張起，鳳鳥不來雞雀喧。」崔玨〈哭李商隱〉：「鳥啼花落人何在，竹死桐枯鳳不來。」謀生，找工作維持生活，劉長卿〈落第贈楊侍御兼拜員外仍充安大夫判官赴范陽〉：「念舊追連茹，謀生任轉蓬。」李端〈送戴徵士還山〉：「不是謀生拙，無為末路賒。」二頃田園也易成，指有一小塊田地園圃即可生活。二頃田園，不大的田地，庾信〈擬詠淮〉：「洛陽蘇季子，連衡不復連。既無六國印，翻思二頃田。」崔日知〈冬日述懷奉呈韋祭酒張左丞蘭臺名賢〉：「既重萬鍾樂，寧思二頃田。」

〔3〕樽酒醉淵明。菊有幽香竹有聲：願和陶淵明一般過著相同悠遊的生活。樽酒醉淵明，《晉書‧陶潛傳》：「陶潛字元亮，大司馬侃之曾孫也。……嘗著五柳先生傳以自況曰：『……性嗜酒，而家貧不能恒得。……』」因此後代文人言陶潛必言酒，吳筠〈陶徵君〉：「吾重陶淵明，達生知止足。怡情在樽酒，此外無所欲。」錢起〈酬陶六辭秩歸舊居見柬〉：「淵明醉乘興，閉門只掩扉。」菊有幽香竹有聲，清幽的居住環境，此指陶潛悠閒之生活，王維〈偶然作〉：「陶潛任天真，其性頗耽酒。自從棄官來，家貧不能有。九月九日時，菊花空滿手。中心竊自思，儻有人送否。」白居易〈訪陶公舊宅〉：「垢塵不汙玉，靈鳳不啄羶。嗚呼陶靖節，生彼晉宋間。心實有所守，口終不能言。永惟孤竹子，拂衣首陽山。」

〔4〕吹破北窗千古夢，風清。小鳥喧啾噪曉晴：希望歸園田居，享受清風鳥鳴，卻無法獲得的惆悵。吹破北窗千古夢，風清，指隱逸之夢境為清風吹醒，李白〈大堤曲〉：「春風無復情，吹我夢魂散。」王寂〈採桑子〉：「西風吹破揚州夢，歇雨收雲，密約深論，羅帶香囊取次分。」北窗，語本陶淵明〈與子儼等疏〉：「五六月中，北窗下臥，遇涼風暫至，自謂是羲皇上人。」李白〈戲贈鄭溧陽〉：「清風北窗下，自謂羲皇人。」千古夢，一直以來的夢想，李覯〈書麻姑廟〉：「塵裏笙歌千古夢，洞中星斗幾家天。」何夢桂〈自壽再調玉漏遲〉：「高樓一聲畫角，把千古、夢中吹覺，天欲曉，起看蕊梅春小。」風清，微風清涼，徐堅〈奉和聖製送張說巡邊〉：「雨濯梅林潤，風清麥野涼。」

李白〈秋登巴陵望洞庭〉：「風清長沙浦，山空雲夢田。」小鳥喧啾噪曉晴，清晨鳥兒啁啾貌，溫庭筠〈雨中與李先生期垂釣先後相失因作疊韻〉：「小鳥擾曉沼，犁泥齊低畦。」潘檉〈歲暮懷舊〉：「雀噪曉窗白，雞鳴芳歲晚。」此處形容環境之清幽。喧啾，鳥鳴喧鬧啁啾，韓愈〈聽穎師彈琴〉：「喧啾百鳥群，忽見孤鳳皇。」歐陽脩〈感二子〉：「豈無百鳥解言語，喧啾終日無人聽。」噪，蟲鳥喧叫，王嘉《拾遺記・魯僖公》：「晉文公焚林以求介子推，有白鴉繞遶煙而噪。」王維〈酬諸公見過〉：「雀噪荒村，雞鳴空館。」

七

夜戶喜涼飆。秋入關山暑氣消〔1〕。勾引客情緣底物，鶬鶊。落日淒清叫樹梢〔2〕。　　古寺漏長宵。一點青燈照寂寥〔3〕。暮雨夜深猶未住，芭蕉。殘葉蕭疎不奈敲〔4〕。

【校】

〔勾引〕：天順舊鈔本、弘治本、四庫本作「勾引」；四印齋本、《全金元詞》作「句引」。句，同勾，作挑起、引發解。

〔叫樹梢〕：天順舊鈔本、弘治本作「叫樹稍」；四庫本作「呌樹梢」；四印齋本、《全金元詞》作「叫樹梢」。呌，叫之異體字，此取較通行之字。就語意判斷，「叫樹稍」之「稍」字應爲誤植。

〔蕭疎〕：天順舊鈔本、弘治本、四庫本作「蕭疎」；四印齋本、《全金元詞》作「蕭疏」。疎，同疏。

【箋注】

〔1〕夜戶喜涼飆，秋入關山暑氣消：秋風涼爽，盡消暑氣，虞世南〈奉和月夜觀星應令〉：「清風滌暑氣，零露淨囂塵。」夜戶喜涼飆，夜晚時最喜有涼風送爽。涼飆，即涼風，高適〈同群公秋登琴臺〉：「猶是對夏伏，幾時有涼飆。」白居易〈立秋夕有懷夢得〉：「是夕涼飆起，閒境入幽情。」飆，風，《晉書・陸機傳》：「落葉俟微飆以隕，而風之力蓋寡；孟嘗遭雍門以泣，而琴之感以末。」陶潛〈乙巳歲三月爲建威參軍使都經錢溪〉：「微雨洗高林，清飆矯雲翮。」秋入關山暑氣消，秋風千里吹，消盡盛夏熱氣。關山，關隘與山峰，比喻路途遙遠，謝朓〈暫使下都夜發新林至京邑贈西府同僚〉：「徒念關山近，終知返路長。」庾信〈出自薊北門行〉：「關山連漢月，隴水向秦城。」暑氣消，消除盛夏的熱氣，王涯〈秋思〉：「宮連太液見滄波，暑氣微消秋意多。」田錫〈和安儀鳳〉：「水國迎涼暑氣消，思清吟嘯語雄豪。」

〔2〕勾引客情緣底物，鷦鷯。落日淒清叫樹梢：言因鷦鷯鳴聲勾起作客異鄉的淒苦。勾引客情緣底物，引發遊子思故之情的是何物。勾引，又作句引，引起，白居易〈楊柳枝詞〉：「依依嫋嫋復青青，勾引春風無限情。」周紫芝〈次韻魏定甫早春題詠〉：「清詩勾引江南夢，應向今宵還到家。」客情，遊子思鄉的愁緒，鮑照〈東門行〉：「離聲斷客情，賓御皆涕零。」韋承慶〈南行別弟〉：「澹澹長江水，悠悠遠客情。」緣底物，因為什麼東西，文同〈大熱過散關因寄里中友人〉：「胡為就名縛，所利緣底物。」鷦鷯，體型小，背及翼均為紅褐色，腹部淡褐，體側有黑色細小橫紋，鳴聲美，短尾常翹於背上，喜步行、跳躍，常居於陰暗潮溼處，分佈於高山區，會用草莖和毛髮等構築整齊舒適的小窩，亦稱為巧婦，《莊子‧逍遙遊》：「鷦鷯巢於深林，不過一枝；偃鼠飲河，不過滿腹。」劉長卿〈小鳥篇上裴尹〉：「遶樹空隨鳥鵲驚，巢林只有鷦鷯分。」落日淒清叫樹梢，傍晚於樹梢上悲悽地鳴叫著。落日，夕陽，傍晚時分，謝朓〈銅爵悲〉：「落日高城上，餘光入總帷。」何遜〈行經范僕射故宅〉：「瀲艷故池水，蒼茫落日暉。」淒清，悲傷淒涼，庾信〈晚秋〉：「淒清臨晚景，疏索望寒階。」儲光羲〈秋庭貽馬九〉：「何言相去遠，閒言獨淒清。」

〔3〕古寺漏長宵，一點青燈照寂寥：漏長更添寂靜，青燈更顯悽涼。古寺漏長宵，古寺整夜滴漏聲不停，盧綸〈宿定陵寺〉：「古塔荒臺出禁牆，磬聲初盡漏聲長。」漏長宵，即漏滴永夜，梁簡文帝〈楚妃歎〉：「閨閑漏永永，漏長宵寂寂。」長宵，整個夜晚，皇甫冉〈送鄭二員外〉：「置酒竟長宵，送君登遠道。」皎然〈送別〉：「長宵漫漫角聲發，禪子無心恨亦生。」一點青燈照寂寥，夜深無眠，起身點燈，更顯寂寥，崔塗〈秋夕與王處士話別〉：「微燈照寂寥，此夕正迢迢。」青燈，青熒的燈光，韋應物〈寺居獨夜寄崔主簿〉：「坐使青燈曉，還傷夏衣薄。」元稹〈通州丁溪館夜別李景信三首〉：「蠡琖覆時天欲明，碧幌青燈風灩灩。」

〔4〕暮雨夜深猶未住，芭蕉。殘葉蕭疏不奈敲：言夜雨不絕，愁緒難了。暮雨夜深猶未住，芭蕉，指打在芭蕉葉上的雨仍不停地下，杜牧〈雨〉：「一夜不眠孤客耳，主人窗外有芭蕉。」住，停止，《廣韻‧遇韻》：「住，止也。」潘嶽〈射雉賦〉：「清道而行，擇地而住。」李白〈早發白帝城〉：「兩岸猿聲啼不住，輕舟已過萬重山。」芭蕉，葉大色綠，長橢圓形，夏日開淡黃色不整齊花，果實亦稱為芭蕉，肉質肥大，氣味香甜，產於亞熱帶地區，與熱帶所產的香蕉形似而實不同，韓愈〈山石〉：「升堂坐階新雨足，芭蕉葉大支子肥。」白居易〈夜雨〉：「隔窗知夜雨，芭蕉先有聲。」殘葉蕭疏不奈敲，冷落稀疏的雨滴在芭蕉葉上。蕭疏，亦作蕭疏，冷落稀疏，韋應物〈再遊西山〉：「於時忽命駕，秋野正蕭疏。」錢起〈送李九貶南陽〉：「鴻聲斷續暮天遠，柳影

蕭疏秋日寒。」不奈，無法忍受，竇鞏〈尋道者所隱不遇〉：「欲題名字知相訪，又恐芭蕉不奈秋。」楊凌〈剡溪看花〉：「還同異方樂，不奈客愁多。」

八

檀板稱歌喉。唱到消魂韻轉幽〔1〕。便覺絲簧難比似，風流。一串驪珠不斷頭〔2〕。　　惟酒可忘憂。況復盧家有莫愁〔3〕。醉倒不知天早晚，雲收。花影侵窗月滿樓〔4〕。

【校】

〔唱到消魂韻轉幽〕：天順舊鈔本、弘治本、四印齋本、《全金元詞》作「唱到消魂韻轉幽」，唯四庫本作「唱到消魂更轉幽」。論文意、格律二者皆可，此取弘治本所錄。

〔天早晚〕：四庫本、弘治本、四印齋本、《全金元詞》俱作「天早晚」；天順舊鈔本作「天早曉」，與前後語義不合。故以「天早晚」爲宜。

〔侵窗〕：天順舊鈔本、四印齋本、《全金元詞》作「侵窗」；四庫本作「侵窻」；弘治本作「侵牕」。牕、窻乃窗之異體字。

【箋注】

〔1〕檀板稱歌喉，唱到消魂韻轉幽：形容歌聲之美妙。檀板稱歌喉，以檀板伴唱，呂陶〈寄花廣漢守倅〉：「檀板屢歌憑侍女，玉簪齊插奉嘉賓。」歐陽脩〈答通判呂太博〉：「舞踏落暉留醉客，歌遲檀板換新聲。」檀板，樂器名，以檀木製成的拍板，爲戲曲伴奏與器樂合奏時的節拍器，《樂史·李翰林別集序》：「李龜年以歌擅一時，手捧檀板，押眾樂前，欲歌之。」杜牧〈自宣州赴官入京路逢裴坦判官歸宣州因題贈〉：「畫堂檀板秋拍碎，一引有時聯十觥。」稱，適宜、相稱，《國語·晉語六》：「稱晉之德，諸侯皆叛，國可以少安。」《荀子·禮論》：「貴賤有等，長幼有差，貧富輕重皆有稱者也。」唱到消魂韻轉幽，歌唱聲令人迷醉。消魂，爲情所惑而心神迷亂，元稹〈景申秋〉：「強眠終不著，閒臥暗消魂。」鮑溶〈禪定寺經院〉：「思量施金客，千古獨消魂。」韻轉幽，聲調轉爲幽靜，韋應物〈澄秀上座院〉：「繚繞西南隅，鳥聲轉幽靜。」韻，和諧的聲音，《聲類》：「音和曰韻也。」蔡邕〈琴賦〉：「繁絃既抑，雅韻復揚。」

〔2〕便覺絲簧難比似，風流。一串驪珠不斷頭：比喻音樂之宛轉有致。便覺絲簧難比似，風流，指其中韻味非絲簧樂音所能比擬。便覺，即意識到，杜甫〈絕句漫興〉：「即遣花開深造次，便覺鶯語太丁寧。」令狐楚〈遊春詞〉：「高樓

曉見一花開，便覺春光四面來。」絲簧，絲，八音之一，泛指絃樂器，《周禮・春官・大師》：「皆播之以八音：金、石、土、革、絲、木、匏、竹。」簧，笙、竽、管等樂器中振動發聲的薄片，用竹、金屬或其他材料製成，《詩經・車鄰》：「既見君子，並坐鼓簧。」本爲樂器，於此借代爲絃樂和簧片樂，泛指音樂，崔珏〈美人嘗茶行〉：「明眸漸開橫秋水，手撥絲簧醉心起。」崔道融〈羯鼓〉：「華清宮裏打撩聲，供奉絲簧束手聽。」難比似，難以比擬，彭汝礪〈昨日餞趙教授行會飲秀楚堂晚徙櫻桃花下夜月上正夫設燭于花下光明焜燿昔所未見正夫因約賦詩〉：「光華混雜不可認，刻畫雖工難比似。」風流，韻味，崔湜〈幸梨園亭觀打毬應制〉：「寶杯承露酌，仙管被風流。」司空圖《詩品・含蓄》：「不著一字，盡得風流。」一串驪珠不斷頭，形容歌喉如一串驪珠般圓潤清亮又連貫不斷，白居易〈小童薛陽陶吹觱栗歌〉：「急聲圓轉促不斷，轢轢轔轔似珠貫。」驪珠，古代傳說中驪龍頷下的寶珠，《莊子・列禦寇》：「河上有家貧恃緯蕭而食者，其子沒於淵，得千金之珠。其父謂其子曰：『取石來鍛之！夫千金之珠，必在九重之淵而驪龍頷下，子能得珠者，必遭其睡也。使驪龍而寤，子尚奚微之有哉！』今宋國之深，非直九重之淵也；宋王之猛，非直驪龍也；子能得車者，必遭其睡也。使宋王而寤，子爲齏粉夫！」言欲取驪珠，須潛入深淵中，待驪龍睡時，才能竊得，爲極珍貴的寶物，陳子昂〈酬李參軍崇嗣旅館見贈〉：「寶劍終應出，驪珠會見珍。」丘丹〈奉酬韋使君送歸山之作〉：「涉海得驪珠，棲梧慚鳳質。」

〔3〕惟酒可忘憂，況復盧家有莫愁：唯有酒可以忘憂解愁。惟酒可忘憂，只有酒可以使人忘卻憂愁，曹操〈短歌行〉：「何以解憂，唯有杜康。」錢起〈新豐主人〉：「主人能縱酒，一醉且忘憂。」陶翰〈送崔二十一之上都序〉：「酒可忘憂，酌以酬我。」況復盧家有莫愁，更何況盧家有善歌謠的莫愁女。況復，更何況，謝朓〈在郡臥病呈沈尚書〉：「況復南山曲，何異幽棲時。」江淹〈傷內弟劉常侍〉：「風至衣袖冷，況復蟋蟀鳴。」據《容齋隨筆》所云，莫愁有二：一爲郢州石城人，爲善歌謠之女子，《舊唐書・音樂志》：「莫愁樂，出於石城樂。石城有女子名莫愁，善歌謠，石城樂和中復有『莫愁』聲，故歌云：『莫愁在何處？莫愁石城西。艇子打兩槳，催送莫愁來。』」一爲洛陽人，爲嫁入盧姓大戶人家之婦人，梁武帝〈河中之歌〉曰：「河中之水向東流，洛陽女兒名莫愁，莫愁十三能織綺，十四采桑南陌頭，十五嫁爲盧家婦，十六生兒似阿侯。」盧家有莫愁，本應是嫁入盧家之婦人，但就前後文觀之，秉忠此處所引之女子當爲善歌謠之莫愁，因此「盧家」一語應是秉忠誤用。

〔4〕醉倒不知天早晚，雲收。花影侵窗月滿樓：從早到晚以酒自我麻醉，以此解憂。醉倒不知天早晚，醉得不知人事。早晚，早晨與晚間，劉長卿〈送裴二十一〉：「不須論早晚，惆悵又離群。」白居易〈東坡種花〉：「天時有早晚，

地力無高低。」雲收，雲氣散去，虞世南〈奉和幽山雨後應令〉：「日下林全暗，雲收嶺半空。」李林甫〈奉和聖製次瓊嶽應制〉：「雲收二華出，天轉五星來。」花影侵窗月滿樓，月夜窗外花影重重的景象。花影侵窗，花影於窗邊搖晃，朱灣〈宴楊駙馬山亭〉：「垂楊拂岸草茸茸，繡戶窗前花影重。」無名氏〈長信宮〉：「風引漏聲過枕上，月移花影到窗前。」月滿樓，月光皎潔貌，武元衡〈酬嚴司空荊南見寄〉：「劉琨坐嘯風清塞，謝朓題詩月滿樓。」韋莊〈憶昔〉：「昔年曾向五陵遊，子夜歌清月滿樓。」

鷓鴣天〔1〕

一

垂柳風邊拂萬絲。春光照眼惜花枝〔2〕。鳳城好景誰來賞，忙殺悠悠世上兒〔3〕。　　歌近耳，酒盈巵。十分勸飲卻推辭〔4〕。人生休聽漁家曲，一日風波十二時〔5〕。

【校】

〔誰來賞〕：天順舊鈔本、弘治本、四庫本、《全金元詞》俱作「誰來賞」，唯四印齋本作「誰家賞」。就語意、音調判斷，兩者皆可。今取弘治本所錄。

〔卻推辭〕：天順舊鈔本、弘治本、四庫本、四印齋本俱作「卻推辭」，唯《全金元詞》作「欲推辭」。由於《全金元詞》所錄劉秉忠詞乃根據四印齋本《藏春樂府》，且「卻推辭」也較「欲推辭」符合文意，故取「卻推辭」。

【箋注】

〔1〕鷓鴣天：雙調，五十五字，前段四句，三平韻，後段五句，三平韻。《樂章集》注正平調，《太和正音譜》注大石調。趙令時詞名〈思越人〉；李元膺詞名〈思佳客〉；賀鑄詞有「翦刻朝霞釘露盤」句，故名〈翦朝霞〉；韓淲詞有「只唱驪歌一疊休」句，故名〈驪歌一疊〉；盧祖皋詞有「人醉梅花臥未醒」句，故名〈醉梅花〉。

〔2〕垂柳風邊拂萬絲。春光照眼惜花枝：描述春光明媚、綠意盎然的景象。垂柳風邊拂萬絲，形容垂柳茂盛貌，許景先〈折柳篇〉：「春色東來度渭橋，青門垂柳百千條。」戴叔倫〈堤上柳〉：「垂柳萬條絲，春來織別離。」春光照眼惜花枝，繁花盛放、春光燦爛之景。春光，春天的景，沈約〈遊鍾山詩應西陽王教詩〉：「春光發隴首，秋風生桂枝。」李敬玄〈奉和別越王〉：「關山通曙色，林籞遍春光。」照眼，耀眼、引人注目，李頎〈聽安萬善吹觱篥歌〉：「變調如聞揚柳春，上林繁花照眼新。」杜甫〈酬郭十五受判官〉：「藥裏關

心詩總廢，花枝照眼句還成。」花枝，花的枝幹，謝朓〈與江水曹至濱干戲〉：「花枝聚如雪，蕪絲散猶網。」王績〈薛記室收過莊見尋率題古意以贈〉：「梅李夾兩岸，花枝何扶疏。」

〔3〕鳳城好景誰來賞，忙殺悠悠世上兒：言世人忙俗事，無暇欣賞京城好景。鳳城好景誰來賞，京城美景有誰會佇足欣賞，何籀〈水調歌頭〉：「絕景有誰賞，霧幕閉三高。」好景，美好的景物，姚合〈閒居遣懷〉：「好景時牽目，茅齋興有餘。」徐鉉〈送史館高員外使嶺南〉：「春江多好景，莫使醉吟疏。」忙殺悠悠世上兒，世人相當繁忙。忙殺，又作忙煞，指極為忙碌，宋庠〈寓直晚歸見天街早春景物〉：「吹殘鳳籥驚寒律，忙殺鴟膡取凍醅。」許景衡〈環翠軒〉：「好是清風五月寒，便教忙殺也盤桓。」悠悠世上兒，眾多俗世的人，杜甫〈莫相疑行〉：「寄謝悠悠世上兒，不爭好惡莫相疑。」文同〈寄彰明任光祿遵聖〉：「悠悠世上兒，不識此有神。」悠悠，眾多，《後漢書・朱穆傳》：「記短則兼折其長，貶惡則並伐其善。悠悠者皆是，其可稱乎！」盧照鄰〈詠史〉：「悠悠天下士，相送洛橋津。」

〔4〕歌近耳，酒盈卮。十分勸飲卻推辭：指推辭歌舞飲宴。歌近耳，酒盈卮，指悅音盈耳、美酒滿杯，極盡歡愉之生活，化用李俊民〈阮郎歸〉：「歌近耳，酒盈樽，樽前見在身。」酒盈卮，即酒滿杯，劉禹錫〈祭興元李司空文〉：「有肴在筵，有酒盈卮。」潘閬〈與道士馮德之話別〉：「一宿山房話別離，慇懃勸我酒盈卮。」十分勸飲卻推辭，極力勸酒卻被推辭。十分，圓滿、充足，此指酒滿也，白居易〈雪夜喜李郎中見訪兼酬所贈〉：「十分滿酌黃金液，一尺中庭白玉塵。」杜牧〈後池泛舟送王十〉：「為君蘸甲十分飲，應見離心一倍多。」勸飲，勸人飲酒，楊衡〈春日偶題〉：「更無人勸飲，鶯語漸叮嚀。」唐彥謙〈送許戶曹〉：「白虹走香傾翠壺，勸飲花前金叵羅。」

〔5〕人生休聽漁家曲，一日風波十二時：說明隨時會出現突發狀況，故不得稍有鬆懈。人生休聽漁家曲，指不要懶散度日。休聽，別聽、不要聽，白居易〈楊柳枝詞〉：「古歌舊曲君休聽，聽取新翻楊柳枝。」李頻〈即席送許製之曹南省兄〉：「到時自見成行雁，別處休聽滿樹蟬。」漁家曲，漁人悠閒的曲調，葉適〈張提舉挽詞〉：「長年慣唱漁家曲，難聽茲晨薤露聲。」一日風波十二時，指隨時會有變故發生，黃庭堅〈鷓鴣天〉：「人間底事風波險，一日風波十二時。」風波，比喻人事的變故，陶潛〈飲酒〉：「道路迥且長，風波阻中塗。」張九齡〈當塗界寄裴宣州〉：「委曲風波事，難為尺素傳。」十二時，古人分一天為夜半、雞鳴、平旦、日出、食時、隅中、日中、日昳、晡時、日入、黃昏、人定等十二個時辰，此指全天，王維〈送楊長史赴果州〉：「鳥道一千里，猿聲十二時。」黃庭堅〈思親汝州作〉：「五更歸夢三百里，一日思親十二時。」

二

酒酌花開對月明。醒中醉了醉中醒〔1〕。無花無酒仍無月，愁殺耽詩
杜少陵〔2〕。　　三品貴，一時名。眾人爭處不須爭〔3〕。流行坎止
何憂喜，笑泣窮途阮步兵〔4〕。

【校】

天順舊鈔本、弘治本、四庫本、四印齋本皆無標題，唯《全金元詞》有
標「酒」為題。雖然內容緊扣「酒」字，然用辭遣字卻未從酒之形象、神韻
描摹，充其量只能作為飲酒詞，而不能作為以「酒」為題的詠物詞。

【箋注】

〔1〕酒酌花開對月明。醒中醉了醉中醒：形容隨心所欲，毫無拘束的日子。酒酌
　　花開對月明，月下飲酒賞花。酌，斟酒、飲酒，《禮記·郊特牲》：「縮酌用茅，
　　明酌也。」陶潛〈歸去來辭〉：「引壺觴以自酌，眄庭柯以怡顏。」醒中醉了
　　醉中醒，醉了又醒，醒了又醉，指盡情飲酒，意同於白居易〈冬初酒熟〉：「忽
　　忽醒還醉，悠悠暮復朝。」陸龜蒙〈奉和襲美贈魏處士五貺詩〉：「此中醒復
　　醉，何必問乾坤。」中，內、裏面，《周禮·考工記·匠人》：「國中九經九緯。」
　　《尸子·卷下》：「卑牆來盜，榮辱由中出，敬侮由外生。」

〔2〕無花無酒仍無月，愁殺耽詩杜少陵：指無法隨心飲酒、悠閒賞景，會令人愁
　　悶。無花無酒仍無月，花酒月皆無。仍無，還沒有、而且沒有，白居易〈和
　　微之詩〉：「松枝上鶴巢下龜，千年不死仍無病。」劉言史〈慟柳論〉：「孀妻
　　嫠戶仍無嗣，欲訪孤墳誰引至。」愁殺耽詩杜少陵，沒有美景飲宴，使得喜
　　歡作詩的杜甫沒有靈感，故極為憂苦。愁殺，極愁悶，楊炯〈戰城南〉：「凍
　　水寒傷馬，悲風愁殺人。」張說〈鄴都引〉：「試上銅臺歌舞處，唯有秋風愁
　　殺人。」耽詩，喜歡作詩，徐積〈和路朝奉新居〉：「愛酒自開浮蟻甕，耽詩
　　如好換鵝書。」吳芾〈和李光祖〉：「耽詩況味今雖在，愛酒情懷近已無。」
　　耽，嗜、喜好，《後漢書·朱暉傳附朱穆》：「及壯耽學，銳意講誦。」《三國
　　志·蜀志·譙周傳》：「既長，耽古篤學。」杜少陵，即杜甫，《舊唐書·文苑·
　　杜甫》：「杜甫字子美，本襄陽人，後徙河南鞏縣。……甫天寶初應進士不第。
　　天寶末，獻三大禮賦，玄宗奇之，召試文章，授京兆府兵曹參軍。十五載，
　　祿山陷京師，肅宗徵兵靈武，甫自京師宵遁赴河西，謁肅宗於彭原郡，拜右
　　拾遺。房琯布衣時與甫善，時琯為宰相，請自帥師討賊，帝許之。其年十月，
　　琯兵敗於陳濤斜。明年春，琯罷相。甫上疏言琯有才，不宜罷免。肅宗怒，
　　貶琯為刺史，出甫為華州司功參軍。時關畿亂離，穀食踴貴，甫寓居成州同
　　谷縣，自負薪採梠，兒女餓殍者數人。久之，召補京兆府功曹。上元二年冬，

黃門侍郎、鄭國公嚴武鎮成都，奏爲節度參謀、檢校尚書工部員外郎，賜緋魚袋。武與甫世舊，待遇甚隆。……甫於成都浣花裏種竹植樹，結廬枕江，縱酒嘯詠，與田畯野老相狎蕩，無拘檢。……蜀中大亂，甫以其家避亂荊、楚，扁舟下峽，未維舟而江陵亂，乃泝沿湘流，遊衡山，寓居耒陽。甫嘗遊嶽廟，爲暴水所阻，旬日不得食。耒陽聶令知之，自棹舟迎甫而還。永泰二年，啗牛肉白酒，一夕而卒於耒陽，時年五十九。」

〔3〕三品貴，一時名。衆人爭處不須爭：言不須爭一時之名利。三品貴，一時名，指雖官貴三品，有只不過是一時虛名。三品，舊時官位第三階級，劉禹錫〈酬樂天見寄〉：「背時猶自居三品，得老終須卜一丘。」白居易〈偶作〉：「身爲三品官，年已五十八。」三品，以形容高官。一時，短時間，指不會長久，趙彥昭〈苑中人日遇雪應制〉：「今日迴看上林樹，梅花柳絮一時新。」杜甫〈泥功山〉：「泥濘非一時，版築勞人功。」衆人爭處不須爭，即凡事不與衆人爭，意同於戴復古〈杜門自遣〉：「世事茫茫心事灰，衆人爭處我驚回。」不須，不要、不用，《管子·兵法》：「淩山阬，不待鉤梯；歷水谷，不須舟檝。」《韓非子·六反》：「是不須視而定明也，不待對而定辯也。」

〔4〕流行坎止何憂喜，笑泣窮途阮步兵：言一切順應自然，就算遇到險阻，也不須難過傷心。流行坎止何憂喜，比喻遇到挫敗沒有什麼值得憂傷的。流行坎止，乘船順流而下，遇到險境就停止，語本賈誼〈鵬鳥賦〉：「乘流則逝，得坎則止。」後比喻人的行止順應自然，不勉強，蘇軾〈答程天侔〉：「付與造物，聽其運轉，流行坎止，無不可者。」黃庭堅〈贈李輔聖〉：「舊管新收幾妝鏡，流行坎止一虛舟。」笑泣窮途阮步兵，阮步兵，即阮籍，《晉書·阮籍傳》：「阮籍，字嗣宗，陳留尉氏人也。父瑀，魏丞相掾，知名於世。籍容貌瓌傑，志氣宏放，傲然獨得，任性不羈，而喜怒不形於色。或閉戶視書，累月不出；或登臨山水，經日忘歸。博覽群籍，尤好莊老。嗜酒能嘯，善彈琴。當其得意，忽忘形骸。時人多謂之癡，惟族兄文業每歎服之，以爲勝己，由是咸共稱異。……籍本有濟世志，屬魏晉之際，天下多故，名士少有全者，籍由是不與世事，遂酣飲爲常。文帝初欲爲武帝求婚於籍，籍醉六十日，不得言而止。鍾會數以時事問之，欲因其可否而致之罪，皆以酣醉獲免。……籍聞步兵廚營人善釀，有貯酒三百斛，乃求爲步兵校尉。遺落世事，雖去佐職，恒遊府內，朝宴必與焉。……景元四年冬卒，時年五十四。」又其注引《魏氏春秋》曰：「籍曠達不羈，不拘禮俗。……時率意獨駕，不由徑路，車跡所窮，輒痛哭而返。」可知其眞性情，文人亦多用此典，杜甫〈即事〉：「多病馬卿無日起，窮途阮籍幾時醒。」戴叔倫〈行路難〉：「淮陰不免惡少辱，阮生亦作窮途悲。」秉忠卻反用此典，表示就算遇到險阻，也毋須像阮步兵般哀傷掉淚。

三

花滿樽前酒滿卮。不開笑口是癡兒〔1〕。山林鐘鼎都休問，且聽雙蛾
合一詞〔2〕。　　　春爛處，夜晴時。玉壺香雪冷胭脂〔3〕。海棠影轉
梧桐月，吟到梨花第一枝〔4〕。

【校】

〔樽前〕：天順舊鈔本、弘治本、四庫本作「樽前」；四印齋本、《全金元
詞》作「尊前」。樽，同尊，酒器也。

〔癡兒〕：天順舊鈔本、弘治本、四庫本作「癡兒」；四印齋本、《全金元
詞》作「痴兒」。癡，痴之異體字。

〔玉壺香雪〕：順舊鈔本、弘治本、四印齋作「玉壺春雪」；四庫本作「玉
壺香雪」；《全金元詞》作「玉壺香裊」。因《全金元詞》乃據四印齋所錄，故
「玉壺香裊」應是誤植。又就前後文意推知，此處之雪當指白花，而非雪，
其中以「香雪」之意境尤佳，古來多有人用，毛熙震〈菩薩蠻〉：「梨花滿院
飄香雪，高樓夜靜風箏咽。」劉兼〈春夜〉：「薄薄春雲籠皓月，杏花滿地堆
香雪。」故取四庫本所錄。

【箋注】

〔1〕花滿樽前酒滿卮。不開笑口是癡兒：美景醇酒當前宜盡情享受，戴復古〈九
　　日登裴公亭得無災可避自登山之句何季皋滕審言為之擊節足以成篇〉：「好向
　　樽前開笑口，人生枉自作愁顏。」韓維〈筵上遇雪贈人〉：「自古難並惟美景，
　　人生不飲是癡兒。」花滿樽前酒滿卮，花開滿眼，美酒當前，令狐楚〈春思
　　寄夢得樂天〉：「花滿中庭酒滿樽，平明獨坐到黃昏。」劉禹錫〈竹枝詞〉：「兩
　　岸山花似雪開，家家春酒滿銀杯。」滿，充盈，《說文·水部》：「滿，盈溢
　　也。」《廣雅·釋詁四》：「滿，充也。」《莊子·天運》：「在谷滿谷，在阬滿
　　阬。」樽前，酒器之前，指飲宴，權德輿〈埇橋達奚四於十九陳大三侍御夜
　　宴敘各賦二韻〉：「滿樹鐵冠瓊樹枝，樽前燭下心相知。」白居易〈與諸客攜
　　酒尋去年梅花有感〉：「樽前百事皆依舊，點檢惟無薛秀才。」酒滿卮，即酒
　　滿杯也，羊士諤〈野望〉：「忘懷不使海鷗疑，水映桃花酒滿卮。」羅隱〈寄
　　三衢孫員外〉：「風高綠野苗千頃，露冷平樓酒滿卮。」不開笑口是癡兒，即
　　宜盡情享受眼前。開笑口，保持歡樂愉快的心情，朱松〈次韻夢得見示長篇〉：
　　「豈無我輩人，一醉開笑口。」趙汝騰〈湧泉亭〉：「邂逅一樽開笑口，菊萸
　　猶笑不從容。」癡兒，又作癡兒，指癡愚的人，貫休〈送少年禪師〉：「佛與
　　輪王嫌不作，世間剛有箇癡兒。」宋庠〈成短章〉：「不肯歸休本俗才，癡兒

了事太悠哉。」

〔2〕山林鐘鼎都休問,且聽雙蛾合一詞:且聽歌女唱一曲,隱與仕暫休問。山林
鐘鼎都休問,別問出仕或隱居的問題。山林鐘鼎,幽居或從政,杜甫〈清明〉:
「鐘鼎山林各天性,濁醪粗飯任吾年。」劉一止〈允迪以羊膏瀹茗飲呂景實
景實有詩歎賞僕意未然輒次原韻〉:「山林鐘鼎異天性,難遣華腴偶窮獨。」
休問,不要問,杜甫〈曲江三章章五句〉:「自斷此生休問天,杜曲幸有桑麻
田。」元稹〈開元觀閒居酬吳士矩侍御三十韻〉:「語默君休問,行藏我詎兼。」
且聽雙蛾合一詞,暫時聽聽歌女唱一曲,常建〈吳故宮〉:「越女歌長君且聽,
芙蓉香滿水邊城。」且聽,暫且聽,岑參〈赴嘉州過城固縣尋永安超禪師房〉:
「門外不須催五馬,林中且聽演三車。」杜甫〈泛江〉:「亂離還奏樂,飄泊
且聽歌。」雙蛾,本指女子的眉毛,此指女子,劉長卿〈王昭君歌〉:「纖腰
不復漢宮寵,雙蛾長向胡天愁。」李白〈春日行〉:「三千雙蛾獻歌笑,撾鐘
考鼓宮殿傾。」合一詞,按歌詞編寫樂曲。合,本爲工尺譜記音符號之一,
表示音階上的一級,《遼史・樂志》:「各調之中,度曲協音,其聲凡十,曰:
五、凡、工、尺、上、一、四、六、勾、合。」此作動詞,解爲譜唱,曹唐
〈小遊仙詩〉:「太子眞娥相領行,當天合曲玉簫清。」樓鑰〈王侍御壽詩〉:
「吏民合詞誦難老,一笑千里傳銀杯。」

〔3〕春爛處,夜晴時。玉壺香雪冷胭脂:酒中百花掩映,形容景致極幽雅。春爛
處,春光爛漫處。爛,形容光彩美麗,陳子昂〈慶雲章〉:「叢芳爛熳,鬱鬱
紛紛。」元稹〈酬竇校書二十韻〉:「芳遊春爛熳,晴望水團圓。」夜晴時,
夜晚晴朗無雲之際,華鎮〈贈別越帥蔡侍郎五十韻〉:「九疑三五夜晴時,爲
想堂前皎如晝。」玉壺香雪冷胭脂,此指飲宴、賞花。玉壺,玉質的酒器,
崔顥〈渭城少年行〉:「可憐錦瑟箏琵琶,玉壺清酒就倡家。」李白〈前有一
樽酒行〉:「琴奏龍門之綠桐,玉壺美酒清若空。」香雪,指白色的花如雪般
飛落,韓偓〈和吳子華侍郎令狐昭化舍人歎白菊衰謝之絕次用本韻〉:「正憐
香雪披千片,忽訝殘霞覆一叢。」劉兼〈春夜〉:「薄薄春雲籠皓月,杏花滿
地堆香雪。」冷胭脂,紅花開適地開著。冷,閑散、清閑,杜甫〈醉時歌〉:
「諸公袞袞登臺省,廣文先生官獨冷。」張籍〈早春閒遊〉:「年長身多病,
獨宜作冷官。」胭脂,形容紅色的花,白居易〈戲題木蘭花〉:「紫房日照胭
脂拆,素豔風吹膩粉開。」羅隱〈梅〉:「天賜胭脂一抹腮,盤中磊落笛中哀。」
此指海棠,何希堯〈海棠〉:「著雨胭脂點點消,半開時節最妖嬈。」

〔4〕海棠影轉梧桐月,吟到梨花第一枝:藉歌女之詞曲描摹眼前的美景,表示自
己目前只想活在當下,悠遊自在地飲酒作樂。海棠影轉梧桐月,海棠花影隨
著月光移轉。海棠,植物名,薔薇科蘋果屬,落葉喬木,葉長卵形,春日開
淡紅色花,種類很多,有單瓣或重瓣,李紳〈新樓詩二十首海棠〉:「淺深芳

萼通宵換，委積紅英報曉開。」劉兼〈海棠花〉：「淡淡微紅色不深，依依偏得似春心。」影轉，影子隨著光線移轉，白居易〈東樓竹〉：「影轉色入樓，床席生浮綠。」溫庭筠〈織綿詞〉：「丁東細漏侵瓊瑟，影轉高梧月初出。」梨花，植物名。薔薇科梨屬，落葉喬木。芽卵形，鱗片廣卵形，短而尖，栗色，外緣有柔毛。葉革質，卵形或廣卵形，先端尖，邊緣的鋸齒銳細如針，葉柄長。四月開花，為繖房花序，花瓣卵形，常建〈春詞〉：「階下草猶短，牆頭梨花白。」李白〈宮中行樂詞〉：「柳色黃金嫩，梨花白雪香。」第一枝，此指當中最美者，唐彥謙〈無題〉：「尋芳陌上花如錦，折得東風第一枝。」王珪〈皇帝閣〉：「金輿未下迎春閣，折遍名花第一枝。」

四

清夜哦詩對月明。詩魂偏向月邊清〔1〕。欲成小夢還驚破，無奈洋河聒枕聲〔2〕。　　紅日曉，碧天晴。風沙撲面過雞鳴〔3〕。灅陽川裏魚龍混，四海青山拱一城〔4〕。

【校】

五個版本所錄之字句皆同。

【箋注】

〔1〕清夜哦詩對月明。詩魂偏向月邊清：言夜深未寐，對月吟詠，卻又毫無靈感。清夜哦詩對月明，夜晚對著明月吟詠詩歌，車融〈登環翠樓〉：「舉杯對月邀詩興，撫景令人豁醉眸。」清夜，寂靜的夜晚，曹丕〈於譙作〉：「清夜延貴客，明燭發高光。」曹植〈公宴〉：「清夜遊西園，飛蓋相追隨。」哦詩，吟詠詩歌，黃庭堅〈戲和文潛謝穆父松扇〉：「想見僧前落松子，張侯哦詩松韻寒。」張耒〈立秋〉：「對酒聊同楚人醉，哦詩惟聽越吟聲。」對月明，因對著月亮，令自己的心靈澄澈，盧綸〈晚次鄂州〉：「三湘衰鬢逢秋色，萬里歸心對月明。」李中〈送夏侯秀才〉：「牽吟一路逢山色，醒睡長汀對月明。」詩魂偏向月邊清，指作詩的靈感卻因對著月而消磨殆盡。詩魂，作詩之意念，李建勛〈春雪〉：「閒聽不寐詩魂爽，淨喫無厭酒肺乾。」韓琦〈秋晚赴先塋馬上〉：「林疏山骨清彌瘦，天闊詩魂病亦豪。」清，清除、完盡，張衡〈西京賦〉：「迵卒清候，武士赫怒。」《北史‧儒林傳上》：「帝於是服袞冕，乘碧輅，陳文物，備禮容，清驛而臨太學。」

〔2〕欲成小夢還驚破，無奈洋河聒枕聲：想要入夢，卻因洋河聒耳，無法成眠。欲成小夢還驚破，即想入夢，卻被驚醒，陸龜蒙〈五歌〉：「我有愁襟無可那，纔成好夢剛驚破。」歐陽脩〈玉樓春〉：「雲垂玉枕屏山小，夢欲成時驚覺了。」

驚破，驚動使醒覺，盧仝〈秋夢行〉：「中含幽意兩不宣，殷勤纖手驚破夢。」白居易〈長恨歌〉：「漁陽鼙鼓動地來，驚破霓裳羽衣曲。」無奈洋河聒枕聲，江河之流水聲使人不得眠，劉學箕〈密菴題柱〉：「長林風送澗水急，聒枕宛似春江潮。」洋河，河川名，位於河北省撫寧縣境，源出長城外，南流經縣西入海，或作陽河，《明一統志・卷五・洋河》：「在州城西南二十五里，源自宣府界，流經州城西南，又東南流入桑乾。」又《山西通志・卷二十二》：「桑乾河發源黃道泉、金龍池二水，……經廣靈靈仙、定安，而西以至灤陽之陽河，……至武清縣小直沽與衛河合流入海。」又《欽定大清一統志・卷十三・陽河》：「亦曰洋河，在撫寧縣西一里許，源出界嶺口，外列坨山，……南至縣西南轉東南流，至紫荊山南入海。」聒枕聲，枕邊聽見的吵雜聲，陳泊〈藍溪閒居〉：「春入農歌雨一犂，聒枕溜聲疑水宿。」聒，喧嘩、吵耳，《韓非子・顯學》：「秋萬歲之聲聒耳，而一日之壽無徵於人，此人所以簡巫祝也。」嵇康〈與山巨源絕交書〉：「或賓客盈座，鳴聲聒耳。」

〔3〕紅日曉，碧天晴。風沙撲面過雞鳴：清曉晴朗，大地光明的景象。紅日曉，太陽初昇，徐積〈宿山館〉：「臥看滿山紅日曉，碧瑤城闕鬱千層。」周紫芝〈草廬〉：「夢到華胥春睡足，起看紅日曉瞳瞳。」碧天晴，天空清朗無雲，釋覺範〈道中〉：「元石無塵處處青，一谿花照碧天晴。」風沙撲面過雞鳴，清早晴朗，風沙拂面。風沙撲面，揚起的塵土往臉上撲來，文天祥〈寒食〉：「撲面風沙驚我在，滿襟霜露痛誰堪。」撲面，迎面而來，白居易〈別楊同州後卻寄〉：「春風怪我君知否，榆葉楊花撲面飛。」王轂〈暑日題道邊樹〉：「火輪迸焰燒長空，浮埃撲面愁朦朦。」過雞鳴，到訪雞鳴山。雞鳴，於今在河北省張家口市下花園東側，傳說唐太宗當年曾御駕親征抗擊南下侵犯唐朝的北方東突厥時駐蹕雞鳴山下，夜聞雉啼，而把它叫做雞鳴山，高適〈遇沖和先生〉：「常憶雞鳴山，每誦西昇經。」趙秉文〈雞鳴山〉：「煙蒸山腹晴猶濕，河帶冰澌暖漸流，獨上雞鳴看出日，五雲多處是皇州。」

〔4〕灤陽川裏魚龍混，四海青山拱一城：描繪由雞鳴山俯視，絕美山川俱匯聚此處之壯景。灤陽川裏魚龍混，洋河裡多種魚類混雜。灤陽川，參見前洋河注，可知灤川指的即是洋河。魚龍混，各種不同的水中生物，孟浩然〈下灨石〉：「跳沫魚龍沸，垂藤猿狖攀。」羅隱〈西塞山〉：「波闊魚龍應混雜，壁危猿狖奈姦頑。」四海青山拱一城，四海青山圍繞著京城。四海，古代認為中國四周環海，因而稱四方為四海，泛指天下各處，《書經・禹貢》：「四海會同，六府孔修。」《禮記・禮器》：「三牲魚臘，四海九州之美味也。」拱，圍、環繞，蘇頲〈餞荊州崔司馬〉：「水連南海漲，星拱北辰居。」武元衡〈德宗皇帝挽歌詞〉：「嘗聞閶闔前，星拱北辰籙。」

五

水滿清溪月滿樓。客懷須賴酒消愁〔1〕。風迴玉宇三更夜，露滴金莖
八月秋〔2〕。　　情脈脈，思悠悠。星河織女隔牽牛〔3〕。乘槎欲把
仙郎問，也似浮生有白頭〔4〕。

【校】

〔清溪〕：天順舊鈔本、弘治本、四庫本作「清溪」；四印齋本、《全金元
詞》作「青溪」。清溪，同青溪，指清澈之溪流。

〔脈脈〕：天順舊鈔本、弘治本、四庫本作「脉脉」；四印齋本、《全金元
詞》作「脈脈」。脉、脈相通。

〔仙郎〕：天順舊鈔本、弘治本、四印齋本、《全金元詞》作「仙郎」，四
庫本作「僊郎」。僊，同仙。

【箋注】

〔1〕水滿清溪月滿樓。客懷須賴酒消愁：月夜凄清，遊子須靠酒才能抹去愁緒。
水滿清溪月滿樓，形容流水潺潺、明月滿樓之秋夜，曹勛〈吳歌〉：「水滿長
洲月滿樓，姑蘇臺樹鑠深秋。」水滿清溪，溪水充沛貌，查文徽〈寄麻姑仙
壇道士〉：「人歸仙洞雲連地，花落春林水滿溪。」李嶠〈五言重送橫飛聯句〉：
「春田草未齊，春水滿長溪。」客懷須賴酒消愁，流落異鄉的遊子需要酒來
消弭心中的憂愁。客懷，作客異鄉之情懷，戴叔倫〈題友人山居〉：「四郭青
山處處同，客懷無計答秋風。」车融〈秋夜醉歸有感而賦〉：「多少客懷消不
得，臨風搔首浩漫漫。」須賴酒消愁，必須依靠酒來消除愁悶，吳融〈遊華
州飛泉亭〉：「萬事已爲春棄置，百憂須賴酒醫治。」寇準〈春初夜書〉：「欲
令遙夜春愁薄，須賴黃醅臘酒濃。」

〔2〕風迴玉宇三更夜，露滴金莖八月秋：描繪秋夜風涼露重之景致，化用趙休：「金
莖來白露，玉宇起清風。」風迴玉宇三更夜，夜半秋風迴繞華樓。風迴，清
風迴旋，謝朓〈從戎曲〉：「日起霜戈照，風迴連騎鬒。」白居易〈寄微之〉：
「風迴終有時，雲合豈無因。」玉宇，華麗的宮殿，劉鑠〈擬明月何皎皎詩〉：
「玉宇來清風，羅帳延秋月。」韋應物〈效何水部〉：「玉宇含清露，香籠散
輕煙。」三更夜，半夜子時，夜晚十二時左右，崔顥〈七夕〉：「班姬此夕愁
無限，河漢三更看鬥牛。」高適〈送別〉：「昨夜離心正鬱陶，三更白露西風
高。」露滴金莖，班固〈西都賦〉：「抗仙掌以承露，擢雙立之金莖。」又《資
治通鑑·卷二十·世宗孝武皇帝中之下》：「春起柏梁臺，作承露盤高二十丈，
大七圍，以銅爲之，上有仙人掌以承露，和玉屑飲之，云可以長生，宮室之

修自此日盛。」金莖應爲銅柱也，此借代爲承露的器具，駱賓王〈帝京篇〉：
「銅雀應風回，金莖承露起。」杜甫〈秋興〉：「蓬萊宮闕對南山，承露金莖
霄漢間。」八月秋，即仲秋，李白〈送別〉：「送君別有八月秋，颯颯蘆花復
益愁。」徐夤〈府主僕射王搏生日〉：「數鍾龜鶴千年算，律正乾坤八月秋。」

〔3〕情脈脈，思悠悠。星河織女隔牽牛：雖然彼此有情，卻分隔兩地。情脈脈，
情感幽深貌。脈脈，又作脉脉，眼神含情，相視不語的樣子，顧甄遠〈惆悵
詩〉：「魂黯黯兮情脈脈，簾風清兮窗月白。」許堅〈遊溧陽霞泉寺限白字〉：
「客有經年別故林，落日啼猿情脈脈。」思悠悠，思想悠遠貌，劉希夷〈采
桑〉：「薄暮思悠悠，使君南陌頭。」韋應物〈襄武館遊眺〉：「節往情惻惻，
天高思悠悠。」星河織女隔牽牛，相傳織女爲天帝孫女，長年織造雲錦天衣。
嫁給牛郎後，荒廢織事，天帝大怒，責令織女與牛郎分離，以銀河爲隔，只
准兩人於每年七夕相會一次，文人詩文中多慨其事，駱賓王〈豔情代郭氏答
盧照鄰〉：「傳聞織女對牽牛，相望重河隔淺流。」孟郊〈古意〉：「河邊織女
星，河畔牽牛郎。未得渡清淺，相對遙相望。」星河，天空聯互如帶的星群，
即銀河，謝朓〈七夕賦〉：「龍鑣蹀兮玉鑾整，睇星河兮不可留。」李嶠〈餞
駱四〉：「霜吹飄無已，星河漫不流。」

〔4〕乘槎欲把仙郎問，也似浮生有白頭：藉詢問牛郎是否也似浮生有白頭，感嘆
自己鬢毛已衰，卻仍客居他鄉。乘槎欲把仙郎問，欲乘船到雲漢的另一頭去
詢問牛郎，典本於《博物志‧卷三》：「舊說云：天河與海通，近世有人居海
濱者，年年八月有浮槎去來，不失期。人有奇志立飛閣，於槎上多齎糧，乘
槎而去，十餘日中，猶觀日月星辰，自後茫茫忽忽，亦不覺晝夜去。十餘日，
奄至一處，有城郭狀，屋室甚嚴，遙望宮中多織婦，見一丈夫牽牛，渚次飲
之，牽牛人驚問曰：『何由至此？』此人具說來意，並問此是何處，答曰：『君
還至蜀郡，訪嚴君平則知之。』竟不上岸，因還如期，後至蜀問，君平曰：『某
年月日有客星犯牽牛宿，計年月正是此人到天河時也。』」乘槎，庾信〈哀江
南賦〉：「況復舟楫路窮，星漢非乘槎可上。」也似浮生有白頭，是否也像人
一樣會頭髮斑白。浮生，人生，語本《莊子‧刻意》：「其生若浮，其死若休。」
李白〈春夜宴從弟桃李園序〉：「而浮生若夢，爲歡幾何？」白頭，白色的頭
髮，後常用以比喻年老，宋之問〈有所思〉：「此翁白頭眞可憐，伊昔紅顏美
少年。」劉希夷〈故園置酒〉：「舊里多青草，新知盡白頭。」

六

柳映清溪漾玉流。火榴開罷芰荷秋〔1〕。一聲漁笛煙波上，宜著簑翁
泛小舟〔2〕。　　紅蓼岸，白蘋洲。閒鷗閒鷺更優遊〔3〕。斜陽影裏

山偏好，獨倚闌干懶下樓〔4〕。

【校】

〔漁笛〕：天順舊鈔本、弘治本、四庫本作「漁笛」；四印齋本、《全金元詞》作「魚笛」。漁笛，又作魚笛。

〔煙波〕：天順舊鈔本、弘治本、四庫本作「烟波」；四印齋本、《全金元詞》作「煙波」。烟，同煙。

〔閑鷗閑鷺〕：天順舊鈔本、弘治本、四庫本、四印齋本作「閑鷗閑鷺」，《全金元詞》作「閒鷗閒鷺」。閑，同閒。

〔懶下樓〕：天順舊鈔本、弘治本、四庫本作「懶下樓」；四印齋本、《全金元詞》作「嬾下樓」。懶，同嬾。

【箋注】

〔1〕柳映清溪漾玉流，火榴開罷芰荷秋：形容秋季美景。柳映清溪漾玉流，楊柳映照在清澈的溪流中，劉宰〈代束答徐監押〉：「隋堤綠柳漾清流，畫舸輸君爛漫遊。」映，照也，《玉篇·日部》：「映，明也。」郭璞〈山海經圖贊〉：「光彩流映，氣如虹霞。」謝靈運〈夜發石關亭〉：「亭亭曉月映，泠泠朝露滴。」清溪，清澈乾淨的溪水，宋之問〈答田徵君〉：「家臨清溪水，溪水繞盤石。」王維〈寒食城東即事〉：「清溪一道穿桃李，演漾綠蒲涵白芷。」漾玉流，碧波搖盪貌。漾，水波搖動悠長的樣子，王粲〈登樓賦〉：「路逶迤而脩迴兮，川既漾而濟深。」李白〈送賀賓客歸越〉：「鏡湖流水漾清波，狂客歸舟逸興多。」玉流，清澈的流水，蕭統〈講解將畢賦三十韻詩依次用〉：「珠華蔭八溪，玉流通九谷。」柳宗元〈酬曹侍御過象縣見寄〉：「破額山前碧玉流，騷人遙駐木蘭舟。」火榴開罷芰荷秋，敘述入秋情景。火榴開罷，火紅的榴花開盡。火榴，是形容紅似火的榴花，落葉灌木或小喬木，原產於地中海岸，高約二至三公尺，葉具短柄，對生或叢生，為長橢圓形或倒卵形，五月開紅色花，元稹〈雜憶〉：「山榴似火葉相兼，亞拂塼階半拂簷。」白居易〈早夏遊宴〉：「山榴豔似火，玉蕊飄如霰。」芰荷秋，已經是秋季芰荷花開的時節，呂頤浩〈胡舜陟〉：「庭戶招呼松桂月，樽罍追逐芰荷秋。」芰荷，菱花，一說荷花，《楚辭·離騷》：「製芰荷以為衣兮，集芙蓉以為裳。」盧綸〈陪中書李紓舍人夜泛東池〉：「夜村機杼急，秋水芰荷深。」

〔2〕一聲漁笛煙波上，宜著簑翁泛小舟：描寫漁翁泛舟工作之情形。一聲漁笛煙波上，在聽見漁笛聲雲煙瀰漫的水面上，鄧肅〈陪李梁谿遊泛碧〉：「近山得桂香，隔煙起漁笛。」林景熙〈舟次吳興〉：「蒼煙淡淡水濛濛，漁笛吹殘夕照紅。」煙波，雲煙瀰漫的水面，李嶠〈和杜學士旅次淮口阻風〉：「淼漫煙

波闊，參差林岸遙。」崔顥〈黃鶴樓〉：「日暮鄉關何處是，煙波江上使人愁。」宜著簑翁泛小舟，適合讓漁翁泛舟捕魚去。宜著，恰好、得當、適合，清晝〈康錄事宅送僧聯句〉：「蓮衣宜著雨，竹錫好隨雲。」釋覺範〈南安巖主定光生辰〉：「大家宜著音容想，一笑風吹牙齒寒。」簑翁，穿著簑衣的漁者，杜牧〈齊安郡晚秋〉：「可憐赤壁爭雄渡，唯有簑翁坐釣魚。」許棠〈新年呈友〉：「清晨窺古鏡，旅貌近簑翁。」泛小舟，乘小船浮遊水上，郭祥正〈送郭明叔分寧〉：「西安蕭灑我嘗游，去自修川泛小舟。」泛，浮行，《說文·水部》：「泛，浮也。」郭璞〈江賦〉：「標之以翠蘙，泛之以遊菰。」

〔3〕紅蓼岸，白蘋洲。閑鷗閑鷺更優遊：水岸鷗、鷺閒適悠遊貌，化用劉學箕〈烏夜啼〉：「紅蓼岸，白蘋洲，浴輕鷗，人在碧雲深處，倚高樓。」紅蓼岸，滿是淡紅蓼花的岸邊，李中〈江南重會友人感舊〉：「狂歌紅蓼岸，驚起白鷗眠。」齊己〈鷺鷥〉：「忽從紅蓼岸，飛出白鷗群。」白蘋洲，長滿白蘋的沙洲，李益〈柳楊送客〉：「青楓江畔白蘋洲，楚客傷離不待秋。」溫庭筠〈憶江南〉：「過盡千帆皆不是，斜暉脈脈水悠悠。腸斷白蘋洲。」白蘋，植物名，多年生水草，根莖在泥中橫生，由節生根，裸葉浮於水面，分裂為田字狀，小葉扇形，多生於池沼、水田等水溼地，駱賓王〈在江南贈宋五之問〉：「秋江無綠芷，寒汀有白蘋。」陳子昂〈送客〉：「白蘋已堪把，綠芷復含榮。」

〔4〕斜陽影裏山偏好，獨倚闌干懶下樓：傍晚美好得景致令人流連忘返。斜陽影裏山偏好，夕照青山，風景優美，耶律楚材〈投老〉：「夕陽半下山偏好，吟入煙霞穩跨驢。」斜陽影裏，傍晚時分，周嶽秀〈君山祠〉：「遠岫光中濃淡樹，斜陽影裏往來船。」吳芾〈又登碧雲亭感懷〉：「晚上危亭覽物華，斜陽影裏度歸鴉。」山偏好，山色美好貌，釋文琦〈水亭舒眺〉：「佛寺山偏好，漁家地亦腥。」偏，表示程度，相當於特別、最，劉淇《助字辨略·卷二》：「偏，畸重之辭也。」《莊子·庚桑楚》：「老聃之役有庚桑楚者，偏得老聃之道。」王約〈日暖萬年枝〉：「煦嫗光偏好，青蔥色轉宜。」獨倚闌干懶下樓，指倚欄遠眺青山，美不勝收，因此不忍下樓。懶下樓，形容流連忘返，劉克莊〈答翁定〉：「喜延明月常開戶，貪對青山懶下樓。」胡仲弓〈靜中〉：「習得看山癖，終朝懶下樓。」

七

殘月低簷挂玉鈎。東風簾幙思如秋〔1〕。夢魂不被楊花攪，池面還添翠壓稠〔2〕。　　紅叱撥，翠驊騮。青山隱隱水悠悠〔3〕。行人更在青山外，不許朝朝不上樓〔4〕。

【校】

〔挂玉鉤〕：天順舊鈔本、弘治本、四庫本作「挂玉鉤」；四印齋本作「挂玉鉤」；《全金元詞》作「掛玉鉤」。挂，爲掛之異體字。鉤，同鉤。

【箋注】

〔1〕殘月低簷挂玉鉤，東風簾幀思如秋：殘月當空，春風興起淡淡的幽思。殘月低簷挂玉鉤，指新月懸高空，趙嘏〈新月〉：「玉鉤斜傍畫簷生，雲匣初開一寸明。」殘月，將落的月亮，章承慶〈直中書省〉：「暗花臨戶發，殘月下簾敬。」白居易〈客中月〉：「曉隨殘月行，夕與新月宿。」挂，同掛，作懸吊解，木華〈海賦〉：「於是候勁風揭百尺，維長綃，掛帆席，望濤遠決，冏然鳥逝。」李白〈行路難〉：「長風破浪會有時，直掛雲帆濟滄海。」玉鉤，又作玉鉤，用來形容弦月，李白〈掛席江上待月有懷〉：「倏忽城西郭，青天懸玉鉤。」白居易〈三月三日〉：「指點樓南玩新月，玉鉤素手兩纖纖。」東風簾幀思如秋，春風吹起簾幕，引發愁緒。簾幀，又作簾幕，窗簾與帷幕，可用以遮陽或隔絕視線，元稹〈三月二十四日宿曾峰館夜對桐花寄樂天〉：「怨澹不勝情，低回拂簾幕。」白居易〈二年三月五日齋畢開素當食偶吟贈妻弘農郡君〉：「初旭泛簾幕，微風拂衣裳。」思如秋，思緒彷若秋天般蕭索，意同於柳宗元〈柳州二月榕葉落盡偶題〉：「宦情羇思共淒淒，春半如秋意轉迷。」

〔2〕夢魂不被楊花攪，池面還添翠壓稠：言夢中寧靜安詳的情景。夢魂不被楊花攪，夢境沒有被楊花驚擾，反用蔡松年〈石州慢〉：「夢魂應被楊花覺，梅子雨絲絲，滿江千樓閣。」楊花，柳絮。庾信〈春賦〉：「新年鳥聲千種囀，二月楊花滿路飛。」王維〈歸輞川作〉：「菱蔓弱難定，楊花輕易飛。」攪，擾亂，《說文・手部》：「攪，亂也。」《詩・小雅・何人斯》：「胡逝我梁，祇攪我心。」陸機〈歎逝賦〉：「指彼日之方除，豈茲情之足攪。」池面還添翠壓稠，池中還映照著許多綠色植物。還添，還增添，毛文錫〈醉花間〉：「相問還添恨，春水滿塘生。」毛熙震〈南歌子〉：「惹恨還添恨，牽腸即斷腸。」翠壓稠，即綠意盎然，王銍〈雪梢〉：「鴛鴦浮破水涵影，翡翠壓斜風舞梢。」釋道璨〈諸山祭雲大虛〉：「裊裊小峰，翠壓江湖。」稠，繁、多，《說文・禾部》：「稠，多也。」王勃〈採蓮曲〉：「蓮花復蓮花，花葉何稠疊。」

〔3〕紅叱撥，翠驊騮。青山隱隱水悠悠：形容距離遙遠的樣子。紅叱撥，翠驊騮，藉好馬說明行人已快馬加鞭返回。紅叱撥，好馬名，元稹〈望雲騅馬歌〉：「登山縱似望雲騅，平地須饒紅叱撥。」韋莊〈長安清明〉：「紫陌亂嘶紅叱撥，綠楊高映畫鞦韆。」翠驊騮，駿馬名。翠，色調鮮明，嵇康〈琴賦〉：「新衣翠粲，纓徽流芳。」蘇軾〈和述古冬日牡丹〉：「一朵妖紅翠欲流，春光回照雪霜羞。」青山隱隱水悠悠，指路遙，杜牧〈寄揚州韓綽判官〉：「青山隱隱

水迢迢，秋盡江南草木凋。」趙秉文〈龐才卿畫長江圖〉：「青山隱隱水悠悠，何處長江是盡頭。」隱隱，不清楚、不明顯的樣子，杜審言〈和李大夫嗣眞奉使存撫河東〉：「隱隱帝鄉遠，瞻瞻肅命虔。」王昌齡〈送萬大歸長沙〉：「青山隱隱孤舟微，白鶴雙飛忽相見。」

〔4〕行人更在青山外，不許朝朝不上樓：指極盼望歸返。行人更在青山外，遊子還在青山之外。行人，出外遠遊的人，何遜〈落日前墟望贈范廣州雲〉：「遙遙長路遠，寂寂行人疏。」盧照鄰〈葭川獨泛〉：「山暝行人斷，迢迢獨泛仙。」青山外，遠在青山之外，王灣〈次北固山下〉：「客路青山外，行舟綠水前。」溫庭皓〈觀山燈獻徐尙書〉：「景集青山外，螢分碧草前。」不許朝朝不上樓，不允許每天不上樓遠望，形容極盼望。朝朝，每天，鮑照〈擬古〉：「朝朝見雲歸，夜夜聞猿鳴。」何仲宣〈七夕賦詠成篇〉：「日日思歸勤理鬢，朝朝佇望懶調梭。」

太常引〔1〕

一

長安三唱曉雞聲。誰不被、利名驚〔2〕。攬鏡照星星。都老卻、當年後生〔3〕。　　山林蒼翠，江湖煙景，歸去沒人爭〔4〕。休望濯塵纓。幾時得、滄浪水清〔5〕。

【校】

〔煙景〕：天順舊鈔本、弘治本、四庫本作「烟景」；四印齋本、《全金元詞》作「煙景」。烟，同煙。

〔休望〕：弘治本、四庫本、四印齋本、《全金元詞》作「休望」，天順舊鈔本作「林望」。由文意判斷，「林望」應爲誤植。

【箋注】

〔1〕太常引：雙調，五十字，前段四句四平韻，後段五句三平韻。《太和正音譜》注仙呂宮。一名〈太清引〉；韓淲詞有「小春時候臘前梅」句，故又名〈臘前梅〉。

〔2〕長安三唱曉雞聲。誰不被、利名驚：敘述世人追名逐利之情形，孟郊〈送柳淳〉：「青山臨黃河，下有長安道。世上名利人，相逢不知老。」三唱曉雞聲，曉雞鳴晨，指天剛亮的時候，李白〈白頭吟〉：「五更雞三唱，清晨白頭吟。」花蕊夫人徐氏〈宮詞〉：「雞人報曉傳三唱，玉井金床轉轆轤。」驚，驚動、震動，《莊子‧達生》：「今汝飾知以驚愚，脩身以明汙，昭昭乎若揭日月而行

也。」李白〈猛虎行〉：「旌旗繽紛兩河道，戰鼓驚山欲顛倒。」

〔3〕攬鏡照星星。都老卻、當年後生：指如今已年華老去。攬鏡照星星，攬鏡自照，發覺自己已經衰老。攬鏡，拿著鏡子，《晉書‧王戎傳》：「然心不能平，在車中攬鏡自照。」江淹〈侍始安王石頭〉：「攬鏡照愁色，徒坐隱憂方。」星星，頭髮花白的樣子，謝靈運〈遊南亭〉：「慼慼感物嘆，星星白髮垂。」何遜〈秋夕嘆白髮〉：「唯見星星鬢，猶與眾中殊。」都老卻、當年後生，當年的年輕人，現在卻已老去。後生，杜甫〈上水遣懷〉：「後生血氣豪，舉動見老醜。」《五代史平話‧漢史‧卷上》：「只聽得骰盆內擲骰子響聲，仔細去橋亭上覷時，有五個後生在橋上賭錢。」老卻，老去，杜甫〈秋盡〉：「籬邊老卻陶潛菊，江上徒逢袁紹。」周賀〈送省己上人歸太原〉：「何年更來此，老卻倚階松。」卻，助詞，相當於了，張相《詩詞曲語辭匯釋‧卷一》：「卻，語助詞，用於動詞之後。」

〔4〕山林蒼翠，江湖煙景，歸去沒人爭：說明歸隱的道路隨時為人開啟。山林蒼翠，杜甫〈題衡山縣文宣王廟新學堂呈陸宰〉：「林木在庭戶，密幹疊蒼翠。」方干〈題寶林山禪院〉：「山捧亭臺郭遶山，遙盤蒼翠到山巔。」山林，山上的林木，左思〈魏都賦〉：「山林幽映，川澤迴繚。」錢起〈送韋信愛子歸覲〉：「稍聞江樹啼猿近，轉覺山林過客稀。」蒼翠，深綠色，形容林木茂盛，謝朓〈冬日晚郡事隙〉：「蒼翠望寒山，崢嶸瞰平陸。」王維〈輞川閒居贈裴秀才迪〉：「寒山轉蒼翠，秋水日潺湲。」江湖煙景，隱逸地的美景。江湖，隱士所居之處，《南史‧隱逸傳‧序》：「或遁跡江湖之上，或藏名巖石之下。」王昌齡〈送韋十二兵曹〉：「故人念江湖，富貴如埃塵。」煙景，良辰美景，李白〈春夜宴從弟桃花園序〉：「況陽春召我以煙景，大塊假我以文章。」孫逖〈和登會稽山〉：「煙景晝清明，九峰爭隱嶙。」歸去沒人爭，沒人與之競歸田園。歸去，回去，陶潛〈問來使〉：「歸去來山中，山中酒應熟。」張九齡〈南還湘水言懷〉：「歸去田園老，倘來軒冕輕。」

〔5〕休望濯塵纓。幾時得、滄浪水清：感慨世俗爭名逐利，沒一日休止，想於塵俗中保有崇高節操，是不太可能的，化用《孟子‧離婁上》：「滄浪之水清兮，可以濯我纓。」休望濯塵纓，不要想有朝能洗淨世俗塵埃。休望，不要一心期盼，許棠〈寄廬山賈處士〉：「窮經休望辟，餌朮止期仙。」張耒〈孔光〉：「試問不言溫室木，何如休望董賢車。」濯塵纓，清洗沾惹塵土的帽纓，比喻摒除塵俗的一切，白居易〈江州赴忠州至江陵已來舟中示舍弟五十韻〉：「忽愁牽世網，便欲濯塵纓。」王貞白〈御溝水〉：「此中涵帝澤，無處濯塵纓。」幾時得、滄浪水清，嘆滄浪水有幾時清澈過，即說明無法洗淨世俗塵埃，保持純樸自然的品格。幾時得，什麼時候能夠，鮑照〈擬行路難〉：「含歌攬涕恆抱愁，人生幾時得為樂。」姚合〈從軍樂〉：「幾時得歸去，依舊作山夫。」

滄浪，青色的水，陸機〈塘上行〉：「發藻玉臺下，垂影滄浪淵。」談戭〈清谿館作〉：「何必滄浪水，庶茲浣塵襟。」

二

衲衣藤杖是吾緣。好歸去、舊林泉〔1〕。富貴任爭先。總不較、諸公著鞭〔2〕。　　雁飛汾水，鶴歸華表，人事又千年〔3〕。滄海變桑田。誰知有、壺中洞天〔4〕。

【校】

〔雁飛〕：天順舊鈔本作「雁飛」；弘治本、四印齋本、四庫本、《全金元詞》作「鴈飛」。鴈，同雁。此取較通行之字。

〔汾水〕：天順舊鈔本、弘治本、四庫本作「汾陽」；四印齋本、《全金元詞》作「汾水」。此闋詞之格律同於辛棄疾〈太常引〉（仙機似欲織纖羅）。因辛詞下片首句末二字之音律為「◐●」，且劉秉忠其餘五闋〈太常引〉首句末二字亦為「⊙●」，故當以「汾水」為是。

【箋注】

〔1〕衲衣藤杖是吾緣。好歸去、舊林泉：敘述自己欲著僧衣藤杖，悠遊林泉。衲衣藤杖是吾緣，《元史·劉秉忠傳》：「十七為邢臺節度使府令史以養其親，居常鬱鬱不樂，一日投筆嘆曰：『吾家累世衣冠，乃汨沒為刀筆吏乎，丈夫不遇於世，當隱居以求志耳。』即棄去隱武安山中，久之，天寧虛照禪師遣徒招致為僧。」可知作者曾為僧遁世，故言僧徒行裝是其機緣。衲衣藤杖，破舊的僧衣與用藤編織而成的手杖，多用以形容僧侶裝束，盧綸〈題嘉祥殿南溪印禪師壁畫影堂〉：「雙屨參差錫杖斜，衲衣交膝對天花。」李商隱〈華師〉：「孤鶴不睡雲無心，衲衣筇杖來西林。」衲衣，破舊、補綻過的衣服，常指僧衣，王建〈題法雲禪院僧〉：「上山猶得在，自解衲衣裳。」车融〈送僧〉：「三生塵夢醒，一錫衲衣輕。」藤杖，用藤編織而成的手杖或枴杖，杜甫〈路逢襄陽楊少府入城戲呈楊員外綰〉：「兼將老藤杖，扶汝醉初醒。」張籍〈題李山人幽居〉：「畫苔藤杖細，踏石筍鞋輕。」好歸去，舊林泉，言應該返回舊山林。好歸去，應該回去，元稹〈寄浙西李大夫〉：「早渡西江好歸去，莫拋舟楫滯春潭。」杜牧〈旅情〉：「匹馬好歸去，江頭橘正香。」舊林泉，本來居處的林木泉石，比喻退隱的地方，白居易〈答林泉〉：「好住舊林泉，回頭一悵然。」翁承贊〈奉使封王次宜春驛〉：「微宦淹留鬢已斑，此心長憶舊林泉。」

〔2〕富貴任爭先。總不較、諸公著鞭：不想同眾人爭名奪利，杜甫〈秋日夔府詠懷奉寄鄭監李賓客一百韻〉：「富貴空迴首，喧爭懶著鞭。」富貴任爭先，富貴功名聽憑人去爭，指不積極追求。爭先，搶先，鮑照〈行藥至城東橋〉：「爭先萬里塗，各事百年身。」何遜〈行經孫氏陵〉：「逐兔爭先捷，掎鹿競因機。」總不較、諸公著鞭，言不和眾多官員爭著報效朝廷。總不較，一向不與人比較。總，一直、一向，陶潛〈責子〉：「雖有五男兒，總不好紙筆。」王建〈朝天詞十首寄上魏博田侍中〉：「催修水殿宴沂公，與別諸候總不同。」不較，不與人較量，皮日休〈汴河懷古〉：「若無水殿龍舟事，共禹論功不較多。」孫光憲〈楊柳枝詞〉：「毿毿金帶誰堪比，還共黃鶯不較多。」諸公，眾多身居高位的官員，《周禮·地官司徒第二》：「諸公之地，封疆方五百里，其食者半。」賈誼〈親疏危亂〉：「陛下之與諸公也，非親角材而臣之也。」著鞭，策馬而去，報效國家，語本《晉書·劉琨傳》：「吾枕戈待旦，志梟逆虜，常恐祖生先吾著鞭。」指獲致功名，周萬〈送沈芳謁李觀求仕進〉：「身老方投刺，途窮始著鞭。」高適〈獨孤判官部送兵〉：「亦是封侯地，期君早著鞭。」

〔3〕雁飛汾水，鶴歸華表，人事又千年：形容轉眼人事變幻極鉅。雁飛汾水，指時移勢易，榮華轉眼成空，李嶠〈汾陰行〉：「山川滿目淚沾衣，貴榮華能幾時。不見秖今汾水上，唯有年年秋雁飛。」後文人多借用此語，鄭獬〈挽仁宗皇帝辭〉：「龍去鼎湖晚，雁飛汾水秋。」段克己〈大江東去〉：「葉落長安，鴈飛汾水，怕見河梁別。」鶴歸華表，典出於陶潛《搜神後記·卷一》：「丁令威本遼東人，學道於靈虛山，後化鶴歸遼集城門華表柱。時有少年舉弓欲射之，鶴乃飛，徘徊空中，而言曰：『有鳥有鳥丁令威，去家千年今始歸，城郭如故人民非，何不學仙塚纍纍。』遂高上沖天。今遼東諸丁云：『其先世有升仙者，但不知名字耳。』」形容景物依舊，人事已非，許渾〈經故丁補闕郊居〉：「鵬上承塵纔一日，鶴歸華表已千年。」趙嘏〈舒州獻李相公〉：「鶴歸華表山河在，氣返青雲雨露全。」人事又千年，形容世間事變化很快。人事，世間的事，陶潛〈歸園田居〉：「野外罕人事，窮巷寡輪鞅。」張九齡〈陪王司馬登薛公逍遙臺〉：「人事已成古，風流獨至今。」千年，比喻很長久的時間，江淹〈別賦〉：「蹔遊萬里，少別千年。」庾信〈皇夏〉：「洽斯百禮，福以千年。」

〔4〕滄海變桑田。誰知有、壺中洞天：指遁隱世外，不再理會俗世的變遷。滄海變桑田，語本《太平廣記·卷六十》：「麻姑自說云：『接侍以來，已見東海三為桑田，向到蓬萊水，又淺於往者，會時略半也，豈將復還為陵陸乎。』」大海變為陸地，陸地淪為大海，比喻世事無常，變化很快，儲光羲〈獻八舅東歸〉：「獨往不可群，滄海成桑田。」呂巖〈七言〉：「任彼桑田變滄海，一丸丹藥定千春。」壺中洞天，語本葛洪《神仙傳·壺公》，言仙人壺公能於一空

壺中，變化出天地，中有日月，如世間，且夜宿其間，後比喻仙境或勝境，李白〈下途歸石門舊居〉：「壺中別有日月天，俯仰人間易凋朽。」王起〈贈毛仙翁〉：「壺中世界青天近，洞裏煙霞白日閒。」洞天，道家認爲神仙居處多在名山洞府中，因洞中別有天地，故稱爲洞天，李白〈奉餞高尊師如貴道士傳道籙畢歸北海〉：「道隱不可見，靈書藏洞天。」顧況〈山居即事〉：「下泊降茅仙，蕭閑隱洞天。」

<h1 style="text-align:center">三</h1>

青山憔悴瑣寒雲。站路上、最傷神〔1〕。破帽鬖沾塵。更誰是、陽關故人〔2〕。 頹波世道，浮雲交態，一日一番新〔3〕。無地覓松筠。看青草、紅芳鬭春〔4〕。

【校】

〔青山憔悴〕：天順舊鈔本、弘治本、四印齋本、《全金元詞》作「青山憔悴」，唯四庫本作「老山憔悴」。就文意判斷，以「青山憔悴」爲佳。

〔瑣寒雲〕：天順舊鈔本、弘治本、四庫本作「瑣寒雲」；四印齋本、《全金元詞》作「鎖寒雲」。瑣，本爲加在門、箱等上面使人不能隨便開啓的器具，後作「鎖」，引申爲關閉之意。

〔看青草、紅芳鬭春〕：天順舊鈔本、弘治本、四庫本作「看草青、紅鬭芳春」；四印齋本、《全金元詞》俱作「看青草、紅芳鬭春」。此闋詞之格律同於辛棄疾〈太常引〉（仙機似欲織纖羅）。因辛詞最末句之音調爲「●○○、○○●○」，且劉秉忠其餘五闋〈太常引〉音律皆與辛詞相似，除了〈太常引〉（桃花流水鱖魚肥）末句前三字出律之外，其後四字也符合格律，皆爲「○○●○」。故當以「看青草、紅芳鬭春」爲是。

【箋注】

〔1〕青山憔悴瑣寒雲。站路上、最傷神：行路中，因心中鬱結，故所見皆憔悴。青山憔悴瑣寒雲，山巒枯槁，雲氣淒冷，形容淒清的景象。憔悴，枯槁瘦病的樣子，《楚辭·漁父》：「顏色憔悴，形容枯槁。」元稹〈贈別楊員外巨源〉：「憶昔西河縣下時，青山憔悴宦名卑。」瑣，通鎖，作封閉、禁錮解，宋之問〈靈隱寺〉：「鷲嶺鬱岧嶢，龍宮瑣寂寥。」李白〈酬坊州王司馬與閻正字對雪見贈〉：「積雪明遠峰，寒城鎖春色。」站路上，最傷神，於行路中，最易悲懷惆悵。路上，路途中、道路上，岑參〈初過隴山途中呈宇文判官〉：「前月發安西，路上無停留。」杜牧〈清明〉：「清明時節雨紛紛，路上行人欲斷

魂。」傷神，傷心，江淹〈別賦〉：「造分手而銜涕，感寂漠而傷神。」杜甫〈野望〉：「射洪春酒寒仍綠，目極傷神誰為攜。」

〔2〕破帽鬢沾塵。更誰是、陽關故人：慨嘆遠離故園之久。破帽鬢沾塵，形容四處奔波，郭祥正〈蹢躅行送裴山人〉：「蹢躅蹢躅裴山人，破帽麻衣被埃塵。」劉過〈鹽官權學〉：「破帽塵埃今已矣，不妨更借蹇驢騎。」更誰是、陽關故人，誰又是故園老友，即與友離別，許久未見。更誰是，即誰又是，蘇軾〈病中聞子由得告不赴商州〉：「此外知心更誰是，夢魂相覓苦參差。」劉跂〈和石友〉：「富貴功名更誰是，且來同醉莫相違。」陽關故人，與之分離的老友，王維〈渭城曲〉：「勸君更盡一杯酒，西出陽關無故人。」張炎〈摸魚子〉：「嘆西出陽關，故人何處，愁在渭城柳。」

〔3〕頹波世道，浮雲交態，一日一番新：喻世態多變，世風日頹。頹波世道，頹靡衰落的社會狀況，劉禹錫〈詠史〉：「世道劇頹波，我心如砥柱。」頹波，頹靡不振的文風，此喻事物衰落的趨勢，李白〈古風〉：「揚馬激頹波，開流蕩無垠。」孟浩然〈陪盧明府泛舟回〉：「文章推後輩，風雅激頹波。」世道，社會的情態、狀況，《列子・楊朱第七》：「方其荒於酒也，不知世道之安危，人理之悔吝。」沈約〈又與何胤敕〉：「兼以世道澆暮，爭詐繁起；改俗遷風，良有未易。」浮雲交態，人與人間之交往疏如浮雲。浮雲，比喻不足掛心或重視的事物，《論語・述而》：「不義而富且貴，於我如浮雲。」李白〈贈別從甥高五〉：「天地一浮雲，此身乃毫末。」交態，人與人相交往所表現的態度，高適〈邯鄲少年行〉：「君不見今人交態薄，黃金用盡還疏索。」杜甫〈送率府程錄還鄉〉：「途窮見交態，世梗悲路澀。」一日一番新，變化無常。番，次、回，《字彙・田部》：「番，次也。」《世說新語・文學》：「弼自為客主數番，皆一座所不及。」

〔4〕無地覓松筠。看青草、紅芳鬭春：言舉目不見堅貞，只想回歸自然。無地覓松筠，到處找不到堅毅貞正的節操。覓，尋找，求索。《玉篇・見部》：「覓，索也。」《廣韻・錫韻》：「覓，求也。」《三國志・魏志・管輅傳》：「招呼婦人，覓索餘光。」松筠，松與竹歲寒不凋，用以比喻堅貞的節操，《隋書・柳莊傳》：「梁主奕葉重光，委誠朝廷，而今已後，方見松筠之節。」儲光羲〈敬酬陳掾親家翁秋夜有贈〉：「特達踰珪璋，節操方松筠。」看青草、紅芳鬭春，以靜心欣賞花草相互爭豔，比喻詞人已厭倦世態，只想與花草為伍。紅芳鬭春，春花相互爭妍，充滿生機的樣子，趙汝鐩〈乍晴〉：「池塘展晴綠，桃杏鬭春紅。」紅芳，泛指百花，劉希夷〈晚春〉：「庭陰幕青靄，簾影散紅芳。」權德輿〈雜言和常州李員外副使春日戲題〉：「雨歇風輕一院香，紅芳綠草接東牆。」鬭，同鬥、鬭，有比賽、爭勝之意，秦韜玉〈貧女〉：「敢將十指誇鍼巧，不把雙眉鬥畫長。」杜牧〈街西長句〉：「遊騎偶同人鬥酒，名園相倚杏交花。」

四

桃花流水鱖魚肥。青篛笠、綠簑衣。風雨不須歸〔1〕。管甚做、人間是非〔2〕。　　兩肩雲衲，一枝筇杖，盡日可忘機〔3〕。之子欲何爲。快去來、山猿怪遲〔4〕。

【校】

〔管甚做〕：天順舊鈔本、弘治本、四印齋本、《全金元詞》作「管甚做」，唯四庫本作「著甚做」。「著甚做」之語意不通，應爲誤植。

〔人間是非〕：天順舊鈔本、弘治本、四庫本、《全金元詞》作「人間是非」，四印齋本作「人閒是非」。閒，同間，作中間解。

〔筇杖〕：弘治本、四庫本、四印齋本、《全金元詞》俱作「筇杖」，唯天順舊鈔本作「筇秋」，從文意判斷，應爲誤植。

〔盡日可忘機〕：天順舊鈔本、弘治本、四印齋本、四庫本作「盡日忘機」，且四印齋本亦明顯有一缺空，而《全金元詞》據丁丙四庫抄本補一「可」字，作「盡日可忘機」。詞牌〈太常引〉之句式，下闋前三句當爲四、四、五字，劉秉忠其餘五闋太常引亦遵循此格式，因此「盡日」下應缺漏一字。故取《全金元詞》所補。

〔快去來〕：天順舊鈔本、弘治本、四庫本作「快去來」；四印齋本、《全金元詞》作「歸去來」。二者平仄、文意皆與詞作相符，而「快去來」有催促歸去之意，較能與「山猿怪遲」銜接，故取之。

【箋注】

〔1〕桃花流水鱖魚肥。青篛笠、綠簑衣。風雨不須歸：形容悠閒的漁翁生活，借用張志和〈漁父〉：「西塞山前白鷺飛，桃花流水鱖魚肥。青篛笠，綠簑衣。斜風細雨不須歸。」文人多化用此詩，黃庭堅〈鷓鴣天〉：「西塞山邊白鳥飛，桃花流水鱖魚肥。」曹勛〈次韻李漢老參政重陽前遊泉州東湖〉：「少並江湖魚釣樂，綠蓑青笠鱖魚肥。」桃花流水，景致美好的樣子，李白〈山中問答〉：「桃花流水窅然去，別有天地非人間。」劉禹錫〈憶江南〉：「猶有桃花流水上，無辭竹葉醉尊前。」鱖魚，動物名，體側扁，顏色淡黃帶褐，具不規則的黑色斑紋，口大有細鱗，背鰭具硬棘，性兇猛，喜食魚、蝦，肉質鮮嫩美味，爲淡水食用魚類之一，亦稱爲鱖豚、花鯽，此泛指魚類，許渾〈湖州韋長史山居〉：「明日鱖魚何處釣，門前春水似滄浪。」王庭珪〈題郭秀才釣亭〉：「野闊江寒一雁飛，碧蘆花老鱖魚肥。」篛笠，篛葉製成的笠帽，皮日休〈魯

望以輪鉤相示緬懷高致因作三篇〉:「蓑衣舊去煙披重,篛笠新來雨打香。」
隱巒〈牧童〉:「牧童見人俱不識,盡著芒鞋戴篛笠。」簑衣,亦作蓑衣,簑
草編成之衣,多作雨衣使用,劉禹錫〈插田歌〉:「農婦白紵裙,農父綠簑衣。」
徐夤〈鴻門〉:「雨灑簑衣芳草暗,鳥啼雲樹小村貧。」

〔2〕管甚做、人間是非:理會什麼叫做對與錯,即不理會人間是非,徐夤〈閒〉:
「不管人間是與非,白雲流水自相依。」管甚,顧慮什麼,牟融〈重贈張籍〉:
「人生隨處堪為樂,管甚秋香滿鬢邊。」張元幹〈妙喜道人眞贊〉:「吞卻栗
棘蓬,管甚黃茅瘴。」管,理會、顧慮,包佶〈再過金陵〉:「江山不管興亡
事,一任斜陽伴客愁。」張繼〈金谷園〉:「老盡名花春不管,年年啼鳥怨東
風。」做,成、為,蘇軾〈十二時中偈〉:「那箇也不寒熱咄,甚叫做遮箇那
箇。」《二程遺書·卷十八》:「固是人只有箇天理,卻不能存得,更做甚人也。」
人間是非,紅塵事理的對與錯,張籍〈寄梅處士〉:「擾擾人間是與非,官閒
自覺省心機。」釋覺範〈癡庵銘〉:「上人泯泯與眾臥起,不知人間是非、榮
辱、貴賤、功利,如三世諸佛之白牯,可謂之癡。」

〔3〕兩肩雲衲,一枝筇杖,盡日可忘機:言拄杖閒步,淡泊寧靜,愉快逍遙。兩
肩雲衲,一枝筇杖,指裝束簡約,安貧自在的樣子,李商隱〈華師〉:「孤鶴
不睡雲無心,衲衣筇杖來西林。」雲衲,有很多補綴的衣服,常指僧衣,杜
荀鶴〈贈休糧僧〉:「爭似吾師無一事,穩披雲衲坐藤床。」梅堯臣〈送達觀
禪師歸隱靜寺古律〉:「未嫌雲衲濕,已喜野人逢。」筇杖,筇竹所做之杖,
白居易〈題玉泉寺〉:「手把青筇杖,頭戴白綸巾。」許渾〈王居士〉:「筇杖
倚柴關,都城賣卜還。」盡日可忘機,終日淡泊無爭,楊發〈秋晴獨立南亭〉:
「如今有待終身貴,未若忘機盡日閒。」盡日,整天、終日,《晏子春秋·卷
六》:「名山既多矣,松柏既茂矣,望之相相然,盡日不知厭。」《漢書·高帝
紀上》:「今足下盡日止攻,士死傷者必多。」忘機,不存心機,淡泊無爭,
駱賓王〈詠懷〉:「忘機殊會俗,守拙異懷安。」劉長卿〈過鄔三湖上書齋〉:
「何事東南客,忘機一釣竿。」

〔4〕之子欲何為。快去來、山猿怪遲:希望盡早遠離塵俗是非,與山猿為伍,隱
居山林。之子欲何為,此人還想做什麼。之子,此人,《詩經·桃夭》:「之子
於歸,宜其室家。」曹植〈雜詩〉:「之子在萬里,江湖迥且深。」欲何為,
想做什麼,韓仲宣〈晦日重宴〉:「此時陪綺席,不醉欲何為。」元稹〈竹部〉:
「持此欲何為,官家歲輪促。」去來,偏義複詞,表歸去之意,陶潛〈歸去
來兮辭〉:「歸去來兮,田園將蕪,胡不歸。」王績〈採藥〉:「且復歸去來,
刀圭輔衰疾。」山猿怪遲,山猿怪之太晚歸居山林。山猿,與猴同類,惟頰
下無囊,無尾,臀無堅皮。形似人,能坐能立,性聰慧,善於模倣,多生活
於山林中,曹鄴〈山中效陶〉:「山猿隔雲住,共飲山中水。」杜荀鶴〈戲題

王處士書齋〉:「先生高興似樵漁，水鳥山猿一處居。」怪，怨、責備，《荀子·正論》:「今世俗之爲說者，不怪朱、象，而非堯、舜，豈不過甚矣哉？」《莊子·漁父》:「門人皆怪夫子矣，漁人何以得此乎？」王建〈織綿曲〉:「一匹千金亦不賣，限日未成宮裏怪。」

五　魯仲連 [1]

當時六國怯強秦。使群策、日紛紛 [2]。談笑卻三軍。算自古、誰如此君 [3]。　一心忠義，滿懷冰雪，功就便抽身 [4]。富貴若浮雲。本是箇、江湖散人 [5]。

【校】

〔算自古〕:天順舊鈔本、弘治本作「筭自古」;四庫本、四印齋本、《全金元詞》作「算自古」。筭，同算。此取較通行之字。

【箋注】

〔1〕魯仲連:亦稱魯連，戰國時齊人，曾遊於趙，爲趙國解除危難，平原君欲封魯連，魯連辭讓者三，終不肯受;平原君乃置酒，酒酣起前，以千金爲魯連壽，魯連笑曰:「所貴於天下之士者，爲人排患釋難解紛亂而無取也。即有取者，是商賈之事也，而連不忍爲也。」遂辭平原君而去，終身不復見。後稱替人解紛排難的人爲魯仲連。李白〈贈宣城宇文太守兼呈崔侍御〉:「嵒嶕廣成子，倜儻魯仲連。卓絕二公外，丹心無間然。」吳筠〈魯仲連〉:「仲連秉奇節，釋難合道情。一言卻秦圍，片箚降聊城。辭金義何遠，讓祿心益清。處世功已立，拂衣蹈滄溟。」

〔2〕當時六國怯強秦。使群策、日紛紛:描述戰國時期局勢紛亂的情形。怯，害怕、畏懼，《玉篇·心部》:「怯，畏也。」《商君書·戰法》:「故王者之政，使民怯於邑鬥而勇於寇戰。」《新書·道術》:「持節不恐謂之勇，反勇爲怯。」使群策、日紛紛，每天不斷地聚合眾人的智慧以抗秦。使，役使、運用，《廣韻·止韻》:「使，役也。」《論語·學而》:「使民以時。」范甯〈爲豫章臨發上疏〉:「古之使人，歲不過三日。今之勞擾，殆無三日休停。」群策，聚合眾人的智慧，揚雄《法言·重黎》:「漢屈群策，群策屈群力。」韓愈〈送水陸運使韓侍御歸所治序〉:「今天子方舉群策，以收太平之功。」日紛紛，日日不絕的樣子，周瑀〈臨川山行〉:「雲山無斷絕，秋思日紛紛。」杜甫〈贈花卿〉:「錦城絲管日紛紛，半入江風半入雲。」

〔3〕談笑卻三軍。算自古、誰如此君:稱頌魯仲連於談笑間便擊退了秦軍，形容其極具才能。談笑卻三軍，典出自《史記·魯仲連鄒陽列傳》:「此時魯仲連

適遊趙，會秦圍趙，聞魏將欲令趙尊秦爲帝，乃見平原君曰：『事將奈何？』
平原君曰：『勝也何敢言事！前亡四十萬之眾於外，今又內圍邯鄲而不能去。
魏王使客將軍新垣衍令趙帝秦，今其人在是。勝也何敢言事！』魯仲連曰：『吾
始以君爲天下之賢公子也，吾乃今然後知君非天下之賢公子也。梁客新垣衍
安在？吾請爲君責而歸之。』……魯仲連曰：『嗚呼！梁之比於秦若僕邪？』
新垣衍曰：『然。』魯仲連曰：『吾將使秦王烹醢梁王。』新垣衍怏然不悅，
曰：『噫嘻，亦太甚矣，先生之言也！先生又惡能使秦王烹醢梁王？』魯仲魯
曰：『固也，吾將言之。……今秦萬乘之國也，梁亦萬乘之國也。俱據萬乘之
國，各有稱王之名，睹其一戰而勝，欲從而帝之，是使三晉之大臣不如鄒、
魯之僕妾也。且秦無已而帝，則且變易諸侯之大臣。彼將奪其所不肖而與其
所賢，奪其所憎而與其所愛。彼又將使其子女讒妾爲諸侯妃姬。處梁之宮。
梁王安得晏然而已乎？而將軍又何以得故寵乎？』於是新垣衍起，再拜謝曰：
『始以先生爲庸人，吾乃今日知先生爲天下之士也。吾請出，不敢復言帝秦。』
秦將聞之，爲卻軍五十里。適會魏公子無忌奪晉鄙軍以救趙，擊秦軍，秦軍
遂引而去。」言魯仲連只靠遊說，十分容易便使秦國退兵，李白〈奔亡道中〉：
「談笑三軍卻，交遊七貴疏。仍留一隻箭，未射魯連書。」談笑，談天說笑，
形容極容易，劉長卿〈登潤州萬歲樓〉：「聞道王師猶轉戰，更能談笑解重圍。」
韋應物〈贈別河南李功曹〉：「談笑取高第，縮綬即言歸。」卻，退、使退，《廣
雅·釋詁》：「卻，讓也。」《漢書·爰盎傳》：「上幸上林，皇后、慎夫人從。
其在禁中，常同坐。及坐，郎署長布席，盎引卻慎夫人坐。」三軍，舊時的
左、中、右三軍，後爲軍隊的通稱，李陵〈答蘇武書〉：「陵先將軍功略蓋天
地，義勇冠三軍。」曹植〈諫伐遼東表〉：「得其地不足以償中國之費，虜其
民不足以補三軍之失。」算自古、誰如此君，指自古以來，有誰像魯君般有
才能。算，籌算、衡量，《說文·竹部》：「算，數也。」《論語·子路》：「鬥
筲之人，何足算也。」謝朓〈拜中軍記室辭隨王牋〉》：「朓實庸流，行能無算。」
自古，從古代以來，司馬遷〈報任少卿書〉：「同子參乘，袁絲變色，自古而
恥之。」江淹〈恨賦〉：「自古皆有死，莫不飲恨而吞聲。」

〔4〕一心忠義，滿懷冰雪，功就便抽身：只爲忠義，不計名利，功成便急流勇退。
　　一心忠義，指全心全意，竭盡心力，韓琦〈題養眞亭〉：「滿目林壑趣，一心
　　忠義身。」一心，專一其心、全心全意，《孟子·告子上》：「一心以爲有鴻鵠
　　將至，思援弓繳而射之。」《管子·君臣上》：「專意一心，守職而不勞，下之
　　事也。」忠義，做人做事能盡心力、合義理，蔡邕〈劉鎮南碑〉：「上論三墳
　　八索之典，下陳世教忠義之方。」曹植〈三良〉：「功名不可爲，忠義我所安。」
　　滿懷冰雪，如冰雪般堅貞皎潔的品性，沈佺期〈枉繫〉：「我無毫髮瑕，苦心
　　懷冰雪。」冰雪，冰與雪，比喻晶瑩純潔，文人多以之表德性高潔，高適〈酬

馬八效古見贈〉：「奈何冰雪操，尚與蒿萊群。」薛能〈獻僕射相公〉：「清如冰雪重如山，百辟嚴趨禮絕攀。」功就便抽身，言魯仲連功成即身退，皎然〈茗溪草堂自大曆三年夏新營泊秋及春彌覺境勝因紀其事簡潘丞述湯評事衡四十三韻〉：「吾嘉魯仲連，功成棄珪璧。」張祐〈詠史〉：「留名魯連去，於世絕遺音。」就，成功、完成，《爾雅・釋詁下》：「就，成也。」《詩・周頌・敬之》：「日就月將，學有緝熙於光明。」抽身，脫身離去，不參與其事，白居易〈和微之春日投簡陽明洞天五十韻〉：「白首青山約，抽身去得無。」劉禹錫〈刑部白侍郎謝病長告改賓客分司以詩贈別〉：「洛陽舊有衡茆在，亦擬抽身伴地仙。」

〔5〕富貴若浮雲。本是箇、江湖散人：形容魯仲連是個不慕榮利、淡泊灑脫的人。富貴若浮雲，語本《論語・述而》：「不義而富且貴，於我如浮雲。」後以形容富貴利祿，如浮雲過眼一般，不足看重，杜甫〈狂歌行贈四兄〉：「兄將富貴等浮雲，弟切功名好權勢。」王武陵〈宿慧山寺序〉：「視富貴如浮雲，一歌一詠，以紓情性。」本是箇、江湖散人，原本就是個淡泊自適的人。箇，同個，量詞，《禮記・少儀》：「其禮：大牢則以牛左肩、臂臑、折九箇，少牢則以羊左肩七箇，犆豕則以豕左肩五箇。」王勃〈九日〉：「不知來送酒，若箇是陶家。」江湖散人，語本陸龜蒙〈江湖散人歌序〉：「散人者，散誕之人也。心散，意散，形散，神散，既無羈限，為時之怪民，束於禮樂者外之曰：此散人也，散人不知恥，乃從而稱之。人或笑曰：彼病子散而目之，子反以為其號，何也。散人曰：天地，大者也，在太虛中一物耳，勞乎覆載，勞乎運行，差之晷度，寒暑錯亂，望斯須之散，其可得耶。……退若不散，守名之筌，進若不散，執時之權，筌可守耶，權可執耶。」又其詩：「江湖散人天骨奇，短髮搔來蓬半垂。……冰霜襦袴易反掌，白面諸郎殊不知。江湖散人悲古道，悠悠幸寄羲皇傲。官家未議活蒼生，拜賜江湖散人號。」此用以比喻雲遊四海，無拘無束的人。

六　武侯〔1〕

至人視有一如無。見義處、便相扶〔2〕。三顧出茅廬。莫不是、先生有圖〔3〕。　　拯危當世，覺民斯道，佩玉已心枯〔4〕。遺恨失吞吳。真箇是、男兒丈夫〔5〕。

【校】

〔拯危〕：天順舊鈔本、弘治本、四印齋本、《全金元詞》俱作「拯危」，唯四庫本作「極危」。就上下語意推論，當以「拯危」為是。

【箋注】

〔1〕武侯：即諸葛亮（西元 181～234 年），字孔明，三國蜀漢琅琊郡陽都人（今山東省沂水縣）。避亂荊州，劉備三訪其廬乃出。爲人足智多謀，忠心耿耿。曾敗曹操於赤壁，佐定益州，使蜀與魏、吳成鼎足之勢。劉備歿，輔助後主劉禪，封武鄉侯。志在攻魏以復中原，乃東和孫權，南平孟獲，與魏長期爭戰，後鞠躬盡瘁，卒於軍中，諡號忠武，故後人又稱之爲武侯，著有諸葛武侯集。李白〈讀諸葛武侯傳書懷贈長安崔少府叔封昆季〉：「赤伏起頹運，臥龍得孔明。當其南陽時，隴畝躬自耕。魚水三顧合，風雲四海生。武侯立岷蜀，壯志吞咸京。」杜甫〈諸葛廟〉：「久遊巴子國，屢入武侯祠。竹日斜虛寢，溪風滿薄帷。君臣當共濟，賢聖亦同時。翊戴歸先主，併吞更出師。蟲蛇穿畫壁，巫覡醉蛛絲。欻憶吟梁父，躬耕也未遲。」

〔2〕至人視有一如無。見義處、便相扶：指聖賢見義勇爲，不以名利爲目的。至人視有一如無，賢者見到名利，就猶如未見。至人，聖人，有大德的人，《莊子·逍遙遊》：「至人無己，神人無功，聖人無名。」潘嶽〈秋興賦〉：「聞至人之休風兮，齊天地於一指。」一如，完全一樣，庾信〈庭前枯樹〉：「搖落一如此，容華遂不同。」儲光羲〈貽王侍御出臺掾丹陽〉：「翔翼一如鶚，百辟莫不懼。」見義處、便相扶，遇到合乎正義的事，就會奮勇的去做。見義處，遇到合乎正義的地方。見義，看見合乎正義的事，《論語·爲政》：「見義不爲，無勇也。」嵇康〈家誡〉：「若見窮乏而有可以賑濟者，便見義而作。」便相扶，立即互相幫助扶持。便，相當於就、即，《字彙·人部》：「便，即也。」《莊子·達生》：「若乃夫沒人，則未嘗見舟而便操之也。」《三國志·魏志·王粲傳》：「善屬文，舉筆便成，無所改定，時人常以爲宿構。」相扶，互相幫助扶持，《孟子·滕文公上》：「死徙無出鄉，鄉田同井，出入相友，守望相助，疾病相扶持，則百姓親睦。」杜甫〈詠懷〉：「高賢迫形勢，豈暇相扶持。」

〔3〕三顧出茅廬。莫不是、先生有圖：言諸葛亮出茅廬扶助劉備，大概是他自己也想扶危濟困。三顧出茅廬，本《三國志·蜀書·諸葛亮傳》：「諸葛亮，字孔明，琅邪陽都人也。……亮早孤，從父玄爲袁術所署豫章太守。……玄卒，亮躬耕隴畝，好爲梁父吟。身長八尺，每自比於管仲、樂毅，時人莫之許也。……時先主屯新野。徐庶見先主，先主器之，謂先主曰：『諸葛孔明者，臥龍也，將軍豈願見之乎？』先主曰：『君與俱來。』庶曰：『此人可就見，不可屈致也。將軍宜枉駕顧之。』由是先主遂詣亮，凡三往，乃見。……臣壽等言：亮毗佐危國，負阻不賓，然猶存錄其言，恥善有遺，誠是大晉光明至德，澤被無疆，自古以來，未之有倫也。」指出諸葛亮因劉備三次誠心邀請，才出茅廬輔佐之。後人亦多用此典詠頌諸葛亮，杜甫〈蜀相〉：「三顧頻煩天下計，兩朝開濟老臣心。」胡曾〈南陽〉：「蜀王不自垂三顧，爭得先生出舊廬。」

汪遵〈南陽〉：「若非先主垂三顧，誰識茅廬一臥龍。」莫不是、先生有圖，莫非諸葛亮有所圖謀。莫不是，大概、莫非，表示揣測的疑問詞，蘇軾〈溫陶君傳〉：「自丞相以下，莫不是之其爲人柔和，有以塞讒人之口，故也。」《宋史・范仲淹列傳》：「邇者朝廷命令，莫不是元豐而非元祐。以臣觀之，神宗立法之意固善，吏推行之，或有失當，以致病民。」先生，對有道德、有學問者的尊稱，《戰國策・宋衛策》：「乃見梧下先生，許之以百金。」劉伶〈酒德頌〉：「有大人先生者，以天地爲一朝，萬暮爲須臾，日月爲扃牖，八荒爲庭衢。」此指諸葛亮。有圖，有所謀劃，韓愈〈別趙子〉：「今子南且北，豈非亦有圖。」圖，思慮、謀劃，《說文・口部》：「圖，畫計難也。」《爾雅・釋詁一》：「圖，謀也。」《詩・小雅・常棣》：「是究是圖，亶其然乎？」

〔4〕拯危當世，覺民斯道，佩玉已心枯：指竭盡心力，濟弱扶傾。拯危當世，拯救當時危亂困厄的局勢。拯危，救助危難，沈約〈究竟慈悲論〉：「拯危濟苦，先其所急。」王周〈咸〉：「拯危居坦夷，濟險免兢惕。」當世，當代，《韓非子・六反》：「今學者皆道書筴之頌語，不察當世之實事。」《史記・秦始皇本紀》：「觀之上古，驗之當世。」覺民斯道，使百姓明白這些道理。覺民，使人民領悟，呂陶〈賀許右丞啓〉：「抱道覺民，任誠孚物。」劉摯〈賀鄭內翰啓〉：「孟子自信於天，以道覺民。」斯道，這個道理，駱賓王〈答員半千書〉：「悟榮華非力致，苟斯道之不隊，亦何患乎無成。」韋應物〈酬張協律〉：「匪人等鴻毛，斯道何由宣。」佩玉已心枯，雖身分顯貴，但身心卻因致力於扶傾而疲累憔悴。佩玉，佩戴玉飾在身上，《左傳・哀公十三年》：「吳申叔儀乞糧於公孫有山氏，曰：『佩玉纂兮，餘無所繫之；旨酒一盛兮，餘與褐之父睨之。』」劉勰《文心雕龍・諧讔》：「叔儀乞糧於魯人，歌佩玉而呼庚癸。」此用以比喻居高位，劉商〈送廬州賈使君拜命〉：「佩玉兼高位，摳金閱上軍。」白居易〈醉後走筆酬劉五主薄長句之贈兼簡張大賈二十四先輩昆季〉：「三十爲近臣，腰間鳴佩玉。」心枯，心力交瘁，貫休〈送僧歸華山〉：「心枯衲亦枯，歸嶽揭空盂。」彭汝礪〈呈運判學士〉：「相望冰壺江水濱，渴心枯涸欲生塵。」

〔5〕遺恨失吞吳。眞箇是、男兒丈夫：感慨諸葛亮雖未能制止劉備出兵東吳，致使蜀軍敗歸，但大抵說來，諸葛亮可堪稱爲大丈夫。遺恨失吞吳，典出於《三國志・蜀書・先主備傳》：「章武元年夏四月，大赦，改年，以諸葛亮爲丞相。……初，先主忿孫權之襲關羽，將東征，秋七月，遂帥諸軍伐吳。孫權遣書請和，先主盛怒不許。……陸議大破先主軍於猇亭，將軍馮習、張南等皆沒。先主自猇亭還秭歸，收合離散兵，遂棄船舫，由步道還魚復，改魚復縣曰永安。……冬十月，詔丞相亮營南北郊於成都。孫權聞先主住白帝，甚懼，遣使請和。先主許之，遣太中大夫宗瑋報命。冬十二月，漢嘉太守黃元聞先主疾不豫，

舉兵拒守。三年春二月，丞相亮自成都到永安。三月，黃元進兵攻臨邛縣。遣將軍陳曶討元，元軍敗，順流下江，為其親兵所縛，生致成都，斬之。先主病篤，託孤於丞相亮。」借用杜甫〈八陣圖〉：「江流石不轉，遺恨失吞吳。」真箇是，真的是，蘇軾〈初入廬山〉：「如今不是夢，真箇是廬山。」許景衡〈即事〉：「城外黃河四面流，此中真箇是瀛洲。」男兒丈夫，有大丈夫氣概的人，《寒山詩集》：「男兒大丈夫，作事莫莽鹵。」丈夫，英武有志節的男子，曹植〈贈白馬王彪〉：「丈夫志四海，萬里猶比鄰。」盧照鄰〈詠史〉：「丈夫當如此，唯唯何足榮。」

秦樓月〔1〕

一

杯休側。為君送別城南陌〔2〕。城南陌。茸茸芳草，萬家春色〔3〕。

陽關一曲愁腸結。吟鞭斜裊黃昏月〔4〕。黃昏月。長安古道，洛陽遊客〔5〕。

【校】

〔為君送別城南陌。城南陌。茸茸芳草，萬家春色〕：天順舊鈔本、弘治本、四印齋本、《全金元詞》俱作「為君送別城南陌。城南陌。茸茸芳草，萬家春色」，唯四庫本作「酒闌燭地聽鄰笛。秦川雲影，渭城柳色。」疑為作者另一闋秦樓月，四庫本誤錄於此，然因無法考證，故以天順舊鈔本、四印齋本為主。

〔黃昏月〕：就〈秦樓月〉之句式可知，「吟鞭斜裊黃昏月」之後應為疊句，天順舊鈔本、弘治本脫「黃昏月」一句。

【箋注】

〔1〕秦樓月：即〈憶秦娥〉，雙調，四十六字，前後段各五句，三仄韻，一疊韻。按此詞牌自唐迄元體各不一，要其源皆從李白詞出也，因詞有「秦娥夢斷秦樓月」句，故名〈秦樓月〉；蘇軾詞有「清光偏照雙荷葉」句，故名〈雙荷葉〉；無名氏詞有「水天搖蕩蓬萊閣」句，故名〈蓬萊閣〉；至賀鑄始易仄韻為平韻；張輯詞有「碧雲暮合」句，故名〈碧雲深〉；宋媛孫道絢詞有「花深深」句，故名〈花深深〉。

〔2〕杯休側。為君送別城南陌：言為友人餞別之悽楚，李白〈送儲邕之武昌〉：「送爾難為別，銜杯惜未傾。」杯休側，酒杯不要傾斜，即別倒酒，怕酒盡人散也。休，相當於莫、不要，杜甫〈戲贈友〉：「勸君休嘆恨，未必不為福。」

元稹〈開元觀閒居酬吳士矩侍御三十韻〉:「語默君休問,行藏我詎兼。」側,傾斜,《字彙‧人部》:「側,傾也。」《詩‧小雅‧賓之初筵》:「側弁之俄,屢舞傞傞。」錢起〈瑪瑙杯歌〉:「含華炳麗金尊側,翠斝瓊觴忽無色。」為君送別城南陌,為了送你遠行。君,即你,為彼此對稱,《史記‧張儀列傳》:「舍人曰:『臣非知君,知君乃蘇君。』」白居易〈讀張籍古樂府〉:「所以讀君詩,亦知君為人。」城南陌,本指城南的田間小路,後泛稱為離別的場所,戴叔倫〈奉天酬別鄭諫議雲迻盧拾遺景亮見別之作〉:「昔去城南陌,各為天際客。」張籍〈遠別離〉:「幾時斷得城南陌,勿使居人有行役。」

〔3〕茸茸芳草,萬家春色:以春色滿眼,芳草綿延,反襯出離別愁苦至極。茸茸芳草,綠草柔密叢生的樣子,韓翃〈宴楊駙馬山池〉:「垂楊拂岸草茸茸,繡戶簾前花影重。」張耒〈春晚有感〉:「茸茸草色鋪風軟,點點楊花著水輕。」萬家春色,到處都是春天的景色,韓琦〈再題康樂園〉:「一紀豐光雖易老,萬家春色且無窮。」歐陽脩〈夫人閣〉:「四海懽聲歌帝澤,萬家春色滿皇州。」萬家,四處盡是,李頎〈送皇甫曾遊襄陽山水兼謁韋太守〉:「蘆花獨戍晚,柑實萬家香。」韋應物〈登寶意寺上方舊遊〉:「翠嶺香臺出半天,萬家煙樹滿晴川。」

〔4〕陽關一曲愁腸結。吟鞭斜裊黃昏月:點出傍晚乃送別之時。陽關一曲愁腸結,形容離愁之深切,馮延巳〈蝶戀花〉:「醉裏不辭金爵滿。陽關一曲腸千斷。」陽關一曲,即王維所作之陽關曲,又叫渭城曲,王維〈渭城曲〉:「渭城朝雨浥輕塵,客舍青青柳色新。勸君更盡一杯酒,西出陽關無故人。」後借之以為別情之曲調,魏野〈東郊祖帳慘西風愁聽陽關曲調終〉:「東郊祖帳慘西風,愁聽陽關曲調終。」楊冠卿〈東坡引〉:「陽關一曲聲悽楚,惹起離筵愁緒夢。」愁腸結,憂愁纏結在腹中,比喻憂愁無從排解,李紳〈贈毛仙翁〉:「百年命促奔馬疾,愁腸盤結心摧崒。」魏承班〈謁金門〉:「雨細花零鶯語切,愁腸千萬結。」吟鞭斜裊黃昏月,傍晚在馬上吟唱著小曲音調悠揚不絕,范純仁〈游溁川石橋〉:「春風拂歸袂,暮景生吟鞭。」斜裊,音調悠揚不絕。裊,悠揚不絕,韋應物〈聽鶯曲〉:「有時斷續聽不了,飛去花枝猶裊裊。」趙蝦〈九日陪越州元相燕龜山寺〉:「雙影旆搖山雨霽,一聲歌裊寺雲秋。」黃昏月,傍晚初生之月,徐夤〈詠簾〉:「無情幾恨黃昏月,纔到如鉤便墮雲。」宋祁〈南方未臘梅花已開北土雖春未有秀者因懷昔時賞玩成憶梅詠〉:「曠望黃昏月,嫵妍半夜霜。」

〔5〕長安古道,洛陽遊客:感嘆來回穿梭,汲汲名利,故多別離。長安、洛陽皆古來名利場,崔塗〈灞上〉:「長安名利路,役役古田今。」于武陵〈過洛陽城〉:「古來利與名,俱在洛陽城。」盧倚馬〈寄同侶〉:「長安城東洛陽道,車輪不息塵浩浩。爭利貪前競著鞭,相逢盡是塵中老。」古道,老路、古舊

的道路，張繼〈歸山〉：「空林有雪相待，古道無人獨還。」李白〈灞陵行送別〉：「古道連綿走西京，紫闕落日浮雲生。」遊客，離家在外的人，沈約〈和何議曹郊遊〉：「江皋倦遊客，薄暮懷歸者。」何遜〈與崔錄事別兼敘攜手〉：「我本倦遊客，心念似懸旌。」

二

斜陽暮。西風落葉關山路〔1〕。關山路。歸鴻巢燕，笑人來去〔2〕。

我歌一曲君聽取。人生聚散如今古〔3〕。如今古。湘江秋水，渭川春樹〔4〕。

【校】

〔關山路〕：就〈秦樓月〉之句式可知，「西風落葉關山路」之後應爲疊句，天順舊鈔本、弘治本、四庫本皆脫「關山路」一句。

〔歸鴻巢燕〕：天順舊鈔本、弘治本、四庫本作「歸鴻巢燕」；四印齋本、《全金元詞》作「歸鴻巢鷰」。鷰，同燕。此取較通行之字。

【箋注】

〔1〕斜陽暮。西風落葉關山路：斜陽、西風、落葉等蕭瑟的景象，引發對人世的感慨。斜陽暮，暮靄沉沉的樣子，多用以烘托文人的愁緒，秦觀〈踏莎行〉：「可堪孤館閉春寒，杜鵑聲裏斜陽暮。」吳潛〈青玉案〉：「蒼煙欲合斜陽暮，付與愁人砌愁句。」西風落葉關山路，形容一片蕭條的景色。西風落葉，秋風吹起，樹葉凋零，楊億〈可久道人之歙州兼簡知郡李學士〉：「獨攜缾錫新安去，寒雨西風落葉頻。」劉攽〈送徐君章〉：「西風落葉密如雨，信宿長淮見清月。」關山路，經過關隘與山峰的道路，比喻路途遙遠或行路的困難，李益〈鹽州過胡兒飲馬泉〉：「從來凍合關山路，今日分流漢使前。」李珣〈望遠行〉：「春日遲遲思寂寥，行客關山路遙。」

〔2〕歸鴻巢燕，笑人來去：藉鳥兒笑人來去，感嘆人爲名利奔走，無一刻停歇，李之儀〈次韻景仁海次西還〉：「無端擾擾來還去，只恐沙鷗解笑人。」郭印〈次韻南伯唐福道中〉：「村醪饒客醉，山鳥笑人忙。」歸鴻巢燕，泛指能歸故園者。歸鴻，返回故鄉的鴻鳥，曹植〈九愁賦〉：「願接翼於歸鴻，嗟高飛而莫攀，因流景而寄言，響一絶而不還。」陸雲〈贈鄭曼季往返〉：「歸鴻逝矣，玄鳥來吟。」巢燕，回到窩巢的燕子，謝朓〈春思〉：「巢燕聲上下，黃鳥弄儔匹。」庾信〈和穎川公秋夜〉：「洞浦落遵鴻，長飈送巢燕。」笑人來去，笑人爲事奔波、行色匆忙。來去，往返，劉長卿〈九日題蔡國公主樓〉：「年年畫梁燕，來去豈無心。」孟浩然〈夜歸鹿門山歌〉：「巖扉松徑長寂寥，

惟有幽人夜來去。」

〔3〕我歌一曲君聽取。人生聚散如今古：指出自古人生本聚散無常。我歌一曲君聽取，請你聽我吟唱一曲，白居易〈短歌行〉：「爲君舉酒歌短歌，歌聲苦，詞亦苦，四座少年君聽取。」元稹〈酬樂天勸醉〉：「願君聽此曲，我爲盡稱嗟。」聽取，聽聞採納，駱賓王〈稱心寺〉：「爲樂凡幾許，聽取舟中琴。」白居易〈楊柳枝詞〉：「古歌舊曲君休聽，聽取新翻楊柳枝。」人生聚散如今古，人生聚散自古而然，李商隱〈七月二十九日崇讓宅讌作〉：「浮世本來多聚散，紅葉何事亦離披。」歐陽脩〈聖無憂〉：「人生聚散長如此，相見且懽娛。」聚散，聚合與離散，《莊子・則陽》：「緩急相摩，聚散以成。」趙冬曦〈酬燕公出湖見寄〉：「聚散本相因，離情自悲悵。」如今古，今古皆如此，王建〈喻時〉：「古今盡如此，達士將何爲。」韋應物〈過昭國里故弟〉：「唯思今古同，時緩傷與戚。」

〔4〕湘江秋水，渭川春樹：如同人生無常般，山川景色亦是隨著時序不斷變化。借湘江、渭川來泛指各處；秋水、春樹用來表示景物會隨四時變化不定。湘江，河川名，源出廣西省靈川縣東的海陽山，與灘江同源，爲湖南省四大河流之一，東北流入湖南省境，經零陵、衡陽諸縣，合瀟水、蒸水，北流經長沙縣注入洞庭湖，長約八百一十七公里，或稱爲湘水，閻立本〈巫山高〉：「君不見巫山磕匝翠屏開，湘江碧水遶山來。」張籍〈湘江曲〉：「湘水無潮秋水闊，湘中月落行人發。」秋水，秋日江湖上的水，潘嶽〈秋興賦〉：「澡秋水之涓涓兮，玩遊鰷之瀲瀲。」王勃〈滕王閣序〉：「落霞與孤鶩齊飛，秋水共長天一色。」渭川，即渭河，河川名，源出甘肅省渭源縣西的鳥鼠山，東南流經陝西省，至高陵縣會涇水，又東流至朝邑縣會洛水，注入黃河，亦稱爲渭水，曹植〈豫章行〉：「太公未遭文，漁釣終渭川。」庾信〈擬詠懷〉：「赭衣居傅巖，垂綸在渭川。」春樹，春天的林木，張九齡〈奉和聖製早渡蒲津關〉：「長堤春樹發，高掌曙雲開。」陳子昂〈于長史山池三日曲水宴〉：「巖樹風光媚，郊園春樹平。」

三

調羹手。殘枝莫折離亭柳〔1〕。離亭柳。年年春盡，爲誰消瘦〔2〕。

　　海棠過雨愁紅皺。行人駐馬空搔首〔3〕。空搔首。秦樓花月，鳳城歌酒〔4〕。

【校】

〔離亭柳〕：就〈秦樓月〉之句式可知，「殘枝莫折離亭柳」之後應爲疊句，天順舊鈔本、弘治本、四庫本皆脫「離亭柳」一句。

【箋注】

〔1〕調羹手。殘枝莫折離亭柳：指為國盡心，不願離去。調羹手，虞世南《北堂書鈔・卷六十八・設官部・長史》：「銅印墨綬，秩皆千石，毗佐三台，助鼎和味，差次九品，詮衡人倫，職無不攬。」言處理國家大事，就如同在鼎鼐中調味，後協助國君，處理政事，便稱為調羹手，又稱調鼎手，郭祥正〈史君梁奉議送客至高明軒為予言登覽之勝作四韻戲寄〉：「廟堂孰是調羹手，郡國猶淹濟世才。」許景衡〈上時相壽〉：「古來多少調羹手，獨見緇衣有世臣。」殘枝莫折離亭柳，古來別去始折柳，此處言莫折，乃不欲別也，戴叔倫〈留別宋處士〉：「莫折園中柳，相看惜暮春。」孫魴〈楊柳枝詞〉：「未曾得向行人道，不謂離情莫折伊。」殘枝，枯頹凋零的枝條，何希堯〈一枝花〉：「東風留得殘枝在，為惜餘芳獨看來。」馮延巳〈采桑子〉：「獨折殘枝，無語憑闌祇自知。」離亭，離別的處所，張說〈洛橋北亭詔餞諸剌史〉：「離亭拂御溝，別曲舞船樓。」顧雲〈詠柳〉：「離亭不放到春暮，折盡拂簷千萬枝。」柳，諧音留，古時多以之留別，宋璟〈送蘇尚書赴益州〉：「園亭若有送，楊柳最依依。」岑參〈青門歌送東臺張判官〉：「青門柳枝正堪折，路傍一日幾人別。」

〔2〕年年春盡，為誰消瘦：因有事掛心，故年年消瘦，白居易〈春盡日宴罷感事獨吟〉：「金帶縋腰衫委地，年年衰瘦不勝衣。」春盡，春季完盡，徐延壽〈折楊柳〉：「餘花怨春盡，微月起秋陰。」王昌齡〈靜法師東齋〉：「春盡草木變，雨來池館清。」為誰消瘦，因為誰而消減瘦弱，歐陽脩〈浣溪沙〉：「閑愁閑悶日偏長，為誰消瘦損容光。」消瘦，消減瘦弱，宋之問〈江南曲〉：「待君消瘦盡，日暮碧江潭。」張祜〈病宮人〉：「惆悵近來消瘦盡，淚珠時傍枕函流。」

〔3〕海棠過雨愁紅皺。行人駐馬空搔首：遊子焦慮國事未能完善，故眼前所見之海棠亦因其豔紅而憂。海棠過雨愁紅皺，海棠因花色豔麗而煩憂。過雨，齊己〈海棠花〉：「繁於桃李盛於梅，寒食旬前社後開。半月暄和留豔態，兩時風雨免傷摧。」可知海棠約於春社後，在清明前開花，當時正值多雨之際，故過雨，應解為雨後，劉長卿〈尋南溪常山道人隱居〉：「過雨看松色，隨山到水源。」杜甫〈寄李十四員外布十二韻〉：「宿陰繁素奈，過雨亂紅蕖。」紅皺，形容花的顏色及樣貌，洪適〈秋懷〉：「弱枝紅皺重，平野碧滋長。」董嗣杲〈題意香壁〉：「窗戶生香還有意，夕陽紅皺石榴花。」空搔首，形容心有所思或煩急的樣子，高適〈九日酬顏少府〉：「縱使登高只斷腸，不如獨坐空搔首。」杜甫〈九成宮〉：「天王守太白，駐馬更搔首。」

〔4〕秦樓花月，鳳城歌酒：京城到處依舊是歡愉靡爛的生活。秦樓花月，於歌舞場所流連。秦樓，本為秦穆公的女兒弄玉與丈夫蕭史吹簫引鳳的鳳樓，劉向

《列仙傳・蕭史》：「蕭史者，秦穆公時人也，善吹簫能致孔雀白鶴於庭。穆公有女字弄玉，好之，公遂以女妻焉。日教弄玉作鳳鳴，居數年，吹似鳳聲，鳳凰來止其屋，公爲作鳳臺，夫婦止其上，不下數年，一旦皆隨鳳凰飛去。」亦有詩文用此典，吳兢〈永泰公主挽歌〉：「無復秦樓上，吹簫下鳳皇。」李煜〈謝新恩〉：「秦樓不見吹簫女，空餘上苑風光。」後遂爲歌舞場所或妓館的別名，宋祁〈贈吳太傅〉：「柔桑密映秦樓騎，溫詔香懷漢署泥。」張孝祥〈念奴嬌〉：「不盡山川，無窮煙浪，辜負秦樓約。」花月，令人迷醉之事物，李白〈襄陽曲〉：「江城回淥水，花月使人迷。」韓愈〈送靈師〉：「有時醉花月，高唱清且綿。」鳳城歌酒，京城處處皆歌臺舞榭，李遠〈贈友人〉：「鳳城煙靄思偏多，曾向劉郎住處過。銀燭焰前貪勸酒，玉簫聲裏已聞歌。」歌酒，尋歡飲酒，白居易〈酬別周從事〉：「洛下田園久拋擲，吳中歌酒莫留連。」李涉〈醉中贈崔膺〉：「揚州歌酒不可追，洛神映箔湘妃語。」

四

瓊花島。盧溝殘月西山曉〔1〕。西山曉。龍盤虎踞，山圍水繞〔2〕。

　　昭王一去音塵杳。遙憐弓劍行人老。行人老。黃金臺上，幾番秋草〔3〕。

【校】

此闋詞錄自《析津志輯佚・河閘橋樑・盧溝橋》條下太保劉文貞公〈秦樓月〉。天順舊鈔本、弘治本、四印齋本、四庫本、唐圭璋《全金元詞》皆無。

【箋注】

〔1〕瓊花島。盧溝殘月西山曉：點出遊覽瓊花島的時間。瓊花島，即瓊華島，島名，位於北平市的北海中，島上建有佛殿及白石佛塔，風景秀麗，或稱爲白塔山、瓊島、瑤島，金人建宮室於此，故元朝文人多登覽懷古，耶律鑄〈瓊花島〉：「萬歲山頭萬樹松，萬年基業一朝空。如何太液池中水，依舊羅紋起細風。」王惲〈遊瓊華島〉：「六鼇不戴三山去，留與都人泣鼎湖。」盧溝殘月西山曉，指京城天剛亮的時候。盧溝、西山皆爲燕京勝景，一因雄偉壯麗的盧溝橋在曙光未露，明月映照下，風景絕美，而有盧溝曉月之名；另一因該處每當冬雪初霽，於此登高遠望，凝聚著銀白色的積雪，茫茫無邊，閃耀不溶，顯得格外奇麗，故有西山積雪之名，《明昌遺事》即記載：「燕京八景曰：『瓊島春陰』、『太液秋風』、『玉泉垂虹』、『西山積雪』、『薊門飛雨』、『盧溝曉月』、『居庸疊翠』、『金臺夕照』。」此燕京八景爲金章宗完顏璟所定，其中「盧溝曉月」、「西山積雪」元人多有題詠，陳孚〈盧溝曉月〉：「長橋彎彎

飲海鯨，河水不濺冰崢嶸。遠鷄數聲燈火杳，殘蟾酒暎長庚橫。」宋本〈大都雜詩〉：「盧溝曉月墮蒼煙，十二門開日色鮮。」陳孚〈西山晴雪〉：「凍雀無聲庭檜響，冰花灑簷大如掌。平明起視巖壑間，挿天瓊瑤一千丈。」張起巖〈西山晴雪〉：「曉雲多雪凍風殘，一帶西山儘可觀。」殘月，將落之月，李嶠〈早發苦竹館〉：「早霞稍靆靆，殘月猶皎皎。」皇甫冉〈早發中巖寺別契上人〉：「蒼蒼松桂陰，殘月半西岑。」

〔2〕龍盤虎踞，山圍水繞：形容地勢壯闊，山水環抱。龍盤虎踞，像龍盤繞，像虎蹲踞，《太平御覽・州郡部・敍京都下》：「劉備曾使諸葛亮至京，因睹秣陵山阜，歎曰：『鍾山龍盤，石頭虎踞，此帝王之宅。』」即形容地勢宏偉險要，李白〈永王東巡歌〉：「龍盤虎踞帝王州，帝子金陵訪古丘。」許渾〈途經秦始皇墓〉：「龍盤虎踞樹層層，勢入浮雲亦是崩。」山圍水繞，指山水環繞，洪芻〈宴城上亭呈閱道〉：「山圍水遶思悠哉，暫向登臨勝處來。」陸游〈北窗哦詩因賦〉：「露下螢飛仲秋月，山圍水繞建安城。」

〔3〕昭王一去音塵杳。遙憐弓劍行人老。行人老。黃金臺上，幾番秋草：感嘆知人賢君不復在，招攬才士的黃金臺，如今已雜草蔓生，陳子昂〈薊丘覽古贈盧居士藏用七首燕昭王〉：「南登碣石阪，遙望黃金臺。丘陵盡喬木，昭王安在哉。」李白〈行路難〉：「昭王白骨縈蔓草，誰人更掃黃金臺。」昭王一去音塵杳，指燕昭王南征，一去音訊全無，李善夷〈責漢水辭序〉：「按昭王南征至漢，舟人膠其舟，王遂溺死。」曹鄴〈南征怨〉：「萬浪東不回，昭王南征早。龍舟沒何處，獨樹江上老。」昭王，即燕昭王，《史記・燕召公世家》：「燕昭王於破燕之後即位，卑身厚幣以招賢者。謂郭隗曰：『齊因孤之國亂而襲破燕，孤極知燕小力少，不足以報。然誠得賢士以共國，以雪先王之恥，孤之願也。先生視可者，得身事之。』郭隗曰：『王必欲致士，先從隗始。況賢於隗者，豈遠千里哉！』於是昭王爲隗改築宮而師事之。樂毅自魏往，鄒衍自齊往，劇辛自趙往，士爭趨燕。燕王弔死問孤，與百姓同甘苦。」又《上谷圖經》：「黃金臺，易水南十八里。燕昭王置千金於臺上以延天下士，謂之黃金之臺。」燕昭王、黃金臺遂爲知人善任、招攬賢良之代稱，沈佺期〈答魑魅代書寄家人〉：「迎賓就丞相，選士謁昭王。」鮑照〈代放歌行〉：「豈伊白璧賜，將起黃金臺。」音塵杳，沒有任何音訊、消息，鄭谷〈借薛尙書集〉：「江天冬暖似花時，上國音塵杳未知。」梅堯臣〈代書寄歐陽永叔四十韻〉：「魚鳥都難問，音塵杳莫傳。」遙憐弓劍行人老，感慨出外打仗的人都已年老，指經過很長一段時間。遙憐，即遠思感嘆，宋之問〈寒食江州滿塘驛〉：「遙憐鞏樹花應滿，復見吳洲草新綠。」高適〈人日寄杜二拾遺〉：「人日題詩寄草堂，遙憐故人思故鄉。」行人，此指出外打仗的人，杜甫〈兵車行〉：「車轔轔，馬蕭蕭，行人弓箭各在腰。」鮑溶〈寄李都護〉：「去年河上送行

人，萬里弓旌一武臣。」幾番秋草，指經過許多年，用以形容時移勢易。幾
番，多次，駱賓王〈疇昔篇〉：「上苑頻經柳絮飛，中園幾番梅花落。」詹敦
仁〈餘遷泉山城留侯招遊郡圃作此〉：「試問門前花與柳，幾番衰謝幾番榮。」

踏莎行 [1]

一

白日無停，青山有暮。功名兩字將人誤 [2]。襟懷先著酒澆開，放心
又被書收住 [3]。　　　一味閑情，十分幽趣。夢哦芳草池塘句 [4]。
東風吹徹滿城花，無人曾見春來處 [5]。

【校】

〔將人誤〕：天順舊鈔本、弘治本、四庫本作「將人惧」；四印齋本、《全
金元詞》作「將人誤」。惧，同誤。

【箋注】

〔1〕踏莎行：雙調，五十八字，前後段各五句，三仄韻。金詞注中呂調，曹冠詞
　　名〈喜朝天〉，趙長卿詞名〈柳長春〉。

〔2〕白日無停，青山有暮。功名兩字將人誤：言功名使人勞碌不停。白日無停，
　　太陽運行不曾停止，強至〈升之元眞觀讀書〉：「白日無停運，青雲要早圖。」
　　白日，太陽，宋玉〈神女賦序〉：「其始來也，耀乎若白日初出照屋樑。」陶
　　潛〈雜詩〉：「白日淪西河，素月出東嶺。」無停，無一刻停止，李白〈長歌
　　行〉：「大力運天地，羲和無停鞭。」顧況〈大茅嶺東新居憶亡子從眞〉：「大
　　象無停輪，倏忽成古今。」青山有暮，總有日落青山之時，劉長卿〈瓜洲道
　　中送李端公南渡後歸揚州道中寄〉：「惆悵江南北，青山欲暮時。」白居易〈長
　　安早春旅懷〉：「夜深明月卷簾愁，日暮青山望鄉泣。」暮，傍晚、太陽將落
　　的時候，《廣韻‧暮韻》：「暮，日晚也。」《國語‧晉語五》：「范文子暮退於
　　朝。」唐杜甫《石壕吏》：「暮投石壕村，有吏夜捉人。」功名兩字將人誤，
　　人多被功業名聲耽誤，黃庭堅〈次韻道輔雙嶺見寄三疊〉：「貞觀魏公孫，今
　　來功名誤。」劉弇〈贈法雲守光上人〉：「惜哉功名惧，未爾寄物當。」將，
　　把，王建〈斜路行〉：「誰將古曲換斜音，回取行人斜路心。」韓愈〈李花〉：
　　「誰將平地萬堆雪，翦刻作此連天花。」誤，同惧，迷惑、耽擱，《荀子‧正
　　論》：「是特姦人之誤於亂說，以欺愚者，而潮陷之，以偷取利焉。」杜甫〈奉
　　贈韋左丞丈二十二韻〉：「紈綺不餓死，儒冠多誤身。」

〔3〕襟懷先著酒澆開，放心又被書收住：飲酒解懷，拋開俗事，沉浸於書中。襟

懷先著酒澆開，藉酒開懷，意同於李白〈送族弟單父主簿凝攝宋城主簿至郭南月橋卻迴棲霞山留飲贈之〉：「群花散芳園，鬥酒開離顏。」杜甫〈蘇端薛復筵簡薛華醉歌〉：「千里猶殘舊冰雪，百壺且試開懷抱。」褊懷，狹隘的胸襟，蕭穎士〈白鷳賦序〉：「方議夫南登西泛，極聞見之義，諒褊懷所素蓄，而未之從也。」褊，狹小、狹隘，蔡邕〈讓高陽侯印綬符策〉：「非臣小族陋宗，器量褊狹，所能堪勝。」嵇康〈憂憤詩〉：「惟此褊心，顯明臧否，感悟思愆，恒若創疼。」著酒澆開，讓酒解開懷抱。著，命、使、讓，王建〈和蔣學士新授章服〉：「看宣賜處驚回眼，著謝恩時便稱身。」王維〈戲題示蕭氏甥〉：「郗公不易勝，莫著外家欺。」放心又被書收住，指胸襟開拓之際，又被典籍所吸引。放心，放開懷抱，王維〈瓜園詩〉：「攜手追涼風，放心望乾坤。」李白〈懷仙歌〉：「一鶴東飛過滄海，放心散漫知何在。」收，約束、牽引，《禮記‧學記》：「夏楚二物，收其威也。」王勃《上劉右相書》：「朽索充羈，不收奔馬之逸。」

〔4〕一味閑情，十分幽趣。夢哦芳草池塘句：閒吟詩賦，別有一番幽趣。一味閑情，十分幽趣，指享受閒適雅清幽的情趣，皎然〈夏日登觀農樓和崔使君〉：「朝觀趣無限，高詠寄閑情。」一味，總是、一直，林逋〈梅花〉：「一味清新無我愛，十分孤靜與伊愁。」歐陽脩〈招許主客〉：「欲將何物招嘉客，惟有新秋一味涼。」閑情，悠閒的情趣，羊士諤〈書樓懷古〉：「遠目窮巴漢，閒情閱古今。」白居易〈詠懷〉：「不爲世所薄，安得遂閑情。」十分，圓滿、充足也，元稹〈放言〉：「五鬥解酲猶恨少，十分飛盞未嫌多。」徐夤〈門外閒田數畝長有泉源因築直堤分爲兩沼〉：「十分春水雙簷影，一片秋空兩月懸。」幽趣，幽雅的趣味，岑參〈太一石鱉崖口潭舊廬招王學士〉：「幽趣候萬變，奇觀非一端。」白居易〈秋日懷杓直〉：「常雲遇清景，必約同幽趣。」夢哦芳草池塘句，從夢中得出佳句，典出自《南史‧謝方明列傳》：「子惠連，年十歲能屬文，族兄靈運嘉賞之，云：『每有篇章，對惠連輒得佳語。』嘗於永嘉西堂思詩，竟日不就，忽夢見惠連，即得『池塘生春草』，大以爲工。常云：『此語有神功，非吾語也。』」文人常以此事爲詩，白居易〈夢行簡〉：「天氣妍和水色鮮，閒吟獨步小橋邊。池塘草綠無佳句，虛臥春窗夢阿連。」李群玉〈送唐侍御福建省兄〉：「到日池塘春草綠，謝公應夢惠連來。」哦，吟誦，《說文新附‧口部》：「哦，吟也。」王建〈早秋過龍武李將軍書齋〉：「語笑侍兒知禮數，吟哦野客任狂疏。」

〔5〕東風吹徹滿城花，無人曾見春來處：春花開滿城，但無人知道春從何處來。東風吹徹滿城花，春風將滿城的繁花吹放了，獨孤及〈同岑郎中屯田韋員外花樹歌〉：「東風動地吹花發，渭城桃李千樹雪。」吹徹，吹遍，王洋〈題宓庵壁〉：「西風吹徹菊花黃，喚我東籬泛一觴。」馬廷鸞〈後中秋〉：「金風吹

徹玉簫寒，志士悲秋思萬端。」滿城花，形容花開滿城，色彩繽紛，劉禹錫〈傷秦姝行〉：「長安二月花滿城，插花女兒彈銀箏。」劉敞〈孤壘〉：「春風甚不遠，更種滿城花。」無人曾見春來處，沒有人曾經看見春來自何處，強至〈送春〉：「年年不會春來處，疑自深紅嫩白間。」無人曾見，從來沒人看見，王洋〈贈宣上人〉：「袖被騰騰粥飯師，無人曾見下山時。」韓元吉〈再用前韻戲傳道〉：「空谷天寒翠袖遮，無人曾見玉釵斜。」

二

碧水東流，白雲西去。旌旗捲盡西山雨〔1〕。淡煙寒露月黃昏，傷懷又似別來處〔2〕。　　雙眼增明，青山如故。故人怪我來何暮〔3〕。征鼙聲震五更風，夢魂驚散無蹤緒〔4〕。

【校】

〔淡煙〕：天順舊鈔本、弘治本、四庫本作「淡烟」；四印齋本、《全金元詞》作「淡煙」。烟，同煙。

〔又似別來處〕：天順舊鈔本、弘治本、四庫本作「又似別來處」；四印齋本、《全金元詞》作「又是別來處」。就音調、文意而言，兩者皆可；然就情境而言，以「又似別來處」為勝。

【箋注】

〔1〕碧水東流，白雲西去。旌旗捲盡西山雨：描述戰場蕭索的景象。碧水東流，白雲西去，流水往東，白雲向西，有流離分散、惆悵無奈之感，劉長卿〈潁川留別司倉李萬〉：「白雲西上催歸念，潁水東流是別心。」碧水東流，清澈的流水往東邊流去，李白〈望天門山〉：「天門中斷楚江開，碧水東流至北迴。」蘇軾〈玉津園〉：「碧水東流還舊派，紫壇南峙表連岡。」白雲西去，天上的雲朵一直往西邊飄，李白〈贈裴十四〉：「裴回六合無相知，飄若浮雲且西去。」王安石〈張劍州至劍一日以新憂罷〉：「行看萬里雲西去，倚馬春風不忍鞭。」旌旗捲盡西山雨，形容戰場上山雨迷濛之景況，岑參〈獻封大夫破播仙凱歌〉：「暮雨旌旗溼未乾，胡煙白草日光寒。」張籍〈楚妃歎〉：「今南雨多旌旗暗，臺下朝朝春水深。」旌旗，軍旗，《周禮・春官・司常》：「凡軍事，建旌旗，及致民，置旗弊之。」《墨子・旗幟》：「戟為旌旗，劍盾為羽旗，車為龍旗，騎為鳥旗。」捲盡，又作卷盡，捲收完盡，韋驤〈初睡〉：「凍雲卷盡月華清，寒氣稜稜夜轉生。」李光〈晚晴〉：「行窮坡嶺山方好，捲盡旌旗眼更明。」西山雨，西面山所下之雨，王勃〈滕王閣〉：「畫棟朝飛南浦雲，珠簾暮捲西山雨。」韋莊〈雜體聯錦〉：「蓮塘在何許，日暮西山雨。」

〔2〕淡煙寒露月黃昏，傷懷又似別來處：夕陽西下，曠渺無極，引發感傷之情。
　　淡煙寒露月黃昏，指黃昏淒冷之狀況，徐積〈贈玉師失鸚鵡〉：「淡煙白浦月
　　黃昏，倚遍闌干空倚門。」淡煙，山川間像煙一樣的水氣，牟融〈陳使君山
　　莊〉：「流水斷橋芳草路，淡煙疏雨落花天。」劉滄〈秋日山寺懷友人〉：「蕭
　　寺樓臺對夕陰，淡煙疏磬散空林。」寒露，寒冷的露水，比喻寒冷的氣候，
　　顏之推《顏氏家訓・止足》：「人生衣趣以覆寒露，食趣以塞飢乏爾。」張九
　　齡〈使還都湘東作〉：「孤楫清川泊，征衣寒露滋。」月黃昏，傍晚月亮初升
　　之時，韋皋〈天池晚櫂〉：「扣舷歸載月黃昏，直至更深不假燭。」林逋〈山
　　園小梅〉：「疏影橫斜水清淺，暗香浮動月黃昏。」傷懷又似別來處，似乎是
　　因爲離開故園而感傷，劉兼〈秋夕書懷呈戎州郎中〉：「歸去水雲多阻隔，別
　　來情緒足悲傷。」傷懷，觸動情懷而有所感傷，《詩經・白華》：「嘯歌傷懷，
　　念彼碩人。」莊忌〈哀時命〉：「處卓卓而日遠兮，志浩蕩而傷懷。」似，似
　　乎，《史記・酈生陸賈列傳》：「因問陸生曰：『我孰與蕭何、曹參、韓信賢？』
　　陸生曰：『王似賢。』」《世說新語・品藻》：「論王霸之餘策，覽倚伏之要害，
　　吾似有一日之長。」別來處，分別的地方，王昌齡〈同李四倉曹宅夜飲〉：「欲
　　問吳江別來處，青山明月夢中看。」別來，自從分別以來，蘇頲〈山鷓鴣詞〉：
　　「寒露溼青苔，別來蓬鬢秋。」沈佺期〈十三四時嘗從巫峽過他日偶然有思〉：
　　「別來如夢裏，一想一氛氳。」

〔3〕雙眼增明，青山如故。故人怪我來何暮：藉回鄉之夢境，表示自己不願隨軍
　　征戰。雙眼增明，青山如故，指仔細觀看，發現景物如故。雙眼增明，雙眼
　　更加清明，趙抃〈按獄畚山舟行〉：「放舸急流身覺快，披雲孤嶼眼增明。」
　　趙蕃〈鄭仲理送行〉：「溪山廓廓眼增明，鷗鷺依依舊有盟。」青山如故，指
　　景物依舊，白居易〈曲江感秋〉：「池中水依舊，城上山如故。」李頎〈題盧
　　五舊居〉：「窗前綠竹生空地，門外青山如舊時。」故人怪我來何暮，老朋友
　　怪自己爲何這麼晚才回來。故人，老友，《後漢書・嚴光傳》：「朕故人嚴子陵
　　共臥耳。」謝朓〈春思〉：「邊郊阻遊衍，故人盈契闊。」來何暮，爲何這麼
　　晚才來，張子容〈贈司勳蕭郎中〉：「吏部來何暮，王言念在茲。」劉長卿〈奉
　　送賀若郎中賊退後之杭州〉：「雙旌誰道來何暮，萬井如今有幾人。」暮，遲、
　　晚，《呂氏春秋・謹聽》：「夫自念斯，學德未暮。」《後漢書・廉範傳》：「百
　　姓爲便，乃歌之曰：『廉叔度，來何暮？不禁火，民安作。平生無襦今五袴。』」

〔4〕征鼙聲震五更風，夢魂驚散無蹤緒：鼙鼓聲頻，令其由美夢中驚醒。征鼙聲
　　震，戰鼓聲音之大，元稹〈古社〉：「壯聲鼓鼙震，高燄旗幟翻。」段克己〈滿
　　江紅〉：「雲氣黷，鼓鼙聲震，天穿地裂。」征鼙，古代軍隊中作戰時使用的
　　戰鼓，陸雲〈晉故散騎常侍陸府君誄〉：「征鼙屢振，干戈未戢。」毛文錫〈甘
　　州遍〉：「邊聲四起，愁聞戍角與征鼙。」五更風，清晨的風，王建〈宮詞〉：

「自是桃花貪結子，錯教人恨五更風。」李商隱〈代應〉：「溝水分流西復東，九秋霜月五更風。」夢魂驚散無蹤緒，夢境已被驚散，消失無蹤。夢魂驚散，李白〈大堤曲〉：「春風無復情，吹我夢魂散。」齊己〈春居寄友生〉：「江村雷雨發，竹屋夢魂驚。」無蹤緒，沒有絲毫蹤影、痕跡，李綱〈與張龍圖第二書〉：「鳥飛獸散，杳無蹤緒。」緒，頭緒，《淮南子‧精神》：「反覆終始，不知其端緒。」《晉書‧陶侃傳》：「千緒萬端，罔有遺漏。」

訴衷情〔1〕

山河縈帶九州橫。深谷幾爲陵〔2〕。千年萬年興廢，花月洛陽城〔3〕。

　　圖富貴，論功名。我無能〔4〕。一壺春酒，數首新詩，實訴衷情〔5〕。

【校】

五個版本所錄之字句皆同。

【箋注】

〔1〕訴衷情：唐教坊曲名，毛文錫詞有「桃花流水漾縱橫」句，故又名〈桃花水〉；張元幹以黃庭堅詞曾詠漁父家風，故一名〈漁父家風〉；張輯詞有「一釣絲風」句，故又名〈一絲風〉。按花間集此調有兩體：單調者，或間入一仄韻，或間入兩仄韻，韋莊顧敻溫庭筠三詞略同；雙調者全押平韻，毛文錫、魏承班二詞略同。就詞排格律判斷，此闋詞應爲雙調〈訴衷情令〉，四十四字，前段四句，三平韻，後段六句，三平韻。

〔2〕山河縈帶九州橫。深谷幾爲陵：形容歷時久遠。山河縈帶九州橫，指山河在中國廣闊的領土上盤據。山河縈帶，山河如衣帶般盤繞，梁武帝〈遊鍾山大愛敬寺〉：「面勢周大地，縈帶極長川。」文同〈奏爲乞修洋州城並添兵狀〉：「東北諸山，縈帶聯屬，徑路盤屈。」縈，纏繞、盤繞，《說文‧糸部》：「縈，收卷也。」《詩‧周南‧樛木》：「南有樛木，葛藟縈之。」《白虎通‧災變》：「以朱絲縈之，鳴鼓攻之。」九州橫，中國領土廣遠。九州，我國古代分天下爲九個行政區，稱爲九州，歷來說法不一，有禹貢九州、爾雅九州、周禮九州等分別，一般乃指周禮九州，爲揚、荊、豫、青、兗、雍、幽、冀、并，後用作中國的代稱，《書經‧夏書‧禹貢》：「九州攸同，四隩既宅。」《禮記‧月令》：「凡在天下九州之民者，無不咸獻其力，以共皇天、上帝、社稷、寢廟、山林、名川之祀。」橫，廣遠、廣闊，《莊子‧徐無鬼》：「吾所以說吾君者，橫說之則以詩書禮樂，從說之則金板六弢。」《荀子‧修身》：「體恭敬而心忠信，術禮義而情愛人，橫行天下，雖困四夷，人莫不貴。」深谷幾爲陵，

深谷變成了丘陵，形容經歷很長的時間，釋皎然〈塔銘〉：「上階於天，下窮於淵，深谷爲陵，其功不騫。」張又新〈帆遊山〉：「君看深谷爲陵後，翻覆人間未肯休。」幾，表示非常接近，相當於幾乎、差不多，《爾雅・釋詁下》：「幾，近也。」《易・小畜》：「月幾望。」《漢書・高帝紀》：「豎儒幾敗迺公事！」

〔３〕千年萬年興廢，花月洛陽城：指人們並沒有記取千萬年之興廢教訓，京城歌舞依舊。千年萬年興廢，歷代興亡事，《宋宣和遺事・元集》：「上下三千餘年，興廢百千萬事。」耶律楚材〈和耶律繼先韻〉：「千年興廢漚浮沉，百歲光陰電飛爍。」千年萬年，極其長遠的年代，孟郊〈望夫石〉：行人悠悠朝與暮，千年萬年色如故。」司馬光〈海仙歌〉：「餐芝茹朮飲玉漿，千年萬年樂未央。」興廢，興盛和衰廢，揚雄〈重黎篇〉：「秦縊灞上，楚分江西，興廢何速也。」劉勰《文心雕龍・史傳》：「表微盛衰，殷鑒興廢。」花月洛陽城，沉迷於京城歌舞當中，庾信〈代人傷往〉：「雜樹本惟金谷苑，諸花舊滿洛陽城，正是古來歌舞處，今日看時無地行。」白居易〈閑吟〉：「看雪尋花玩風月，洛陽城裏七年閑。」洛陽城，位於河南省西部的洛陽盆地內，地勢優越，東控中原，西據崤函，自古爲兵家必爭之地，且東周、東漢、魏、西晉、後魏、後唐皆曾於此建都，故亦稱爲洛京、京洛，庾信〈烏夜啼〉：「御史府中何處宿，洛陽城頭那得棲。」宋之問〈明河篇〉：「洛陽城闕天中起，長河夜夜千門裏。」在此作京城、繁華之處解。

〔４〕圖富貴，論功名。我無能：表示對於富貴功名沒有興趣，杜甫〈岳麓山道林二寺行〉：「依止老宿亦未晚，富貴功名焉足圖。」白居易〈東溪種柳〉：「富貴本非望，功名須待時。」圖富貴，謀求錢財地位，《寒山詩集》：「心貪覓榮華，經營圖富貴。」田錫〈將箴〉：「不可以圖富貴，而欲爲將也；不可以愛威嚴，而欲爲將也。」圖，謀取、貪圖，《左傳・隱西元年》：「姜氏何厭之有？不如早爲之所，無使滋蔓，蔓難圖也。」《戰國策・秦策四》：「韓、魏從，而天下可圖也。」論功名，顧及功業名聲，韋驤〈雨後〉：「賤局安閑出天幸，未須多口論功名。」李正民〈寄元叔〉：「湖海飄零畏甲兵，敢將筆墨論功名。」論，顧及、考慮，李斯〈諫逐客書〉：「今取人則不然，不問可否，不論曲直，非秦者去，爲客者逐。」李賀〈公莫舞歌〉：「漢王今日須秦印，絕臏刳腸臣不論。」我無能，自己沒有才幹能力，《論語・憲問》：「君子道者三，我無能焉：仁者不憂，知者不惑，勇者不懼。」陳子昂〈登薊城西北樓送崔著作融入都〉：「清規子方奏，單戟我無能。」

〔５〕一壺春酒，數首新詩，實訴衷情：唯有飲酒作詩以表心中情，姚合〈寄國子楊巨源祭酒〉：「日日新詩出，城中寫不禁。」鄭谷〈多虞〉：「向闕歸山俱未得，且沽春酒且吟詩。」一壺春酒，一壺春時釀造至多始成的酒，呂巖〈七

言〉：「盡日無人話消息，一壺春酒且醍醐。」蘇軾〈次韻樂著作送酒〉：「萬斛羈愁都似雪，一壺春酒若爲湯。」數首新詩，幾首新作的詩，趙嘏〈酬段侍御〉：「蓮花上客思閑閑，數首新詩到篳關。」薛能〈柳枝〉：「數首新詩帶恨成，柳絲牽我我傷情。」實訴衷情，確實抒發內心的情感。實，實在、確實，《左傳·隱公四年》：「此二人者，實弒寡君，敢即圖之。」《漢書·高帝紀上》：「乃紿爲謁曰：『賀錢萬』，實不持一錢。」訴，訴說，《說文·言部》：「訴，告也。」《左傳·僖公五年》：「夷吾訴之，公使讓之。」潘嶽〈寡婦賦〉：「潛靈邈其不反兮，殷憂結而靡訴。」衷情，內心的情感，呂巖〈題黃鶴樓石照〉：「衷情欲訴誰能會，惟有清風明月知。」毛文錫〈訴衷情〉：「何時解佩掩雲屛，訴衷情。」

謁金門〔1〕

一

春寒薄。睡起宿酲生惡〔2〕。枕上家山都夢卻。東風吹月落〔3〕。

留客定知西閣。有酒與誰同酌〔4〕。別手臨岐曾記握。君心眞可託〔5〕。

【校】

〔宿酲〕：弘治本、四印齋本、四庫本、《全金元詞》俱作「宿酲」，唯天順舊鈔本作「宿醒」。就文意推敲，應以「宿酲」爲宜。

〔臨岐〕：天順舊鈔本、弘治本、四庫本作「臨岐」；四印齋本、《全金元詞》作「臨歧」。岐，通歧。

【箋注】

〔1〕謁金門：唐教坊曲名。雙調，四十五字，前後段各四句，四仄韻。元高拭詞注商調；宋楊湜《古今詞話》因韋莊詞起句，故名〈空相憶〉；張輯詞有「無風花自落」句，故名〈花自落〉，又有「樓外垂楊如此碧」句，故一名〈垂楊碧〉；李清臣詞有「楊花落」句，故名〈楊花落〉；韓淲詞有「東風吹酒面」句，故名〈東風吹酒面〉，又有「不怕醉記取吟邊滋味」句，故又名〈不怕醉〉，又有「人已醉，溪北溪南春意，擊鼓吹簫花落未」句，因此又名〈醉花春〉，又有「春尚早，春入湖山漸好」句，故又名〈春早湖山〉。

〔2〕春寒薄。睡起宿酲生惡：言夜晚冷醒，心情不佳，元稹〈酒醒〉：「飲醉日將盡，醒時夜已闌。暗燈風鎔曉，春席水窗寒。」春寒薄，春寒料峭，范仲淹〈送何白節推宰晉原〉：「江館春寒薄，山程晚翠深。」吳龍翰〈白紵詞〉：「雲

母屏風珍珠箔,香銷金鴨春寒薄。」薄,輕微、小,《易·繫辭下》:「德薄而位尊,知小而謀大,力小而任重,鮮不及矣。」杜甫〈秋興〉:「匡衡抗疏功名薄,劉向傳經心事違。」睡起宿醒生惡,指酒醒時,身體感到不適。睡起,睡醒起身,李頻〈送徐處士歸江南〉:「遊歸花落滿,睡起鳥啼新。」韓偓〈離家第二日卻寄諸兄弟〉:「睡起褰簾日出時,今辰初恨間容輝。」宿醒,前夜因喝酒而病醉,白居易〈晚春閒居楊工部寄詩楊常州寄茶同到因以長句答之〉:「宿醒寂寞眠初起,春意闌珊日又斜。」韓愈〈和張十一憶昨行〉:「起舞先醉長松摧,宿醒未解舊痁作。」生惡,心生不快。生,產生、發生,《玉篇·生部》:「生,起也。」《正字通·生部》:「生,凡事所從來曰生。」《左傳·成公二年》:「義以生利,利以平民。」惡,不適、不快,《世說新語·文學》:「身今少惡。」《晉書·王羲之傳》:「中年以來,傷於哀樂,與親友別,輒作數日惡。」

〔3〕枕上家山都夢卻。東風吹月落:長夜漫漫,只能回憶著剛才所作的回鄉夢,岑參〈宿蒲關東店憶杜陵別業〉:「關門鎖歸客,一夜夢還家。月落河上曉,遙聞秦樹鴉。」晏殊〈浣溪沙〉:「月落漫成孤枕夢,酒闌空得兩眉愁。」枕上家山都夢卻,有著家鄉景色的夢已醒。枕上家山,回到家鄉的美夢,姚揆〈穎川客舍〉:「鄉夢有時生枕上,客情終日在眉頭。」杜牧〈寄兄弟〉:「孤夢家山遠,獨眠秋夜長。」家山,家鄉,錢起〈送李棲桐道舉擢第還鄉省侍〉:「蓮舟同宿浦,柳岸向家山。」章八元〈歸桐廬舊居寄嚴長史〉:「近聞江老傳鄉語,遙見家山減旅愁。」夢卻,夢止,指夢醒。卻,止,《韓非子·外儲說右上》:「然而驅之不前,卻之不止。」李白〈西嶽雲臺歌送丹邱子〉:「三峰卻立如欲摧,翠崖丹谷高掌開。」東風吹月落,指春晨天色將亮的時候,楊巨源〈大堤曲〉:「月落星微五鼓聲,春風搖蕩窗前柳。」月落,天將亮之時,儲光羲〈同武平一員外遊湖五首時武貶金壇令〉:「借問高歌凡幾轉,河低月落五更時。」李白〈宿清溪主人〉:「月落西山時,啾啾夜猿起。」

〔4〕留客定知西閣。有酒與誰同酌:感嘆當時別離之景況歷歷在目,但如今已無人同自己把酒言歡。留客定知西閣,杜甫〈不離西閣〉:「失學從愚子,無家住老身。不知西閣意,肯別定留人。」杜甫欲留夔州西閣,故反問西閣是否定要留人,秉忠化用之,言留人者定是西閣。留客,留下客人,使之無法離去,徐陵〈奉和詠舞〉:「當絲好留客,故作舞衣長。」宋之問〈奉和梁王宴龍泓應教得微字〉:「淮王正留客,不醉莫言歸。」定知,肯定知道,庾信〈詠畫屏風詩〉:「定知歡未足,橫琴坐石根。」徐陵〈爲陳武帝作相時與北齊廣陵城主書〉:「從爾以來,稍成災旱,定知衣冠之國,禮樂相承。」有酒與誰同酌,如今有酒可與誰共飲同樂,劉禹錫〈秋日書懷寄河南王尹〉:「不知桑落酒,今歲與誰傾。」白居易〈送嚴大夫赴桂州〉:「大夫應絕席,詩酒與誰

同。」同酌，一起飲酒，徐積〈代簡招魏君〉：「詩老今朝頗安否，且來同酌
一盃酒。」郭印〈和於子儀觀見贈二十韻〉：「向未得良友，盃酒屢同酌。」
同，共同、一起，《廣雅・釋詁三》：「同，皆也。」《詩經・豳風・七月》：「女
心傷悲，殆及公子同歸。」

〔5〕別手臨岐曾記握。君心眞可託：臨岐握別託付還記憶猶新。別手臨岐曾記握，
還記得曾經於岐路握手道別，杜甫〈發同谷縣〉：「臨岐別數子，握手淚再滴。」
余靖〈又和寄提刑太保〉：「常記臨岐把酒盃，芳心應得見歸來。」李流謙〈文
約既行復作此送之〉：「臨岐握手惜此別，車已載脂僕在門。」臨岐，相送到
岐道而分別，李白〈南陽送客〉：「揮手再三別，臨岐空斷腸。」高適〈別韋
參軍〉：「丈夫不作兒女別，臨岐涕淚沾衣巾。」臨，來到、到達，《楚辭・遠
遊》：「朝發軔於太儀兮，夕始臨乎於微閭。」曹操〈步出夏門行〉：「東臨碣
石，以觀滄海。」岐，同歧，物有分支或事有分歧，《集韻・支韻》：「岐，分
也。」《淮南子・原道》：「故牛岐蹄而戴角，馬被髦而全足者。」此作岐道解，
《釋名・釋道》：「二達曰岐旁。物兩爲岐，在邊爲旁，此道竝通出似之也。」
宋之問〈至端州驛見杜五審言沈三佺期閻五朝隱王二無競題壁慨然成詠〉：「豈
意南中岐路多，千山萬水分鄉縣。」君心眞可託，可將故園的一切放心地交
託給你。眞，的確、實在，《荀子・勸學》：「眞積力久則入，學至乎沒而後止
也。」《漢書・匈奴傳下》：「唯北狄爲不然，眞中國之堅敵也。」可託，可以
託付，張九齡〈和姚令公哭李尚書乂〉：「琴詩猶可託，劍履獨成空。」李嶠
〈鳥〉：「靈臺如可託，千里向長安。」

二

醪雖薄。再四勸君無惡〔1〕。杯到面前須飲卻。鶯啼花未落〔2〕。

　　束置功名高閣。兩日三朝留酌〔3〕。綠柳來年無可握。春情憑底
託〔4〕。

【校】

〔杯到面前〕：天順舊鈔本、弘治本、四庫本、四印齋本作「杯到面前」，
而《全金元詞》作「林到面前」。從前後文意判斷，「林到面前」乃爲誤植。

〔春情〕：天順舊鈔本、弘治本、四印齋本、《全金元詞》作「春情」，唯
四庫本作「春意」。又劉秉忠〈謁金門〉之格律，與詞譜載之孫光憲〈謁金門〉
（留不得）相同。因孫詞末句音調爲「○○○●●」，故當取「春情」爲是。

〔憑底託〕：弘治本、四庫本、四印齋本、《全金元詞》俱作「憑底託」，
惟天順舊鈔本作「憑咸託」。單就前文推敲，當以「憑底託」爲宜。

【箋注】

〔1〕醪雖薄。再四勸君無惡：指極力勸飲，戴叔倫〈感懷〉：「主人飲君酒，勸君弗相違。」蘇軾〈九日黃樓作〉：「莫嫌酒薄紅粉陋，終勝泥中事鍬錇。」醪雖薄，謙稱水酒微薄，葛勝仲〈祭林大卿文〉：「絮酒雖薄，公其格焉。」陸游〈道上見村民聚飲〉：「市壚酒雖薄，群飲必醉倒。」醪，混含渣滓的濁酒，說文解字：「醪，汁滓酒也。」劉伶〈酒德頌〉：「先生於是方捧甖承槽，銜杯漱醪。」薄，淡弱、粗陋，《莊子・胠篋》：「魯酒薄而邯鄲圍。」《後漢書・羊續傳》：「常敝衣薄食，車馬羸敗。」再四勸君無惡，屢次勸酒，願君莫嫌惡。再四，屢次，一次又一次，趙鼎臣〈繳進河議奏狀〉：「請順水性導使北流，進言於朝至於再四。」李綱〈次韻杜子美九日藍田崔氏莊〉：「天涯只是思親切，更把家書再四看。」無惡，不要嫌惡。惡，討厭、嫌棄，《廣韻・暮韻》：「惡，憎惡也。」《論語・里仁》：「唯仁者，能好人，能惡人。」《睡虎地秦墓竹簡・為吏之道》：「毋喜富，毋惡貧。」

〔2〕杯到面前須飲卻。鶯啼花未落：於鳥語花香之時節，盡情飲酒作樂，李白〈月下獨酌〉：「園鳥語成歌，庭花笑如錦，誰能春獨愁，對此徑須飲。」杯到面前須飲卻，韓愈〈贈鄭兵曹〉：「杯行到君莫停手，破除萬事無過酒。」劉安上〈又和十六夜月〉：「莫把盈虧妄分別，一盃到手且須乾。」面前，眼前，《三國志・蜀書・秦宓傳》：「樂面前之飾而忘天下之譽，斯誠往古之所重慎也。」張籍〈和韋開州盛山十二首流杯渠〉：「似知人把處，各向面前來。」須飲卻，必須喝完。卻，用在動詞後，相當於掉，劉義慶《世說新語・規箴》：「夷甫晨起，見錢閡行，呼婢曰：『舉卻阿堵物！』」杜甫〈曲江〉：「一片花飛減卻春，風飄萬點正愁人。」鶯啼花未落，春意燦爛之時，薛逢〈涼州詞〉：「樹發花如錦，鶯啼柳若絲。」田娥〈攜手曲〉：「攜手共惜芳菲節，鶯啼錦花滿城闕。」

〔3〕束置功名高閣。兩日三朝留酌：將功名拋開不管，沉浸在酒鄉中，強至〈次韻酬禮之見貽〉：「朱顏皓齒偷歡處，暫置功名任酒酣。」呂陶〈和禮部孔經甫齋宮〉：「已置功名如外物，只憑詩酒作生涯。」束置功名高閣，把功名捆起來，放置於高樓上，比喻功名棄置不用，語本《晉書・庾亮傳》：「翼，字稚恭。風儀秀偉，少有經綸大略。京兆杜乂、陳郡殷浩並才名冠世，而翼弗之重也，每語人曰：『此輩宜束之高閣，俟天下太平，然後議其任耳。』」束，捆縛，《說文・束部》：「束，縛也。」《詩經・鄘風・牆有茨》：「牆有茨，不可束也。」置，安置，《玉篇・網部》：「置，安置。」《書・說命》：「爰立作相，王置諸其左右。」高閣，高高的樓閣，《後漢書・樊宏傳》：「其所起廬舍，皆有重堂高閣。」王勃〈滕王閣〉：「滕王高閣臨江渚，佩玉鳴鸞罷歌舞。」兩日三朝留酌，每天留下來飲酒。兩日三朝，每天，時時刻刻，楊萬里〈山

居雪後〉：「青松根上蘭根下，猶得三朝兩日看。」留酌，流連於飲酒，張九齡〈三月三日申王園亭宴集〉：「藉草人留酌，銜花鳥赴群。」張說〈送王尚一嚴疑二侍御赴司馬都督軍〉：「明年春酒熟，留酌二星歸。」

〔4〕綠柳來年無可握。春情憑底託：感慨近期無法離開此地，回到故園。綠柳來年無可握，古來折柳以留別，李嘉祐〈送侍御使四叔歸朝〉：「攀折隋宮柳，淹留秦地人。」李商隱〈離亭賦得折楊柳〉：「爲報行人休盡折，半留相送半迎歸。」言來年無可握，乃表示明年仍無法離開。來年，次年、明年，《禮記·月令》：「天子乃祈來年於天宗，大割祠於公社及門閭。」《孟子·滕文公下》：「月攘一雞，以待來年。」無可握，無法握持。握，握持、執持，《說文·手部》：「握，搤持也。」《廣雅·釋詁三》：「握，持也。」《詩·小雅·小宛》：「握粟出卜，自何能穀。」春情憑底託，如此愁情當託付與誰，晁以道〈寄昭德兄弟〉：「甬東羈旅情何託，江北蒼芒恨不收。」憑，倚、靠，《小爾雅·廣言》：「憑，依也。」《書·顧命》：「相被冕服，憑玉幾。」底，相當於何、什麼，《樂府詩集·清商曲辭二·歡聞變歌》：「君非鸕鷀鳥，底爲守空池？」蘇軾〈謝人見和前篇〉：「得酒強歡愁底事，閉門高臥定誰家？」

好事近〔1〕

一

桃李盡飄零，風雨更休懷惡〔2〕。細把牡丹遮護，怕因循吹落〔3〕。
　　平蕪望斷更青山，樓外數峰削〔4〕。野鳥不知歸處，把行雲隨著〔5〕。

【校】

　　〔怕因循吹落〕：天順舊鈔本、弘治本、四印齋本、《全金元詞》作「怕因循吹落」；四庫本作「怕因風吹落」。就音調、文意而言，兩者皆可，此取弘治本所錄。

【箋注】

〔1〕好事近：雙調，四十五字，前後段各四句，兩仄韻。張輯詞有「誰謂百年心事，恰釣船橫笛」句，故名〈釣船笛〉；韓淲詞有「吟到翠圓枝上」句，故又名〈翠圓枝〉。

〔2〕桃李盡飄零，風雨更休懷惡：指桃李被風雨摧殘殆盡，陸游〈雨夜書感〉：「春殘桃李盡，風雨閉空館。」桃李盡飄零，桃李花全零落，王適〈古別離〉：「青軒桃李落紛紛，紫庭蘭蕙日氛氳。」張耒〈漫成〉：「桑柘成陰桃李盡，一川

零亂柳花風。」盡飄零，全都凋謝飄落。盡，全部、都，《集韻・準韻》：「盡，悉也。」《左傳・昭公二年》：「周禮盡在魯矣。」飄零，凋謝飄落，宋之問〈芳樹〉：「歎息春風起，飄零君不見。」白居易〈惜牡丹花〉：「晴明落地猶惆悵，何況飄零泥土中。」風雨更休懷惡，風雨別再心懷奸惡。更休，不要再，梅堯臣〈重答和永叔〉：「玉兔已爲公取玩，更休窺望桂叢中。」趙長卿〈念奴嬌〉：「等閒風雨，更休僝僽容易。」更，相當於再、復、又，《左傳・僖公五年》：「虞不臘矣，在此行也，晉不更舉矣。」王之渙《登鸛鵲樓》：「欲窮千里目，更上一層樓。」懷惡，心懷惡意，《周書・武帝紀下》：「而彼懷惡不悛，尋事侵軼，背言負信，竊邑藏姦。」劉敞〈雜說〉：「而其懷惡頗僻、傷教損俗有甚於市井小人之爲者，反置而不論，不亦操下詳，責上略乎？」

〔3〕細把牡丹遮護，怕因循吹落：仔細看護牡丹，怕其若桃李般凋零，衛宗武〈鶯花吟爲良友作〉：「日聽好音能幾度，寄與東君力遮護，勿使凋零同臭腐，不然辜負鶯花主。」細把牡丹遮護，仔細將牡丹看顧好。細把，仔細地將，李綱〈趙都漕出示魯直少游所書梅詩次韻〉：「會須痛飲對繁華，細把根源問蒼昊。」王之道〈和劉與可〉：「細把君詩讀，冰壺表裏清。」遮護，阻擋、庇護，韓維〈黃蓮花〉：「天教細雨常遮護，留得清香數日聞。」釋道潛〈僧首然師院北軒觀牡丹〉：「姚黃貴極未易覯，綠葉遮護藏深叢。」怕因循吹落，怕因怠慢而被風雨摧折，王千秋〈念奴嬌〉：「怕因循紛委地，仙去難尋蹤跡。」因循，循著舊習而無所改動，《後漢書・梁統傳》：「自高祖之興，至於孝宣，君明臣忠，謨謀深博，猶因循舊章，不輕改革。」劉勰《文心雕龍・史傳》：「及班固述漢，因循前業，觀司馬遷之辭，思實過半。」

〔4〕平蕪望斷更青山，樓外數峰削：眼前平原遼曠，山巒起伏，卻不見家鄉，白居易〈登郢州白雪樓〉：「白雪樓中一望鄉，青山蔟蔟水茫茫。」劉長卿〈登松江驛樓北望故園〉：「淚盡江樓北望歸，田園已陷百重圍。平蕪萬里無人去，落日千山空鳥飛。」平蕪望斷更青山，平原望盡，仍只有青山矗立。平蕪，雜草繁茂的平原，劉長卿〈無錫東郭送友人遊越〉：「平蕪不可望，遊子去何如。」姚合〈夏日登樓晚望〉：「避暑高樓上，平蕪望不窮。」望斷，極目眺望，直到看不見爲止，《南齊書・蘇侃傳》：「青關望斷，白日西斜。」白居易〈江南送北客因憑寄徐州兄弟書〉：「故園望斷欲何如，楚水吳山萬里餘。」更青山，還是青山，杜甫〈峽口〉：「城敧連粉堞，岸斷更青山。」更，續、相繼，《國語・晉語四》：「姓利相更，成而不遷，乃能攝固，保其土房。」《史記・孝景本紀》：「孝文在代時，前後有三男，及竇太后得幸，前後死，及三子更死，故孝景得立。」

〔5〕野鳥不知歸處，把行雲隨著：言野鳥隨著行雲到處飄泊，劉長卿〈入白沙渚夤緣二十五里至石窟山下懷天臺陸山人〉：「浮雲去寂寞，白鳥相因依。」韓翃〈送客遊江南〉：「楚雲殊不斷，江鳥暫相隨。」此藉以說明自己亦如是。

不知歸處，不曉得哪裡是可以棲息之處，即無家可歸，羅鄴〈出都門〉：「自覺無家似潮水，不知歸處去還來。」趙君舉〈洞仙歌〉：「不知歸處更長嘯，餘聲振林谿。」行雲，流動的雲，曹植〈王仲宣誄〉：「哀風興感，行雲徘徊，遊魚失浪，歸鳥忘棲。」謝朓〈奉和隨王殿下〉：「行雲故鄉色，贈子一離聲。」

二

酒醒夢回時，小鼎串煙初滅〔1〕。留得瘦梅疎竹，弄窗間風月〔2〕。

起來幽緒轉清幽，幽處更難說〔3〕。一曲竹枝歌罷，滿胷懷冰雪〔4〕。

【校】

〔串煙〕：天順舊鈔本、弘治本、四庫本作「串烟」；四印齋本、《全金元詞》作「串煙」。烟，同煙。

〔疎竹〕：天順舊鈔本、弘治本、四庫本作「疎竹」；四印齋本、《全金元詞》作「疏竹」。疎，同疏。

〔弄窗間風月〕：天順舊鈔本作「弄窗間風月」；四庫本作「弄窻間明月」；四印齋本、《全金元詞》作「弄窗閒素月」；弘治本作「弄窻間風月」。窻、窗乃窗之異體字。閒，同間。三句之語意音調與內容詞牌皆能相符。此以弘治本爲據，取「弄窗間風月」。

〔滿胷〕：天順舊鈔本、弘治本、四庫本作「滿胷」；四印齋本作「滿腔」；《全金元詞》作「滿襟」。三者之語意音調與內容詞牌皆能相符。此以弘治本爲據。

【箋注】

〔1〕酒醒夢回時，小鼎串煙初滅：言酒醒起身，見鼎煙初息。酒醒夢回時，指酒意已解，夢境初醒之時，蘇軾〈三月二十九日〉：「酒醒夢回春盡日，閉門隱幾坐燒香。」小鼎串煙初滅，鼎爐的香煙剛剛燃盡。串煙，連續不斷的輕煙。串，連貫在一起，李商隱〈擬意〉：「銀河撲醉眼，珠串咽歌喉。」貫休〈上馮使君水晶數珠〉：「泠泠瀑滴清，貫串有規程。」初滅，剛剛消失。初，相當於纔、剛剛，《書經‧召誥》：「若生子，罔不在厥初生，自貽哲命。」白居易〈長恨歌〉：「遲遲鐘鼓初長夜，耿耿星河欲曙天。」

〔2〕留得瘦梅疎竹，弄窗間風月：描摹窗外梅竹所構成的幽雅情趣。留得，留有，杜甫〈空囊〉：「囊空恐羞澀，留得一錢看。」王建〈看石楠花〉：「留得行人忘卻歸，雨中須是石楠枝。」瘦梅疎竹，梅花和竹子，劉克莊〈與北山陳龍圖〉：

「想見瘦梅疏竹下，深衣如雪鬢鬚蒼。」李純甫〈天遊齋〉：「誰會天遊更端的，瘦梅疏竹一窗風。」弄窗間風月，於窗間掩映，自成一清淡幽趣，胡仲弓〈即席次韻〉：「花壓重城歸去晚，一窗風月恣推敲。」弄，遊戲、玩耍，《論衡・本性》：「孔子能行，以俎豆爲弄。」唐李白《長干行》：「郎騎竹馬來，遶牀弄青梅。」風月，清風明月，指眼前景色閒適，《南史・徐勉傳》：「今夕止可談風月，不宜及公事。」駱賓王〈夏日遊德州贈高四〉：「風月芳菲節，物華紛可悅。」

〔3〕起來幽緒轉清幽，幽處更難說：睡醒之清幽心緒、所見之幽靜美景更是筆墨難以形容，白居易〈秋池〉：「閒中得詩境，此境幽難說。」劉學箕〈鄆鄉舟中睡覺書懷〉：「醒來意興難說似，石鼎細味煎茶香。」幽緒，模糊不明的心緒，葉適〈故大理正知袁州羅公墓誌銘〉：「振三世之幽緒，跨一宗之顯爵。」幽，昏暗不明，《小爾雅・廣詁》：「幽，冥也。」《國語・楚語上》：「教之世，而爲之昭明德而廢幽昏焉。」清幽，清靜幽雅，李白〈過崔八丈水亭〉：「高閣橫秀氣，清幽併在君。」錢起〈謁許由廟〉：「故向箕山訪許由，林泉物外自清幽。」幽處，幽靜的地方，祖詠〈蘇氏別業〉：「別業居幽處，到來生隱心。」姚合〈寄張徯〉：「幽處尋書坐，朝朝閉竹扉。」

〔4〕一曲竹枝歌罷，滿臆懷冰雪：說明自己欲退隱故園，永保高潔之心性。一曲竹枝歌罷，竹枝曲多思歸之作，顧況〈早春思歸有唱竹枝歌者坐中下淚〉：「渺渺春生楚水波，楚人齊唱竹枝歌。與君皆是思歸客，拭淚看花奈老何。」劉商〈秋夜聽嚴紳巴童唱竹枝歌〉：「思歸夜唱竹枝歌，庭槐葉落秋風多。」劉禹錫〈竹枝詞〉：「楚水巴山江雨多，巴人能唱本鄉歌。今朝北客思歸去，回入紇那披綠羅。」劉秉忠藉此以表歸鄉之情。歌罷，吟唱完畢，杜甫〈羌村〉：「歌罷仰天歎，四座淚縱橫。」姚合〈惜別〉：「酒闌歌罷更遲留，攜手思量憑翠樓。」滿臆懷冰雪，品性胸懷堅貞皎潔。滿臆，同滿胸也，充滿心胸，鮑照〈野鵝賦〉：「宛拔啄而掩皆，悲結悵而滿臆。」楊億〈度支梁諫議請病告以詩寄之〉：「西省舊僚疏會面，頓驚鄙吝滿胸中。」懷冰雪，保持晶瑩純潔之心，江總〈再遊棲霞寺言志〉：「靜心抱冰雪，暮齒通桑榆。」沈佺期〈枉繫〉：「我無毫髮瑕，苦心懷冰雪。」

清平樂〔1〕

一

月明風勁。花弄窗間影〔2〕。一夜玉壺秋水冷。梧葉乍凋金井〔3〕。

　　世間日月如梭。人生會少離多〔4〕。籬畔黃花開盡，相逢不醉如何〔5〕。

【校】

〔花弄窗間影〕：天順舊鈔本作「花弄窗間影」；四庫本作「花弄窻間影」；四印齋本、《全金元詞》作「花弄窗閒影」；弘治本作「花弄悤間影」。窻、悤乃窗之異體字。閒，同間。

〔世間日月〕：天順舊鈔本、弘治本、四庫本作「世間日月」；四印齋本、《全金元詞》作「世閒日月」。閒，同間。

【箋注】

〔1〕清平樂：雙調，四十六字，前段四句，四仄韻，後段四句，三平韻。《宋史·樂志》屬大石調，《樂章集》注越調，《碧雞漫志》云：「此曲在越調，唐至今盛行。今世又有黃鍾宮、黃鍾商兩音者，歐陽炯稱白有應制〈清平樂〉四首，往往是也。」《花庵詞選》名〈清平樂令〉；張輯詞有「憶著故山蘿月」句，故名〈憶蘿月〉；張翥詞有「明朝來醉東風」句，故又名〈醉東風〉。

〔2〕月明風勁。花弄窗間影：月夜時分，風吹花影搖動之情景，張先〈天仙子〉：「雲破月來花弄影，重重翠幕密遮燈，風不定，人初靜，明日落紅應滿徑。」趙鼎〈鷓鴣天〉：「花弄影，月流輝，水晶宮殿五雲飛。」月明風勁，月色皎潔、夜風強勁，王令〈洗竹〉：「須看月明風勁夜，寒聲薄影滿茅居。」饒節〈過淮〉：「今夜月明風更急，憑吹魂夢到江南。」勁，強烈、猛烈，《說文·力部》：「勁，彊也。」陶潛〈飲酒〉：「勁風無榮木，此蔭獨不衰。」花弄窗間影，花影在窗間搖晃，朱灣〈宴楊駙馬山亭〉：「垂楊拂岸草茸茸，繡戶窗前花影重。」無名氏〈長信宮〉：「風引漏聲過枕上，月移花影到窗前。」

〔3〕一夜玉壺秋水冷。梧葉乍凋金井：描寫月明水冷，梧桐凋零的淒冷景象。一夜玉壺秋水冷，翟欽甫〈清庵〉：「金井玉壺秋水冷，石田茅屋暮雲平。」玉壺，本為玉質的器具，如酒器、宮漏、飾物等，李白〈前有一樽酒行〉：「琴奏龍門之綠桐，玉壺美酒清若空。」《後漢書·楊震傳》：「居無何，拜太常，詔賜御府衣一襲，自所服冠幘綬，玉壺革帶，金錯鉤佩。」此指明月，李華〈海上生明月〉：「影開金鏡滿，輪抱玉壺清。」鮑溶〈白露〉：「金飆爽晨華，玉壺增夜刻。」梧葉乍凋金井，張籍〈楚妃怨〉：「梧桐葉下黃金井，橫架轆轤牽素綆。」宋庠〈晚庭〉：「蒼靄秋霖歇高軒，夕景遲桐凋金井。」梧葉，梧桐樹的葉子，丘丹〈和韋使君秋夜見寄〉：「露滴梧葉鳴，秋風桂花發。」韋應物〈秋夜南宮寄灃上弟及諸生〉：「況茲風雨夜，蕭條梧葉秋。」乍凋，突然凋謝，張鎡〈漢宮春〉：「光照園廬，清霜乍凋岸柳，風景偏殊。」嚴仲仁〈祭先考祠堂文〉：「雖芳蘭乍凋，一時以為恨，而高風不泯，萬古猶以傳。」金井，井欄上有金碧輝煌雕飾的井，王昌齡〈長信秋詞〉：「金井梧桐秋葉黃，珠簾不捲夜來霜。」李白〈贈別舍人弟臺卿之江南〉：「梧桐落金井，一葉飛銀床。」

〔4〕世間日月如梭。人生會少離多：指出韶光易逝，好友聚少離多。世間日月如梭，世上的日和月如梭般快速交替運行，形容時光消逝迅速，孫應時〈立夏日汎舟遊青山憩楊氏庵示諸生〉：「舉觴佇遙念，日月如梭飛。」高登〈朱黃雙硯〉：「日月如梭，文籍如海，討探不及，朱黃敢怠。」世間，人世間，曹植〈薤露行〉：「人居一世間，忽若風吹塵。」江淹〈別賦〉：「惟世間兮重別，謝主人兮依然。」梭，織布時用來牽引橫線的器具，兩頭尖，中間粗，絲束放於中空部分，《晉書·陶侃傳》：「侃少時漁於雷澤，網得一織梭，以掛於壁。有頃雷雨，自化爲龍而去。」江淹〈悼室人〉：「流黃久不織，寧聞梭杼音。」人生會少離多，相聚時少，別離時多，感慨人生聚散無常或離別之苦，辛棄疾〈蝶戀花〉：「會少離多看兩鬢，萬縷千絲，何況新來病。」盧申之〈洞仙歌〉：「襄王情尚淺，會少離多，空自朝朝又暮暮。」人生，人活在世上，《荀子·禮論》：「人生而有欲，欲而不得，則不能無求。」《莊子·知北遊》：「人生天地之間，若白駒之過郤，忽然而已。」會，相遇、會面，徐灝《說文解字注箋·會部》：「會，猶重也，謂相重，相合也。因之凡相遇曰會。」《素問·五運行大論》：「左右周天，餘而復會也。」

〔5〕籬畔黃花開盡，相逢不醉如何：趁此秋菊盛開之時，盡情飲酒以慶祝彼此重逢，王績〈贈學仙者〉：「春釀煎松葉，秋杯浸菊花。相逢寧可醉，定不學丹砂。」籬畔黃花開盡，元稹〈菊花〉：「秋叢繞舍似陶家，遍繞籬邊日漸斜。不是花中偏愛菊，此花開盡更無花。」僧斯植〈清華夜坐〉：「開盡黃花滿短籬，靜聽鄰屋夜敲棊。」籬畔，以竹或樹枝編成的柵欄邊，朱慶餘〈旅中過重陽〉：「故山籬畔菊，今日爲誰黃。」羅隱〈登高詠菊盡〉：「籬畔霜前偶得存，苦教遲晚避蘭蓀。」相逢不醉如何，岑參〈涼州館中與諸判官夜集〉：「一生大笑能幾迴，鬥酒相逢須醉倒。」白居易〈對酒〉：「相逢且莫推辭醉，聽唱陽關第四聲。」如何，即何如，怎麼辦、無可奈何之意，《詩經·秦風·晨風》：「如何如何，忘我實多。」張說〈嶽州守歲〉：「今年只如此，來歲知如何。」

二

夜來霜重。簾外寒風動〔1〕。橫笛樓頭才一弄。驚破綠窗幽夢〔2〕。

　　起來情緒如何。開門月色猶多〔3〕。照我如常如舊，更誰能似姮娥〔4〕。

【校】

　　〔綠窗〕：天順舊鈔本、四印齋本、《全金元詞》作「綠窗」，四庫本作「綠牕」；弘治本作「綠窻」。牕、窻乃窗之異體字。

　　〔開門月色猶多〕：天順舊鈔本、弘治本、四印齋本、《全金元詞》作「開門月色猶多」，唯四庫本作「問月色猶多」。由於〈清平樂〉下片第二句為六字句，故四庫本所錄應有脫誤。

【箋注】

〔1〕夜來霜重。簾外寒風動：描寫夜風寒涼的景象。夜來霜重，夜間霜氣冰寒，溫庭筠〈回中作〉：「夜來霜重西風起，隴水無聲凍不流。」張耒〈宮詞效王建〉：「夜來霜重著欄干，玉殿無塵玉甃寒。」簾外寒風動，屋外寒風陣陣，張繼〈會稽郡樓雪霽〉：「簾櫳向晚寒風度，睥睨初晴落景斜。」強致〈陸君置酒為予唱陽關即席有作〉：「耳傍宛聞車馬動，簾外已覺邊風生。」簾外，簾幕之外，即屋外，〈和蕭諮議岑離閨怨〉：「窗中度落葉，簾外隔飛螢。」宋之問〈明河篇〉：「雲母帳前初泛濫，水精簾外轉逶迤。」簾，用竹片、布帛等編製成遮蔽門窗的用具，《說文·竹部》：「簾，堂簾也。」《玉篇·竹部》：「簾，編竹帷也。」寒風動，寒風鼓動，張嵲〈和周守登樓對雪〉：「寒風動原野，密雪度層軒。」寒風，秋冬寒冷的風，陸機〈燕歌行〉：「寒風習習落葉飛，蟋蟀在堂露盈墀。」陶潛〈雜詩〉：「寒風拂枯條，落葉掩長陌。」動，改變事物原來的位置或狀態，與靜相對，《左傳·閔西元年》：「魯不棄周禮，未可動也。」《史記·趙世家》：「五年，代地大動。」

〔2〕橫笛樓頭才一弄。驚破綠窗幽夢：指被橫笛的樂聲驚醒，化用蘇軾〈昭君怨〉：「誰作桓伊三弄，驚破綠窗幽夢。」橫笛樓頭才一弄，高樓上橫笛吹奏的聲音，杜甫〈宴戎州楊使君東樓〉：「樓高欲愁思，橫笛未休吹。」孫光憲〈楊柳枝詞〉：「好是淮陰明月裏，酒樓橫笛不勝吹。」橫笛，橫吹的笛子，其形為長形圓管狀，中空，氣由最左方的吹孔吹入管裡振動而發聲，文人多以之為淒切別曲，李頎〈古塞下曲〉：「琵琶出塞曲，橫笛斷君腸。」劉長卿〈聽笛歌〉：「橫笛能令孤客愁，淥波淡淡如不流。」樓頭，高樓，王昌齡〈青樓曲〉：「樓頭小婦鳴箏坐，遙見飛塵入建章。」杜甫〈短歌行贈王郎司直〉：「欲向何門跌珠履，仲宣樓頭春色深。」頭，用於名詞或謂詞之後，無義，翟灝《通俗篇·語詞》：「頭亦助詞也。即人體言，眉曰眉頭，鼻曰鼻頭，舌亦曰舌頭，指亦曰指頭，……用之尤甚多也。」駱賓王〈詠美人在天津橋〉：「水下看妝影，眉頭畫月新。」一弄，一曲，王琚〈姜女篇〉：「清歌始發詞怨咽，鳴琴一弄心斷絕。」李嘉祐〈晚登江樓有懷〉：「只憶帝京不可到，秋琴一弄欲沾巾。」驚破綠窗幽夢，用法同秦系〈曉雞〉：「不嫌驚破紗窗夢，卻恐為妖半夜啼。」釋覺範〈郭祐之太尉試新龍團索詩〉：「門下賓朋還畢集，碾聲驚破南窗夢。」綠窗，泛指一般婦女的居室，沈佺期〈雜詩〉：「燕來紅壁語，鶯向綠窗啼。」楊凝〈春怨〉：「綠窗孤寢難成寐，紫燕雙飛似弄人。」幽夢，

幽微的夢境，李白〈淮南臥病書懷寄蜀中趙徵君蕤〉：「故人不可見，幽夢誰與適。」李商隱〈銀河吹笙〉：「重衾幽夢他年斷，別樹羈雌昨夜驚。」

〔3〕起來情緒如何。開門月色猶多：藉提問而未答，只是起身開門望月色，表達思鄉之愁緒。起來情緒如何，夢醒起身，情緒如何。起來情緒，夢醒之情緒，李石〈木蘭花〉：「起來情緒寄遊絲，飛絮翠翹風不定。」楊萬里〈過平望〉：「午睡起來情緒惡，急呼蟹眼瀹龍芽。」如何，怎樣，劉長卿〈同姜濬題裴式微餘干東齋〉：「白雲心已矣，滄海意如何。」司馬扎〈送孔恂入洛〉：「洛陽古城秋色多，送君此去心如何。」開門月色猶多，無可〈贈詩僧〉：「洗藥冰生岸，開門月滿床。」陸游〈冬夜〉：「開門月滿庭，皓皓如積雪。」月色，月的光彩與色澤，何遜〈秋夕嘆白髮〉：「月色臨窗樹，蟲聲當戶樞。」江淹〈贈鍊丹法和殷長史〉：「譬如明月色，流采映歲寒。」猶，表示程度，相當於已、太，《爾雅・釋詁下》：「猷，已也。」《墨子・節葬下》：「若以此若三國者觀之，則亦猶薄矣；若以中國之君子觀之，則亦猶厚矣。」

〔4〕照我如常如舊，更誰能似姮娥：慨嘆自己如同姮娥，只能暗自惆悵寂寞，卻無法獲得自由。照我如常如舊，月光就像以往一樣照著我。如常，照常、像平常一樣，徐陵〈東陽雙林寺傅大士碑〉：「屈伸如常，溫暖無異。」石介〈謝兗州李相公啓〉：「伏蒙相公恩義如常，介不勝感銘之至。」如舊，像以前一樣未曾改變的，韋應物〈淮上喜會梁川故人〉：「歡笑情如舊，蕭疏鬢已斑。」耿湋〈登總持寺閣〉：「草樹還如舊，山河亦在茲。」更誰能似姮娥，還有誰比我更像姮娥。更，更加、愈、越，《世說新語・規箴》：「王右軍與王敬仁、許玄度並善，二人亡後，右軍爲論議更克。」李煜〈清平樂〉：「離恨恰如春草，更行更遠還生。」姮娥，后羿的妻子，相傳因偷吃不死之藥而飛昇月宮，成爲仙女，漢人爲避文帝諱，改姮爲嫦，《淮南子・覽冥》：「羿請不死之藥於西王母，姮娥竊以奔月，悵然有喪，無以續之。」文人多用此典，李白〈把酒問月〉：「白兔擣藥秋復春，嫦娥孤棲與誰鄰。」劉禹錫〈懷妓〉：「青鳥去時雲路斷，姮娥歸處月宮深。」

三

漁舟橫渡。雲淡西山暮〔1〕。岸草汀花誰作主。狼籍一江秋雨〔2〕。
　　隨身蒻笠簑衣。斜風細雨休歸〔3〕。自任飛來飛去，伴他鷗鷺忘機〔4〕。

【校】

五個版本所錄之字句皆同。

【箋注】

〔1〕漁舟橫渡。雲淡西山暮：移舟江上，浮雲淡緲的暮色，許渾〈趨慈和寺移宴〉：
「高寺移清宴，漁舟繫綠蘿。潮平秋水闊，雲斂暮山多。」漁舟橫渡，王千
秋〈滿江紅〉：「舟橫渡，車圍路，催酒進，麾燈去。」吳文英〈滿江紅〉：「野
舟橫渡水初晴，看高鴻，飛上碧雲中，秋一聲。」橫渡，從海洋、江河的此
岸渡到另一邊，李彌遜〈東崗晚步〉：「飯飽東崗晚杖藜，石樑橫渡綠秧畦。」
劉學箕〈溪橋晚步〉：「一帶清溪淺漾沙，松橋橫渡野人家。」雲淡西山暮，
指浮雲淡薄，晴朗美好的傍晚，張繼〈郵亭〉：「雲淡山橫日欲斜，郵亭下馬
對殘花。」雲淡，浮雲淡薄，形容天色晴朗的樣子，韋莊〈謁金門〉：「雲淡
水平煙樹簇，寸心千里目。」程顥〈偶成〉：「雲淡風輕近午天，望花隨柳過
前川。」西山暮，日落西山，指黃昏，王績〈詠懷〉：「日落西山暮，方知天
下空。」程公許〈遊道何二山晚飲倪氏玉湖〉：「歸航未迫西山暮，碧浪湖邊
看網魚。」

〔2〕岸草汀花誰作主。狼籍一江秋雨：描摹秋雨過後，殘紅雜草散亂的情景。岸
草汀花誰作主，誰可以替岸草汀花主持公道。岸草汀花，水岸邊的野草和沙
洲上的花朵，張孝祥〈西湖〉：「岸草汀花對夕陽，滿船新月夜鳴榔。」房祺
〈雲溪秋泛圖爲閻國寶賦〉：「胡爲厭山瞰芳渚，岸草汀花適幽趣。」誰作主，
誰可以拿主意、主持公道，朱灣〈尋隱者韋九山人於東溪草堂〉：「四面雲山
誰作主，數家煙火自爲鄰。」曹鄴〈戰城南〉：「性命換他恩，功成誰作主。」
狼籍一江秋雨，秋雨過後，滿江凌亂不整的樣子，陸龜蒙〈和襲美重題薔薇〉：
「更被夜來風雨惡，滿階狼籍沒多紅。」狼籍，形容散亂不整，何希堯〈一
枝花〉：「幾樹晴葩映水開，亂紅狼籍點蒼苔。」陳標〈長安秋思〉：「唯愁陌
上芳菲度，狼籍風池荷葉黃。」一江，滿江，許渾〈送杜秀才歸桂林〉：「兩
岸曉霞千里草，半帆斜日一江風。」羅隱〈渚宮秋思〉：「千載是非難重問，
一江風雨好閒吟。」一，全、滿，《左傳‧宣公十四年》：「謀人，人亦謀己；
一國謀之，何以不亡？」李洞〈秋宿潤州劉處士江亭〉：「吟生萬井月，見盡
一天星。」

〔3〕隨身篛笠簑衣。斜風細雨休歸：形容寧靜悠閒的生活令人流連忘返，化用張
志和〈漁父〉：「青篛笠，綠簑衣。斜風細雨不須歸。」文人多化用，蘇軾〈點
絳唇〉：「自庇一身青篛笠，相隨到處綠蓑衣，斜風細雨不須歸。」黃庭堅〈浣
溪紗〉：「青篛笠前無限事，綠簑衣底一時休，斜風細雨轉船頭。」隨身，帶
在身邊，岑參〈陝州月城樓送幸判官入奏〉：「謁帝向金殿，隨身唯寶刀。」
畢耀〈古意〉：「聞道今年初避人，珊珊掛鏡長隨身。」休歸，不要回去，羊
士諤〈永寧里園亭休沐悵然成詠〉：「雲景含初夏，休歸曲陌深。」張耒〈福
昌官舍後絕句〉：「寄言山鳥休歸去，與爾同來樂此間。」

〔4〕自任飛來飛去，伴他鷗鷺忘機：指無機心者雖異類亦與之相親。自任飛來飛去，隨牠自由地飛。自任，自在不受拘束，高適〈同群公題中山寺〉：「吾欲休世事，於焉聊自任。」韋莊〈同舊韻〉：「跡竟終非切，幽閑且自任。」任，放縱、不拘束，《商君書・弱民》：「上舍法，任民之所善，故奸多。」《世說新語・任誕》：「張季鷹縱任不拘，時人號爲江東步兵。」伴他鷗鷺忘機，《列子・黃帝》：「海上之人有好漚鳥者，每旦之海上，從漚鳥遊。漚鳥之至者，百住而不止。其父曰：『吾聞漚鳥皆從汝遊，汝取來，吾玩之。』明日之海上，漚鳥舞而不下也。故曰：至言去言，至爲無爲。齊智之所知，則淺矣。」好鷗鳥者忘機，故鷗鳥伴之；其父因存機心，故鷗鳥不至。作者化用之，言願爲好漚鳥者，不存心機，淡泊無爭。除了秉忠外，前朝文人亦化用之，牟融〈送沈翔〉：「謾有才華嗟未達，閒尋鷗鳥暫忘機。」陸游〈烏夜啼〉：「鏡湖西畔秋千頃，鷗鷺共忘機。」

四

彩雲盤結。何處歌聲噎〔1〕。歌罷彩雲歸絳闕。掉下堦前明月〔2〕。

月華千古分明。照人一似無情〔3〕。不道天涯離客，夢回愁對三更〔4〕。

【校】

〔掉下〕：天順舊鈔本、四印齋本、《全金元詞》作「掉下」；弘治本、四庫本作「棹下」。掉下，遺留也，可爲歌舞之歡愉與曲終人散之惆悵之轉折；棹下，指舟楫之下，然內容未提湖泊池塘，且與「堦前」無法銜接。故取「掉下」。

【箋注】

〔1〕彩雲盤結。何處歌聲噎：本應是欣喜之場合，卻依稀聽見悲傷的歌聲。彩雲盤結，雲朵迴繞連結，皎然〈奉陪陸使君長源諸公遊支硎寺〉：「繚繞彩雲合，參差綺樓重。」陳師道〈望夫石〉：「山靜靜雲盤結，江空月印眉。」此處指穿著各色舞衣的舞者。彩雲，同綵雲，絢麗的雲朵，宋之問〈春日鄭協律山亭陪宴餞鄭卿同用樓字〉：「彩雲歌處斷，遲日舞前留。」張九齡〈三月三日申王園亭宴集〉：「飛閣凌芳樹，華池落綵雲。」盤結，同槃結，迴繞連結，《三國志・吳書・鐘離牧傳》：「今二縣山險，諸夷阻兵，不可以軍驚擾，驚擾則諸夷盤結。」李紳〈贈毛仙翁〉：「百年命促奔馬疾，愁腸盤結心摧崒。」何處歌聲噎，悲切的歌聲從何處傳來，薛季宣〈蘆花〉：「望極甋䶾鋪糾結，漁歌何處聲淒切。」何處，那裡、那兒，疑問之詞，《莊子・知北遊》：「何思何

慮則知道？何處何服則安道？」陶潛〈神釋〉：「三皇大聖人，今復在何處？」噎，堵塞、阻塞，此指悲傷氣塞，《南史・義安王大昕傳》：「及武帝崩，大昕奉慰簡文，嗚噎不自勝，左右莫不掩泣。」徐陵〈在北齊與梁太尉王僧辯書〉：「且夫曾耕雨雪，猶尙悲歌，蘇使幽囚，無馳哽噎。」

〔2〕歌罷彩雲歸絳闕。掉下堦前明月：歌舞歡愉過後，只剩明月伴隨。歌罷彩雲歸絳闕，歌聲終了，彩雲也回歸宮門，指曲終人散之情形，雷珺〈龍德宮〉：「紫簫吹斷綵雲歸，十二樓空盡玉梯。」歌罷，曲調終了，鄭愔〈銅雀妓〉：「舞餘依帳泣，歌罷向陵看。」杜甫〈羌村〉：「歌罷仰天歎，四座淚縱橫。」罷，完了，完畢，《字彙・網部》：「罷，了也。」《韓非子・外儲說左上》：「及反，市罷，遂不得履。」絳闕，宮門，傅玄〈雲中白子高行〉：「見紫微絳闕，紫宮崔嵬，高殿嵯峨。」杜甫〈朝享太廟賦〉：「福穰穰於絳闕，芳菲菲於玉竽。」掉下堦前明月，徒留階上的月光，用以形容孤寂的樣子，杜牧〈盆池〉：「白雲生鏡裏，明月落階前。」掉下，往下落，遺留下，家鉉翁〈題雪花達摩布衣偈〉：「歸去來，人未老，掉下從前舊草鞋。」周邦彥〈南鄉子〉：「不道有人潛看著，從教，掉下鬢心與鳳翹。」堦前明月，臺階前的月光，陳棣〈再過繡川驛〉：「天外碧雲山共遠，堦前明月水爭寒。」向子諲〈好事近〉：「又見橫斜疏影，弄堦前明月。」

〔3〕月華千古分明。照人一似無情：指古來明月照人無情，張耒〈次韻王彥昭感秋〉：「秋夜月無情，偏照不眠人。」李俊民〈元夜有感〉：「歸去西窗月，無情照不眠。」月華千古分明，月光自古明亮，崔塗〈牛渚夜泊〉：「數吟人不遇，千古月空明。」李中〈再遊洞神宮懷邵羽人有感〉：「峰頭鶴去三清遠，壇畔月明千古秋。」月華，月光，沈休文〈應王中丞思遠詠月〉：「月華臨靜夜，夜靜滅氛埃。」張若虛〈春江花月夜〉：「此時相望不相聞，願逐月華流照君。」千古，比喻時代悠遠，盧照鄰〈石鏡寺〉：「銖衣千古佛，寶月兩重圓。」張九齡〈商洛山行懷古〉：「陳跡向千古，荒途始一過。」分明，清楚，有明亮之意，孟浩然〈遊明禪師西山蘭若〉：「停午收彩翠，夕陽照分明。」戎昱〈中秋夜登樓望月寄人〉：「萬里此情同皎潔，一年今日最分明。」照人一似無情，好像沒有感情地照著人。一似，好像，孫逖〈江行有懷〉：「不知何歲月，一似暮潮歸。」白居易〈百花亭晚望夜歸〉：「鬢毛遇病雙如雪，心緒逢秋一似灰。」一，甚、極，《莊子・大宗師》：「固有無其實而得其名者乎？回一怪之。」《晏子春秋・內篇諫上第九》：「寡人一樂之，是欲祿之以萬鍾，其足乎？」無情，沒有感情，江淹〈江上之山賦〉：「草自然而千花，樹無情而百色。」盧照鄰〈獄中學騷體〉：「夫何秋夜之無情兮，皎晶悠悠而太長。」

〔4〕不道天涯離客，夢回愁對三更：不管遊子思鄉之情懷，馮延巳〈三臺令〉：「明月，明月。照得離人愁絕。更深影入空床。不道帷屏夜長。」不道天涯離客，

不理會遊子客居他鄉之愁苦。不道，不管、不顧，宋濟〈東鄰美人歌〉：「春風不道珠簾隔，傳得歌聲與客心。」溫庭筠〈更漏子〉：「梧桐樹，三更雨，不道離情正苦。」離客，離人遊子，鮑照〈登翻車峴〉：「遊子思故居，離客遲新鄉。」錢起〈海上臥病寄王臨〉：「離客窮海陰，蕭辰歸思結。」夢回愁對三更，午夜夢回更覺哀悽，陸游〈枕上偶成〉：「酒渴喜聞疏雨滴，夢回愁對一燈昏。」愁對，憂愁地面對，杜甫〈至日遣興奉寄北省舊閣老兩院故人〉：「孤城此日堪腸斷，愁對寒雲雪滿山。」李紳〈泝西江〉：「江風不定半晴陰，愁對花時盡日吟。」

卜算子 [1]

曉角纔初弄。驚覺幽人夢 [2]。珠壓花梢的的圓，春露昨宵重 [3]。

　　小鼎香浮動。閑把新詩誦 [4]。坐客同嘗碧月團，擘破雙飛鳳 [5]。

【校】

五個版本所錄之字句皆同。

【箋注】

〔1〕卜算子：雙調，四十四字，前後段各四句，三仄韻。元高拭詞注仙呂調；蘇軾詞有「缺月掛疏桐」句，故名〈缺月掛疏桐〉；秦湛詞有「極目煙中百尺樓」句，故又名〈百尺樓〉；僧皎詞有「目斷楚天遙」句，故又名〈楚天遙〉；無名氏詞有「蹙破眉峯碧」句，故又名〈眉峯碧〉。

〔2〕曉角纔初弄。驚覺幽人夢：指好夢被清晨的號角驚醒，賈島〈上邠寧邢司徒〉：「春風欲盡山花發，曉角初吹客夢驚。」周樸〈客州賃居寄蕭郎中〉：「窗吟苦為秋江靜，枕夢驚因曉角催。」曉角纔初弄，早晨的號角剛剛響起。曉角，清晨的號角，初以動物的角製成，後改用竹、木、銅等材料，有曲形、竹筒等形狀，多用於軍隊中，沈佺期〈關山月〉：「將軍聽曉角，戰馬欲南歸。」顧況〈別江南〉：「江城吹曉角，愁殺遠行人。」纔，後作才，表示時間，《廣雅‧釋言》：「纔，暫也。」《漢書‧鼂錯傳》：「救之，少發則不足；多發，遠縣纔至，則胡又已去。」初弄，開始吹奏，李之儀〈答吳子友見寄昔與子友同書局以此韻往來各人十二篇今子友仍用元韻遂復次之各十三篇矣〉：「詩成新月半侵簾，更聽樓頭角初弄。」弄，吹奏、演奏，《漢書‧司馬相如傳》：「及飲卓氏弄琴，文君竊從戶窺，心說而好之。」宋之問〈放白鷳篇〉：「我心松石清霞裏，弄此幽弦不能已。」驚覺幽人夢，驚醒幽居者之夢。驚覺，受到驚動而清醒，李白〈冬夜醉宿龍門覺起言志〉：「中夜忽驚覺，起立明燈前。」元稹〈江陵三夢〉：「驚覺滿床月，風波江上聲。」覺，醒、睡醒，《說文‧見

部》：「覺，寤也。」《詩‧王風‧兔爰》：「我生之後，逢此百憂，尚寐無覺。」幽人夢，隱逸山林者之清夢，張耒〈寓寺〉：「幽人夢斷西窗雨，背壁籠燈到曉紅。」釋道潛〈秋日西湖〉：「琤然一葉墮空庭，似喚幽人夢欲醒。」

〔3〕珠壓花梢的的圓，春露昨宵重：花梢上露珠濃圓的樣子。珠壓花梢，露珠濃重貌，李賀〈夜飲朝眠曲〉：「柳苑鴉啼公主醉，薄露壓花蕙園氣。」高士談〈春愁曲〉：「壓花曉露萬珠冷，金井吚啞轉纖綆。」的的圓，圓潤晶瑩的樣子，李綱〈過戲贈此篇〉：「好拋筠粉娟娟淨，來看荷珠的的圓。」的的，明亮晶瑩，陳子昂〈宿空舲峽青樹村浦〉：「的的明月水，啾啾寒夜猿。」張說〈遙同蔡起居偃松篇〉：「懸池的的停華露，偃蓋重重拂瑞雲。」春露昨宵重，昨夜露水濃厚。昨宵，昨夜，李白〈送韓準裴政孔巢父還山〉：「昨宵夢裏還，雲弄竹溪月。」姚合〈秋夕遣懷〉：「昨宵白露下，秋氣滿山城。」重，濃厚，《呂氏春秋‧盡數》：「凡食，無以厚味無以烈味重酒，是以謂之疾首。」駱賓王〈在獄詠蟬〉：「露重飛難進，風多響易沉。」

〔4〕小鼎香浮動。閑把新詩誦：描述焚鼎煮茶，閒居賦詩的生活。小鼎香浮動，茶香在空氣間飄散。小鼎，煮茶的器具，李商隱〈即目〉：「小鼎煎茶面曲池，白須道士竹間棋。」胡宿〈靜齋〉：「石上試眞茶，松間移小鼎。」浮動，飄盪、漂動，林逋〈山園小梅〉：「疏影橫斜水清淺，暗香浮動月黃昏。」強至〈謝通判國博惠建茶〉：「拆封碾破蒼玉片，雲腳浮動甌生光。」閑把新詩誦，閒來無事，吟詩自娛，陳藻〈小除過盧子俞作〉：「村深事簡攜杯外，閑把詩篇細卷舒。」方夔〈宋震翁以詩見推次韻爲謝〉：「秋來閑把詩消遣，敢向騷壇占絕班。」新詩，新作的詩，張華〈答何劭詩〉：「良朋貽新詩，示我以遊娛。」陶潛〈移居〉：「春秋多佳日，登高賦新詩。」誦，朗誦、唸讀，《周禮‧春官宗伯‧大司樂》：「以樂語教國子：興、道、諷、誦、言語。」《左傳‧襄公二十八年》：「穆子不說，使工爲之誦茅鴟。」

〔5〕坐客同嘗碧月團，擘破雙飛鳳：言與客共品茗。坐客同嘗碧月團，同坐客一起品嘗好茶。碧月團，茶名也，盧仝〈走筆謝孟諫議寄新茶〉：「開緘宛見諫議面，手閱月團三百片。問道新年入山裏，蟄蟲驚動春風起。天子須嘗陽羨茶，百草不敢先開花。仁風暗結珠琲瓃，先春抽出黃金芽。摘鮮焙芳旋封裹，至精至好且不奢。」文人亦在詩文中提及，蘇軾〈惠山謁錢道人烹小龍團登絕頂望太湖〉：「獨攜天上小團月，來試人間第二泉。」王安石〈寄茶與平甫〉：「碧月團團墮九天，封題寄與洛中仙。」擘破雙飛鳳，用手分開茶餅。擘破，用手分開，曹唐〈玉女杜蘭香下嫁於張碩〉：「遺情更說何珍重，擘破雲鬟金鳳皇。」楊萬里〈葵葉〉：「蓋頭旋摘山葵葉，擘破青青傘半邊。」雙飛鳳，茶名，其名可能本自產地，蔡襄《雜著‧上篇論茶‧味》：「茶味主於甘滑，惟北苑鳳皇山連屬諸焙所產者味佳。」可能本自所貼之圖樣，歐陽脩〈龍茶

錄後序〉：「仁宗尤所珍惜，雖輔相之臣未嘗輒賜，惟南郊大禮致齋之夕，中書樞密院各四人共賜一餅，宮人剪金爲龍鳳花草貼其上，兩府八家分割以歸，不敢碾試，宰相家藏以爲寶，時有佳客出而傳玩爾。」文人亦於詩文中提及，王珪〈和公儀飲茶〉：「雲疊亂花爭一水，鳳團雙影貢先春。」梅堯臣〈宋著作寄鳳茶〉：「團爲蒼玉璧，隱起雙飛鳳。」

浣溪沙〔1〕

桃李無言一徑深。客愁春恨莫相尋〔2〕。看花酌酒且開襟〔3〕。

　　白雪浩歌眞快意，朱絃未絕有知音〔4〕。月明千里故人心〔5〕。

【校】

五個版本所錄之字句皆同。

【箋注】

〔1〕浣溪沙：雙調，四十二字，前段三句，三平韻，後段三句，兩平韻，唐教坊曲名。張泌詞有「露濃香泛小庭花」句，故名〈小庭花〉；韓淲詞有「芍藥酴醾滿院春」句，故名〈滿院春〉，有「東風拂檻露猶寒」句，故名〈東風寒〉，有「一曲西風醉木犀」句，故名〈醉木犀〉，有「霜後黃花菊自開」句，故名〈霜菊黃〉，有「廣寒曾折最高枝」句，故名〈廣寒枝〉，有「春風初試薄羅衫」句，故名〈試香羅〉，有「清和風裏綠陰初」句，故名〈清和風〉，有「一番春事怨啼鵑」句，故又名〈怨啼鵑〉。

〔2〕桃李無言一徑深。客愁春恨莫相尋：桃李並非因爲春日而繁盛，故遊子不要以之爲藉口而暗自悲傷。桃李無言一徑深，桃李自顧自地盛開，李商隱〈賦得桃李無言〉：「夭桃花正發，穠李蕊方繁。應候非爭豔，成蹊不在言。」馮延巳〈舞春風〉：「蕙蘭有恨枝尤綠，桃李無言花自紅。」一徑，一直、徑直，劉長卿〈題蕭郎中開元寺新構幽寂亭〉：「孤風依青霄，一徑去不窮。」李涉〈葺夷陵幽居〉：「負郭依山一徑深，萬竿如束翠沉沉。」徑，徑直、直捷了當，《集韻·徑韻》：「徑，直也。」《楚辭·遠遊》：「陽杲杲其未光兮，凌天地以徑度。」深，茂盛、茂密，《楚辭·九章·涉江》：「深林杳以冥冥兮，乃猿狖之所居。」常建〈破山寺後禪院〉：「曲徑通幽處，禪房花木深。」客愁春恨莫相尋，文人多因春日花開花落，徒惹愁緒，劉學箕〈鷓鴣天〉：「夢遶天涯去意濃，客愁春恨兩匆匆，綠波初漲桃花浪，畫鷁輕隨柳絮風。」李龏〈梅花衲〉：「誰念故都花落盡，客愁春恨兩茫茫。」劉秉忠反用之，言遊子之鄉愁不應該因春景爛漫而更加深切。莫相尋，不要尋覓跟隨，張鎡〈武子得監左帑歸甬東待次〉：「帆向西興人便遠，再來華近莫相尋。」釋文珦〈一

生〉：「老子衰年嬾酬應，若非同伴莫相尋。」

〔3〕看花酌酒且開襟：賞花飲酒，自在快活，杜甫〈蘇端薛復筵簡薛華醉歌〉：「安得健步移遠梅，亂插繁花向晴昊。千里猶殘舊冰雪，百壺且試開懷抱。」酌酒，飲酒，鮑照〈擬阮公夜中不能寐〉：「漏分不能臥，酌酒亂繁憂。」謝朓〈懷故人〉：「安得同攜手，酌酒賦新詩。」且開襟，暫且放開懷抱，陳著〈江城子〉：「逢迎一笑且開襟，酒頻斟、量猶禁，相勸相期長健似如今。」襟，胸懷，陶潛〈停雲序〉：「願言不從，歎息彌襟。」張九齡〈晨出郡舍林下〉：「晨興步北林，蕭散一開襟。」

〔4〕白雪浩歌眞快意，朱絃未絕有知音：愉悅地撫絃高歌，因有知音賞，反用韋應物〈簡盧陟〉：「可憐白雪曲，未遇知音人。」白雪浩歌眞快意，開心地大聲歌唱。白雪浩歌，高唱白雪曲，張昌宗〈奉和聖製夏日遊石淙山〉：「叔夜彈琴歌白雪，孫登長嘯韻清風。」李白〈秋登巴陵望洞庭〉：「郢人唱白雪，越女歌採蓮。」白雪，古樂曲名，即陽春白雪，傳說爲春秋時晉師曠或齊劉涓子所作，陽春取其萬物知春，和風淡蕩之義，白雪則取其凜然清潔，雪竹琳琅之音之義，宋玉〈對楚王問〉：「客有歌於郢中者，其始曰下里巴人，國中屬而和者數千人。其爲陽阿薤露，國中屬而和者數百人。其爲陽春白雪，國中屬而和者不過數十人。」白居易〈奉酬淮南牛相公思黯見寄二十四韻〉：「慚無白雪曲，難答碧雲篇。」快意，稱心、適意，《史記·李斯傳》：「快意當前，適觀而已矣。」曹植〈與吳季重書〉：「過屠門而大嚼，雖不得肉，貴且快意。」朱絃未絕有知音，樂音不曾斷絕，是因爲有知音，典出於《列子·湯問》：「伯牙善鼓琴，鍾子期善聽。伯牙鼓琴，志在登高山，鍾子期曰：『善哉！峨峨兮，若泰山。』志在流水，鍾子期曰：『善哉！洋洋兮，若江河。』伯牙所念，鍾子期必得之。伯牙游於泰山之陰，卒逢暴雨，止於巖下，心悲，乃援琴而鼓之，初爲霖雨之操，更造崩山之音。曲每奏，鍾子期輒窮其趣，伯牙乃舍琴而歎曰：『善哉！善哉！子之聽夫。志想像猶吾心也。吾於何逃聲哉？』」朱絃，樂器上的紅色絲絃，陸機〈文賦〉：「闋大羹之遺味，同朱絃之清氾。」陸雲〈爲顧彥先贈婦詩〉：「鳴簧發丹脣，朱絃繞素腕。」此指琴音。未絕，沒有斷絕，戴叔倫〈行營送馬侍御〉：「萬里羽書來未絕，五關烽火畫仍傳。」施肩吾〈夜愁曲〉：「歌者歌未絕，愁人愁轉增。」知音，比喻瞭解自己的知心朋友，曹丕〈與吳質書〉：「昔伯牙絕絃於鍾期，仲尼覆醢于子路，痛知音之難遇，傷門人之莫逮。」陶潛〈詠貧士〉：「知音苟不存，已矣何所悲。」

〔5〕月明千里故人心：指出知音即是遠在千里的故人，趙必璂〈和自村同年韻寄南山劉義車〉：「空谷寥寥絕足音，月明千里故人心。」千里，形容路途的遙遠，《孟子·梁惠王上》：「叟，不遠千里而來，亦將有以利吾國乎？」劉琨〈重贈盧諶〉：「鄧生何感激，千里來相求。」

朝中措[1] 贈平章仲一[2]

一

衣冠零落暮春花。飄捲滿天涯[3]。好把中原麟鳳，網來祥瑞皇家[4]。 白雲丹嶂，清泉綠樹，幾換年華[5]。認取隨時達節，莫教繫定匏瓜[6]。

【校】

〔朝中措〕：天順舊鈔本、弘治本作「朝中惜」；四庫本、四印齋本、《全金元詞》作「朝中措」。因詞排中有「朝中措」，而無「朝中惜」，故「朝中惜」乃誤錄。

〔平章仲一〕：天順舊鈔本、弘治本、四庫本、四印齋本、《全金元詞》皆作「章仲一」，然史料中，與劉秉忠交好者，卻未見章仲一。依筆者推測，前應脫一「平」字，即當為平章仲一，即張易，字仲一，太原交城人，平章乃其官位。

〔清泉〕：天順舊鈔本、弘治本、四庫本作「清泉」；四印齋本、《全金元詞》作「青泉」。清泉，同青泉，指清澈乾淨的泉水。

【箋注】

〔1〕朝中措：雙調，四十八字，前段四句，三平韻，後段五句，兩平韻。《宋史·樂志》屬黃鍾宮。李祁詞有「初見照江梅」句，故名〈照江梅〉；韓淲詞名〈芙蓉曲〉，又有「香動梅梢圓月」句，故又名〈梅月圓〉。

〔2〕平章仲一：平章仲一，即張易，字仲一，太原交城人，平章乃其官位。幼與劉秉忠同學於邢西之紫金山。及劉秉忠事世祖之時，遂薦仲一。三除中書平章政事，兩拜樞密副使，為元初名臣。

〔3〕衣冠零落暮春花。飄捲滿天涯：名門世族如暮春的花朵般紛散零落到天涯。衣冠零落暮春花，以春末的花朵殘亂比喻名門世族散亂，殷堯藩〈陸丞相故宅〉：「衣冠零落久，今日事堪傷。廚起青煙薄，門開白日長。殘梅敧古道，名石臥頹牆。山色依然好，興衰未可量。」亦是用殘花襯托衣冠零落。衣冠零落，名門世族散亂衰敗，孫覿〈辭免再除中書舍人狀〉：「疾病侵陵，形影支離，衣冠零落，存闕之心未替。」王炎〈冰玉老人集序〉：「某髮種種，而伯父之後，亦衣冠零落不振矣，每一念此，喟焉太息以悲。」暮春花，春季末期之花，劉虛〈寄閻防〉：「深路入古寺，亂花隨暮春。」姚合〈送馬戴下第客遊〉：「鳥啼寒食雨，花落暮春風。」飄捲滿天涯，指人飄散至各地，李

洞〈客亭對月〉：「遊子離魂隴上花，風飄浪卷遶天涯。」飄捲，飄散飛揚，
李紳〈奉酬樂天立秋夕有懷見寄〉：「薄帷乍飄卷，襟帶輕搖颺。」《太平廣記‧
卷三百四十》：「忽有黑風自西來，旋轉筵上，飄卷紙錢及酒食皆飛去。」滿
天涯，散佈四處，彭汝礪〈雜詠詩〉：「朔風吹雪滿天涯，寂寂朝雲冷萬家。」
華鎮〈密雨〉：「陰雲生隴上，密雨滿天涯。」

〔4〕好把中原麟鳳，網來祥瑞皇家：將有才能者網羅到朝廷裡，陳陶〈閒居雜興〉：
「中原莫道無麟鳳，自是皇家結網疏。」好把，應該將，劉禹錫〈送宗密上
人歸南山草堂寺因謁河南尹白侍郎〉：「河南白尹大檀越，好把真經相對翻。」
齊己〈對菊〉：「欲傾琥珀盃浮爾，好把茱萸朵配伊。」中原麟鳳，於中原之
賢能者，元好問〈送高信卿〉：「中原麟鳳今如此，莫道皇家結網疎。」中原，
本指黃河下游一帶，包括河南的大部分、山東的西部，河北、山西的南部及
陝西的東部，後泛指中國，張衡〈東京賦〉：「文德既昭，武節是宣，三農之
隙，曜威中原。」魏徵〈述懷〉：「中原初逐鹿，投筆事戎軒。」麟鳳，麟、
鳳原指傳說中的祥獸，此比喻賢聖之人，周曇〈太公〉：「危邦自謂多麟鳳，
肯把王綱取釣翁。」陳陶〈續古〉：「秦國饒羅網，中原絕麟鳳。」網來祥瑞
皇家，網羅來為國效力，造福百姓。網，搜羅、收容，《玉篇‧糸部》：「網，
羅也。」《漢書‧王莽傳上》：「網羅天下異能之士。」祥瑞，吉兆、嘉慶禎祥
的事物，《漢書‧元後傳》：「此正義善事，當有祥瑞。」白居易〈和答詩〉：「祥
瑞來白日，神聖占知風。」皇家，皇帝的家族，此指朝廷，潘勗〈冊魏公九
錫文〉：「保乂我皇家，引濟於艱難，朕實賴之。」曹植〈登臺賦〉：「惠澤遠
揚，翼佐皇家，寧彼四方。」

〔5〕白雲丹嶂，清泉綠樹，幾換年華：指經過一段時間。白雲丹嶂，高聳入雲，
顏色赤紅的山峰，即形容秋天葉紅滿山之景，釋契嵩〈題遠公影堂壁〉：「白
雲丹嶂，玉樹瑤草，遠公之棲處也。」丹嶂，如屏風的紅色山峰，李頻〈將
赴黔州先寄本府中丞〉：「丹嶂聳空無過鳥，青林覆水有垂猿。」張起〈早過
梨嶺喜雪書情呈崔判官〉：「皎潔停丹嶂，飄颻映綠林。」清泉綠樹，清澈乾
淨的泉水與嫩綠色的樹木，即春天綠意盎然之景，黃滔〈奉和翁文堯員外文
秀光賢書錦之什〉：「清泉引入旁添潤，嘉樹移來別帶春。」幾換年華，經過
了多少歲月，李覯〈詠桃〉：「方朔相逢阿母家，別來幾度換年華。」幾換，
換了幾次，劉駕〈出門〉：「田園幾換主，夢歸猶荷鋤。」徐鉉〈和張先輩見
寄〉：「雞鳴候旦寧辭晦，松節凌霜幾換秋。」年華，光陰、年歲，韋承慶〈折
楊柳〉：「不忍擲年華，含情寄攀折。」張循之〈巫山〉：「流景一何速，年華
不可追。」

〔6〕認取隨時達節，莫教繫定匏瓜：隨時提拔人才，莫使之不得重用。認取隨時
達節，順應時勢，辨明事理。認取，辨別選取，杜牧〈早春贈軍事薛判官〉：

「唯君莫惜醉，認取少年場。」陸龜蒙〈漉酒巾〉：「偏宜雪夜山中戴，認取時情與醉顏。」隨時，順應時代的情勢《國語·越語下》：「夫聖人隨時以行，是謂守時。」《韓非子·喻老第二十一》：「隨時以舉事，因資而立功。」達節，沉靜蓄德，通曉事理，《左傳·成公十五年》：「聖達節，次守節，下失節。」李白〈陳情贈友人〉：「懦夫感達節，壯士激青衿。」莫教繫定匏瓜，不要讓賢才不爲世所用。莫教，不要讓，王昌齡〈從軍行〉：「表請回軍掩塵骨，莫教兵士哭龍荒。」李白〈宮中行樂詞〉：「莫教明月去，留著醉嫦娥。」教，使、令，《集韻·爻韻》：「教，令也。」《書·皋陶謨》：「無教逸欲有邦，兢兢業業，一日二日萬幾。」繫定匏瓜，語本《語本論語·陽貨》：「吾豈匏瓜也哉？焉能繫而不食。」孔子認爲自己無法像匏瓜那樣繫懸著而不讓人食用，應該出仕爲官，有所作爲，後用以比喻有才能的人卻不爲世所用，孟浩然〈將適天臺留別臨安李主簿〉：「枳棘君尙棲，匏瓜吾豈繫。」彭汝礪〈寄張子直〉：「重嗟蹤跡匏瓜繫，翻羨蒼蠅附尾飛。」周必大〈南谷〉：「志士非匏瓜，焉能繫不食。」

二　書懷

布衣藍縷曳無裾。十載苦看書〔1〕。別有照人光彩，驪龍吐出明珠〔2〕。

　　天人學業，風雲氣象，可困泥塗〔3〕。隨著傅巖霖雨，大家濟潤焦枯〔4〕。

【校】

　　此闋詞乃據四印齋本、《全金元詞》錄之，天順舊鈔本、弘治本、四庫本俱無。

【箋注】

〔1〕布衣藍縷曳無裾。十載苦看書：描述勤苦讀書的情形，秦系〈閒居覽史〉：「長策胸中不復論，荷衣藍縷閉柴門。」布衣藍縷，布衣破爛的樣子，杜甫〈山寺〉：「山僧衣藍縷，告訴棟梁摧。」張侃〈題蕭照漁樵對語圖〉：「檀欒男女衣藍縷，澹泊生涯舟蕩搖。」布衣，粗布衣服，雍陶〈苦寒〉：「應是漸爲貧客久，錦衣著盡布衣單。」唐彥謙〈舟中望紫巖〉：「飄灑從何來，布衣濕微涼。」藍縷，衣服破爛的樣子，傅玄〈牆上難爲趨〉：「貧主屣敝履，整比藍縷衣。」孟郊〈織婦辭〉：「如何織紈素，自著藍縷衣。」曳無裾，不依附權貴門下，仰承鼻息。曳裾，語本《漢書·鄒陽傳》：「今臣盡智畢議，易精極慮，則無國不可奸；飾固陋之心，則何王之門不可曳長裾乎？」指依附權貴門下，仰承鼻息，李白〈行路難〉：「彈劍作歌奏苦聲，曳裾王門不稱情。」

顧況〈閒居懷舊〉：「貧居謫所誰推轂，仕向侯門恥曳裾。」曳，牽引，《詩經‧山有樞》：「子有衣裳，弗曳弗婁；子有車馬，弗馳弗驅。」《隋書‧楊素傳》：「家僮數千，後庭妓妾曳綺羅者以千數。」裾，衣服的後襟，《爾雅‧釋器》：「裗謂之裾。」王績〈薛記室收過莊見尋率題古意以贈〉：「曳裾出門迎，握手登前除。」十載苦看書，長時間辛苦的讀書，蘇舜欽〈及第後與同年宴李丞相宅〉：「十年苦學文，出語背時向。」十載，比喻很久的時間，曹植〈怨歌行〉：「夫行踰十載，賤妾常獨棲。」陶潛〈雜詩〉：「荏苒經十載，暫為人所羈。」苦，勤勞、勞苦，《廣韻‧姥韻》：「苦，勤也。」《孟子‧梁惠王上》：「樂歲終身苦，凶年不免於死亡。」

〔2〕別有照人光彩，驪龍吐出明珠：本為明月光輝照人，李白〈贈僧行融〉：「海若不隱珠，驪龍吐明月。」杜甫〈渼陂行〉：「船舷暝戛雲際寺，水面月出藍田關。此時驪龍亦吐珠，馮夷擊鼓群龍趨。」秉忠此處乃藉以形容人如驪龍具有才華內涵。別有照人光彩，光彩特別明亮照人，李新〈任夫人墓誌銘〉：「飛翰之冠，光彩照人，閭里盡傾，造廟致拜。」別有，特別有，庾信〈楊柳歌〉：「河邊楊柳百丈枝，別有長條踠地垂。」宋之問〈三陽宮侍宴應制得幽字〉：「離宮祕苑勝瀛洲，別有仙人洞壑幽。」驪龍吐出明珠，《莊子‧列禦寇》：「河上有家貧恃緯蕭而食者，其子沒於淵，得千金之珠。其父謂其子曰：『取石來鍛之！夫千金之珠，必在九重之淵而驪龍頷下，子能得珠者，必遭其睡也。使驪龍而寤，子尚奚微之有哉！』今宋國之深，非直九重之淵也；宋王之猛，非直驪龍也；子能得車者，必遭其睡也。使宋王而寤，子為韲粉夫！」古代傳說驪龍頷下有寶珠，乃極珍貴的寶物。驪龍，此指有特別之內涵者，無名氏〈驪龍〉：「有美為鱗族，潛蟠得所從。標奇初韞寶，表智即稱龍。荀氏傳高譽，莊生冀絕蹤。仍知流淚在，何幸此相逢。」明珠，即其才也，李白〈留別賈舍人至〉：「遠客謝主人，明珠難暗投。」

〔3〕天人學業，風雲氣象，可困泥塗：指如此有才德者豈可受環境限制。天人學業，司馬遷〈報任少卿書〉：「欲以究天人之際，通古今之變。」後用以比喻學問淵博，通曉天道、人事，李白〈與韓荊州書〉：「筆參造化，學究天人。」杜甫〈八哀詩贈秘書監江夏李公邕〉：「情窮造化理，學貫天人際。」風雲氣象，比喻高遠接天，劉一止〈踏莎行〉：「二水中分，三山半落，風雲氣象通寥廓。」此指雄大高遠的心志。風雲，高遠也，《晉書‧涼武昭王李玄盛傳》：「吾少無風雲之志，因官至此，不圖此郡士人忽爾見推。」庾信〈周哀州刺史廣饒公宇文公神道碑〉：「始遊庠塾，不無儒者之榮，或見兵書，遂有風雲之志。」氣象，人的舉止、氣度，杜甫〈送陵州路使君赴任〉：「佩刀成氣象，行蓋臺風塵。」范仲淹〈上都行送張伯玉〉：「南山張公子，氣象清且淳。」可困泥塗，難道可以深陷困境。可，豈、難道，岑參〈北庭〉：「可知年四十，

猶自未封侯。」韋莊〈長安清明〉:「蚤是傷春夢雨天,可堪芳草更芊芊。」

困泥塗,受環境困阻而不得志,潘岳〈閑居賦〉:「兩學如一,右延國胄,時方尚武,故困泥塗。」杜甫〈折檻行〉:「青衿冑子困泥塗,白馬將軍若雷電。」

〔4〕隨著傅巖霖雨,大家濟潤焦枯:比喻有才德的人物不怕出身低微,總有一日能成功立業,恩澤於民。隨著傅巖霖雨,指能夠和傅說一樣,為君主重用,施行善政,《墨子·尚賢中》:「傅說被褐帶索,庸築乎傅巖,武丁得之,舉以為三公,與接天下之政,治天下之民。」傅巖霖雨,被國君重用,實行善政,周樸〈喜賀拔先輩衡陽除正字〉:「寰中不用憂天旱,霖雨看看屬傅巖。」陸佃〈依韻和田虎通判兼呈呂防簽判〉:「潘鬢雪霜何太早,傅巖霖雨不應遲。」傅巖,地名,位於今山西省平陸縣東,相傳為商傅說版築之地,王勃〈三月曲水宴得煙字〉:「傅巖來築處,磻谿入釣前。」李嶠〈野〉:「誰言版築士,猶處傅巖中。」霖雨,比喻恩澤,《書經·說命》:「若歲大旱,用汝作霖雨。」大家濟潤焦枯,百姓能從而改善生活。大家,眾人,戴叔倫〈白苧詞〉:「大家為歡莫延佇,頃刻銅龍報天曙。」杜荀鶴〈重陽日有作〉:「大家拍手高聲唱,日未沉山且莫迴。」濟潤,拯救人民,使得到扶助。濟,救助、拯救,《字彙·水部》:「濟,賙救也。」《易·繫辭上》:「知周乎萬物,而道濟天下,故不過。」潤,使得到好處、扶助,《廣雅·釋詁一》:「潤,益也。」《禮記·大學》:「富潤屋,德潤身。」焦枯,乾枯,白居易〈喜雨〉:「頓疏萬物焦枯意,定看秋郊稼穡豐。」李商隱〈哭虔州楊侍郎〉:「莫憑牲玉請,便望救焦枯。」

桃花曲〔1〕

一

一川芳景,一壺春酒,一襟幽緒〔2〕。今朝好天色,又無風無雨〔3〕。

水滿清溪花滿樹。有閑鷗、伴人來去〔4〕。行雲望逾遠,更青山無數〔5〕。

【校】

〔好天色〕:天順舊鈔本、弘治本、四印齋本作「好春色」;四庫本、《全金元詞》俱作「好天色」。由於下文為「無風無雨」,故取「好天色」。

【箋注】

〔1〕桃花曲:即〈憶少年〉,雙調,四十六字,前段五句,兩仄韻,後段四句,三仄韻。萬俟詠詞有「上隴首凝眸天四闊」句,故名〈隴首山〉;朱敦儒詞名〈十二時〉;元劉秉忠詞有「恨桃花流水」句,故更名〈桃花曲〉。

〔2〕一川芳景，一壺春酒，一襟幽緒：面對山川美景，飲酒抒發幽情。一川芳景，河流美麗的景色，賈島〈送唐環歸敷水莊〉：「一川風景好，恨不有吾廬。」川，水道、河流，《書・禹貢》：「奠高山大川。」《周禮・地官・遂人》：「凡治野，夫間有遂，遂上有徑；十夫有溝，溝上有畛；百夫有洫，洫上有塗；千夫有澮，澮上有道；萬夫有川，川上有路，以達於畿。」芳景，美景也，趙多曦〈酬燕公出湖見寄〉：「芳景恣行樂，謫居忽如忘。」孟郊〈春日同韋郎中使君送鄒儒立少府扶侍赴雲陽〉：「酒酣正芳景，詩綴新碧叢。」一壺春酒，一壺春時釀造至冬始成的酒，呂巖〈七言〉：「盡日無人話消息，一壺春酒且醺酣。」蘇軾〈次韻樂著作送酒〉：「萬斛羈愁都似雪，一壺春酒若爲湯。」一襟幽緒，滿懷幽靜的心緒。一襟，充滿懷抱，徐仲雅〈贈齊己〉：「骨瘦神清風一襟，松老霜天鶴病深。」黃裳〈和馮達夫小沼之什〉：「十尺冷清雖有限，一襟瀟灑已無窮。」幽緒，清雅悠閒的情感。幽，高雅閑適、恬淡清靜，張華〈情詩〉：「清風動帷簾，晨月照幽房。」蕭穎士〈仰答韋司業垂訪〉：「主人有幽意，將以充林泉。」緒，情緒、思緒，謝靈運〈長歌行〉：「覽物起悲緒，顧已識憂端。」劉孝孫〈詠笛〉：「征客懷離緒，鄰人思舊情。」

〔3〕今朝好天色，又無風無雨：指天氣清朗無雲雨。今朝好天色，今日天氣晴朗，周紫芝〈九日陪李德儀兄弟游石屋〉：「氣如昨夜太暄妍，雲似今朝好天色。」趙秉文〈和淵明飲酒〉：「今日好天色，清晨雪雲開。」又，而且，《論語・子罕》：「固天縱之將聖，又多能也。」《史記・滑稽列傳》：「以故城中益空無人，又困貧，所從來久遠矣。」無風無雨，楊萬里〈中秋病中不飲二首後一首用轆轤體〉：「無風無雨併無雲，今歲中秋儘十分。」陸游〈春日〉：「藥餌及時身尚健，無風無雨且閒遊。」

〔4〕水滿清溪花滿樹。有閑鷗、伴人來去：景象悠閒燦爛。水滿清溪花滿樹，流水清澈，花開燦爛的景色，儲光羲〈寄孫山人〉：「新林二月孤舟還，水滿清江花滿山。」水滿清溪，溪水充沛貌，查文徽〈寄麻姑仙壇道士〉：「人歸仙洞雲連地，花落春林水滿溪。」李嶠〈五言重送橫飛聯句〉：「春田草未齊，春水滿長溪。」花滿樹，繁花似錦貌，劉駕〈曉登迎春閣〉：「香風滿閣花滿樹，樹樹樹梢啼曉鶯。」歐陽脩〈戲贈〉：「門前白馬繫垂楊，春風滿城花滿樹。」有閑鷗、伴人來去，有鷗鳥伴隨著人悠閒往返，指生活自由自適，戴叔倫〈閒思〉：「何似嚴陵灘上客，一竿長伴白鷗閒。」戴昺〈亦龍弟覆簣累石作亭其陰屏翁名曰野亭索詩謾賦〉：「日窮天變化，心靜地寬閑，鷗鳥知人樂，忘機亦往還。」閑鷗，悠閒的鷗鳥，法振〈題天長阮少府湖上客歸〉：「臥對閑鷗戲，談經稚子賢。」皎然〈送常清上人還舒州〉：「估客親宵語，閒鷗偶晝禪。」

〔5〕行雲望逾遠，更青山無數：形容曠遠寂寞的樣子，李端〈荊門歌送兄赴夔州〉：

「雲間悵望荊衡路，萬里青山一時暮。」行雲望逾遠，順著雲的流動，遠望更遠的地方，董思恭〈詠雲〉：「因風望既遠，安得久踟躕。」駱賓王〈夏日遊德州贈高四〉：「白雲離望遠，青谿隱路賒。」行雲，流動的雲，曹植〈王仲宣誄〉：「哀風興感，行雲徘徊，遊魚失浪，歸鳥忘棲。」望逾遠，望得更遠，〈與張朝請〉：「旦夕西去，回望逾遠，後會無期。」度正〈壽制置吳侍郎〉：「浮言既空望逾遠，歘起仍棄使者車。」逾，愈、益、更加，《墨子·所染》：「不能爲君者，傷形費神，愁心勞意，然國逾危，身逾辱。」《淮南子·原道》：「夫釋大道而任小數，無以異於使蟹捕鼠，蟾蜍捕蚤，不足以禁姦塞邪，亂乃逾滋。」更青山無數，還有無數的青山橫陳眼前，形容廣闊渺遠，林逋〈西湖泛舟入靈隱寺〉：「水天相映淡溦溶，隔水青山無數重。」無數，極多也，徐陵〈走筆戲書應令〉：「舞席秋來卷，歌筵無數塵。」蘇頲〈侍宴桃花園詠桃花應制〉：「桃花灼灼有光輝，無數成蹊點更飛。」

二

　　青山千里，滄波千里，白雲千里〔1〕。行程問行客，更無窮山水〔2〕。
　　　　青史功名都半紙。念劉郎、鬢先如此〔3〕。桃源覓無路，對溪花紅紫〔4〕。

【校】

　　五個版本所錄之字句皆同。

【箋注】

〔1〕青山千里，滄波千里，白雲千里：描寫山河之壯闊悠遠。青山千里，山脈綿延不絕，洪適〈次韻蔡瞻明雨中書懷〉：「青山千里江南路，他日郵籤幸見尋。」白敏中〈賀收復秦原諸州詩〉：「河水九盤收數曲，天山千里鎖諸關。」千里，形容遙遠遼闊的樣子，《詩經·玄鳥》：「邦畿千里，維民所止。」《孟子·梁惠王上》：「叟不遠千里而來，亦將有以利吾國乎？」滄波千里，綠波流域遼闊，劉長卿〈送行軍張司馬罷使迴〉：「千里滄波上，孤舟不可尋。」岑參〈送王大昌齡赴江寧〉：「澤國從一官，滄波幾千里。」滄波，青綠色的水波，謝朓〈和劉西曹望海臺〉：「滄波不可望，望極與天平。」駱賓王〈蕩子從軍賦〉：「滄波積凍連蒲海，雨雪凝寒遍柳城。」白雲千里，指天空一望無際，劉長卿〈茗溪酬梁耿別後見寄〉：「白雲千里萬里，明月前溪後溪。」岑參〈送韓巽入都觀省便赴舉〉：「青門百壺送韓侯，白雲千里連嵩丘。」

〔2〕行程問行客，更無窮山水：感嘆歸期甚遠，郎士元〈朱方南郭留別皇甫冉〉：「故人勞見愛，行客自無憀。若問前程事，孤雲入劍遙。」行程問行客，問

旅客前路還有多遠，王諶〈乍歸〉：「野色供詩料，山光快客情。路逢鄉父老，駐足問行程。」行程，路程，岑參〈送郭乂雜言〉：「中山明府待君來，須計行程及早回。」劉禹錫〈別友人後得書因以詩贈〉：「今得出關書，行程日已遙。」行客，旅客，曹植〈雜詩〉：「悠悠遠行客，去家千餘里。」李紳〈過荊門〉：「月低山曉問行客，已酹椒漿拜荒陌。」更無窮山水，還有很長的路要走。無窮山水，山和水等的自然景物相當多，李俊民〈和籌堂途中即事〉：「無窮山水吟難盡，說似畫師僧巨然。」此指所要經歷的路極長。無窮，不盡、無極限，《禮記·中庸》：「今夫天，斯昭昭之多，及其無窮也，日月星辰繫焉，萬物覆焉。」《荀子·禮論》：「天者高之極也，地者下之極也，無窮者廣之極也，聖人者道之極也。」

〔3〕青史功名都半紙。念劉郎、鬢先如此：功名未成，鬢已成絲，元好問〈雜著〉：「半紙虛名百戰身，轉頭高塚臥麒麟。」青史功名都半紙，花費許多時間追求微不足道的功名，王寂〈紅袖扶〉：「俗事何時了，便可束置之高閣，笑半紙功名，何物被人拘縛。」耶律楚材〈復用前韻唱玄〉：「功名半紙字幾行，競羨成績書太常。」青史，青指竹簡，古人用作書寫工具，也用來記載歷史，所以後來以青史作為史書的代稱，江淹〈鏡論語〉：「巡青史之殘誥，覽朱管之遺冊。」劉長卿〈歸沛縣道中晚泊留侯城〉：「功名滿青史，祠廟唯蒼苔。」都，總、共，《漢書·西域傳》：「都護之起，自吉置矣。」曹丕〈與吳質書〉：「頃撰其遺文，都為一集。」半，比喻很少，《文心雕龍·書記》：「文舉屬章，半簡必錄。」陸游〈歲暮出遊〉：「殘曆消磨無半紙，一年光景又成非。」念劉郎、鬢先如此，晁補之〈憶少年〉：「劉郎鬢如此，況桃花顏色。」韓元吉〈水龍吟〉：「花裏鶯啼，水邊人去，落紅無數。恨劉郎鬢點，星星華髮，空回首、傷春暮。」藉劉禹錫為官十幾年後，欲尋桃花無果，然雙鬢已先斑之典故，感嘆自己身處官場多年，卻不得隱。

〔4〕桃源覓無路，對溪花紅紫：言無法退隱山林的無奈。桃源覓無路，找不到往世外樂土的路，杜甫〈不寐〉：「多壘滿山谷，桃源無處求。」李呂〈八寶粧〉：「還是鳳樓人遠，桃源無路。」桃源，原是陶淵明理想中的居住國度，後用以比喻世外樂土或避世隱居的地方，庾信〈詠畫屏風詩〉：「逍遙遊桂苑，寂絕到桃源。」徐陵〈山齋〉：「桃源驚往客，鶴嶠斷來賓。」對溪花紅紫，只能看著溪花繽紛綻放，以此烘托出心中之無奈。對，朝向、面對，《廣雅·釋詁四》：「對，嚮也。」《史記·萬石張叔列傳》：「子孫有過失，不譙讓，為便坐，對案不食。」紅紫，花色多彩貌，錢起〈山居新種花藥與道士同遊賦詩〉：「風露柝紅紫，緣溪復映池。」韓愈〈遊城南十六首晚春〉：「草樹知春不久歸，百般紅紫鬥芳菲。」

三

茸茸芳草，漫漫長路，忽忽行李〔1〕。佳人在何許，眇雲山千里〔2〕。

莫惜千金沽一醉。道劉郎、不宜憔悴〔3〕。春歸寂寞語，恨桃花
流水〔4〕。

【校】

〔忽忽〕：天順舊鈔本、弘治本作「忽忽」；四庫本作「匆匆」；四印齋本、
《全金元詞》作「悤悤」。忽、悤，皆匆之異體字。

〔佳人在何許〕：天順舊鈔本、弘治本、四印齋本、《全金元詞》作「佳
人在何許」，唯四庫本作「佳人在可渺」。由上下文意判斷，以「佳人在何許」
為宜。

〔眇雲山千里〕：天順舊鈔本、弘治本作「眇雲山千里」，四庫本、四印
齋本、《全金元詞》作「渺雲山千里」。眇，微小、難以預期掌握，同渺。

【箋注】

〔1〕茸茸芳草，漫漫長路，忽忽行李：描繪行客往返不絕的景象。茸茸芳草，綠
草柔密叢生的樣子，韓翃〈宴楊駙馬山池〉：「垂楊拂岸草茸茸，繡戶簾前花
影重。」張耒〈春晚有感〉：「茸茸草色鋪風軟，點點楊花著水輕。」漫漫長
路，道路綿長的樣子，陸雲〈答兄平原〉：「矯矯乘馬，載驅載馳，漫漫長路，
或降或階。」謝靈運〈南樓中望所遲客〉：「杳杳日西頹，漫漫長路迫。」忽
忽行李，行人行色匆忙的樣子，張擴〈送彥材姪還鄉〉：「笑談亹亹未更僕，
行李匆匆還語離。」吳芾〈志道相見和前韻〉：「正慚行李忽忽去，忽報軺車
得得來。」忽忽，同匆匆，匆忙、急遽的樣子，陳子昂〈為建安王與諸將書〉：
「臨使忽忽，書不盡意。」韋應物〈贈崔員外〉：「匆匆何處去，車馬冒風塵。」
行李，行人、遊子，《左傳・僖公三十年》：「若舍鄭以為東道主，行李之往來，
共其乏困。」蔡琰〈胡笳十八拍〉：「追思往日兮行李難，六拍悲兮欲罷彈。」

〔2〕佳人在何許，眇雲山千里：言欲隱居之處，遠在千里。佳人在何許，世外樂
土、君子賢人何處尋，李廌〈次韻答張閎張閣見寄〉：「我思佳人在何許，太
行之陽濟川上。」曹勛〈鳴笳曲〉：「佳人在何處，遷謫寄長沙。」佳人，美
人、君子、賢人，李延年〈歌〉：「北方有佳人，絕世而獨立。」劉徹〈秋風
辭〉：「蘭有秀兮菊有芳，懷佳人兮不能忘。」此應指隱居之桃源。何許，何
處，陶潛〈讀山海經〉：「丹木生何許，迺在崟山陽。」庾信〈奉和趙王遊仙〉：
「蓬萊在何許，漢後欲遙祠。」眇雲山千里，比喻很遠的地方。眇，幽遠、
高遠，《楚辭・九章・哀郢》：「眇不知其所蹠。順風波以從流兮，焉洋洋而為

客。」曹植〈情詩〉:「眇眇客行士,遙役不得歸。」雲山千里,形容非常遙遠的地方,武元衡〈送嚴侍御〉:「雲山千里合,霧雨四時陰。」吳芾〈和陶讀山海經十三首韻送機簡堂自景星巖再住隱靜〉:「雲山千里見,石泉四時流。」

〔3〕莫惜千金沽一醉。道劉郎、不宜憔悴:自我安慰,不應為無法隱居而難過。莫惜千金沽一醉,宜擲千金,但求一醉,李白〈自漢陽病酒歸寄王明府〉:「莫惜連船沽美酒,千金一擲買春芳。」白居易〈和微之詩二十三首和知非〉:「須憑百杯沃,莫惜千金費。」莫惜,不要吝惜,李白〈送友人遊梅湖〉:「莫惜一雁書,音塵坐胡越。」岑參〈蜀葵花歌〉:「人生不得長少年,莫惜床頭沽酒錢。」沽一醉,買酒求一醉,孫覿〈次韻王子欽春望〉:「便解貂裘沽一醉,忍看紅藥糝寒條。」仲並〈呈彥平〉:「旋解鶹裘沽一醉,紛紛談話任封侯。」沽,同酤,買也,《論語‧鄉黨》:「沽酒市脯不食。」《晉書‧阮籍傳》:「鄰家少婦有美色,當壚沽酒。」道劉郎、不宜憔悴,自言不應繼續憂煩。道,料想、以為,杜甫〈柳邊〉:「只道梅花發,那知柳亦新。」陸龜蒙〈奉和襲美見訪不遇〉:「祇道府中持簡牘,不知林下訪漁樵。」劉郎,此應指自己,即劉秉忠本人。不宜憔悴,不應該憂患、煩惱。不宜,不適宜,《詩經‧邶風‧谷風》:「黽勉同心,不宜有怒。」《周易‧小過》:「飛鳥遺之音,不宜上,宜下,大吉。」

〔4〕春歸寂寞語,恨桃花流水:形容暮春冷清孤單的樣子。春歸寂寞語,暮春冷清,孤單自語,趙蕃〈次韻斯遠折梅之作〉:「春歸寂寞誰與傳,梅開年後並臘前。」春歸,暮春時節,盧照鄰〈折楊柳〉:「鶯啼知歲隔,條變識春歸。」蘇頲〈重送舒公〉:「散騎金貂服綵衣,松花水上逐春歸。」寂寞語,孤單自語,鮑溶〈秋夜聞鄭山人彈楚妃怨〉:「寂寞物無象,依稀語空煙。」語,說話、談論,《說文‧言部》:「語,論也。」《詩‧大雅‧公劉》:「於時言言,於時語語。」恨桃花流水,怨桃花流水隨春一去不復返。恨,怨恨,《說文‧心部》:「恨,怨也。」《荀子‧堯問》:「處官久者士妒之,祿厚者民怨之,位尊者君恨之。」桃花流水,春日之美景,李白〈山中問答〉:「桃花流水窅然去,別有天地非人間。」貫休〈偶作因懷山中道侶〉:「是是非非竟不真,桃花流水送青春。」此指桃源仙境。

點絳唇 〔1〕

一

十載風霜,玉關紫塞都遊遍 〔2〕。驛途方遠。夜雨留孤館 〔3〕。　　燈火青熒,莫把吳鉤看 〔4〕。歌聲輟。酒斟宜淺。三盞清愁散 〔5〕。

【校】

五個版本所錄之字句皆同。

【箋注】

〔1〕點絳唇：雙調，四十一字，前段四句三仄韻，後段五句四仄韻。《詞苑叢談》：「〈點絳唇〉，取江淹『白雪凝瓊貌，明珠點絳唇』。」按此名甚豔，蓋謂女郎口脂也，故又名〈點櫻桃〉；張宗瑞詞有「邀月過南浦」句，故名〈南浦月〉；又有「遙隔沙頭雨」句，故又名〈沙頭雨〉。

〔2〕十載風霜，玉關紫塞都遊遍：指於關塞遊歷已有十年。十載風霜，歷經十年的艱辛困苦，何夢桂〈見李察判竹溪〉：「十載風霜敝黑裘，悠悠身世逐浮鷗。」載，歲、年，《爾雅・釋天》：「載，歲也。夏日歲，商曰祀，周曰年，唐、虞曰載。」《書・堯典》：「朕在位七十載。」風霜，比喻艱辛，多指行旅而言，鮑照〈代鳴鴈行〉：「憔悴容儀君不知，辛苦風霜亦何爲。」盧照鄰〈贈益府群官〉：「日夕苦風霜，思歸赴洛陽。」玉關紫塞都遊遍，指北方長城邊塞之地皆已遊憩完盡。玉關，兩漢時期通往西域的關隘，位於敦煌西北七十五公里處，哈拉湖西，由於大量的和闐玉由此運入中土，故稱爲玉門關，亦稱爲玉門、玉關，何遜〈學古〉：「日隱龍城霧，塵起玉關風。」庾信〈傷心賦〉：「對玉關而羈旅，坐長河而暮年。」紫塞，秦所築長城之土呈紫色，故稱長城爲紫塞，鮑照〈蕪城賦〉：「南馳蒼梧漲海，北走紫塞鴈門。」盧照鄰〈戰城南〉：「將軍出紫塞，冒頓在烏貪。」都遊遍，都遊歷過，姚勉〈遊湖〉：「寺逢好處都遊遍，身似西湖過夏僧。」汪莘〈除日寄黟山周尊師〉：「道人四海都遊遍，只有先生一個閒。」遍，沒有一處遺漏，《南史・陶弘景傳》：「始從東陽孫游嶽受符圖經法，遍歷各山，尋訪仙藥。」王維〈九月九日憶山東兄弟〉：「遙知兄弟登高處，遍插茱萸少一人。」

〔3〕驛途方遠。夜雨留孤館：夜雨不絕，令遠在他鄉爲官的作者更顯孤寂。驛途方遠，往返驛站間的道路相當悠遠，彭汝礪〈去桐廬學〉：「日暮途方遠，誰虞馬上吟。」驛途，往返驛站間的道路，李商隱〈寒食行次冷泉驛〉：「驛途仍近節，旅宿倍思家。」彭汝礪〈翌日景繁察院公初叔明推直謙父主簿復會某晚至即席用前韻〉：「驛途即折垂楊別，酒令毋嫌細柳嚴。」驛，古代供傳送公文的人或往來官員換馬、暫時休息的地方，崔國輔〈題豫章館〉：「驛前蒼石沒，浦外湖沙細。」岑參〈武威送劉單判官赴安西行營便呈高開府〉：「寒驛遠如點，邊烽互相望。」途，道路，《廣韻・模韻》：「途，道也。」《孫子・軍爭》：「故迂其途而誘之以利，後人發，先人至，此知迂直之計者也。」方，正、適，《論語・季氏》：「及其壯也，血氣方剛，戒之在鬥。」宋之問〈送趙司馬赴蜀州〉：「職拜輿方遠，仙成履會歸。」夜雨留孤館，因夜雨留滯旅館，

宋之問〈答李司戶夔〉：「駟馬留孤館，雙魚贈故人。明朝散雲雨，遙仰德爲鄰。」杜牧〈行次白沙館先寄上河南王侍郎〉：「夜程何處宿，山疊樹層層。孤館閉秋雨，空堂停曙燈。」孤館，旅館、客店，李賀〈有所思〉：「自從孤館深鎖窗，桂花幾度圓還缺。」楊發〈宿黃花館〉：「孤館蕭條槐葉稀，暮蟬聲隔水聲微。」

〔4〕燈火青熒，莫把吳鉤看：言夜闌時，不宜再爲政事煩憂。燈火青熒，燈火閃動明亮的樣子，蘇軾〈和柳子玉過陳絕糧〉：「圖書跌宕悲年老，燈火青熒語夜深。」王之道〈瀟湘夜雨〉：「淒淒寒氣欲相侵，燈火青熒更向深。」燈火，燈光，沈佺期〈七夕曝衣篇〉：「燈火灼爍九微映，香氣氛氳百和然。」王建〈荊門行〉：「欲明不待燈火起，喚得官船過蠻水。」青熒，燭光閃動的樣子，王適〈江上有懷〉：「寂寥金屏空自掩，青熒銀燭不生光。」張籍〈臥疾〉：「空堂留燈燭，四壁青熒熒。」莫把吳鉤看，不要把吳鉤拿出來看，即不要煩惱政事，化用辛棄疾〈水龍吟〉：「把吳鉤看了，欄干拍遍，無人會、登臨意。」吳鉤，名出自《吳越春秋‧闔閭內傳》：「闔閭既寶莫耶，復命於國中作金鉤，令曰：『能爲善鉤者，賞之百金。』吳作鉤者眾，而有之貪王之重賞也，殺其二子，以血釁金，遂成二鉤，獻於闔閭，詣宮門而求賞，王曰：『爲鉤者眾，而子獨求賞，何以異於眾夫子之鉤乎？』作鉤者曰：『吾之作鉤也，貪而殺二子釁成二鉤。』王乃舉眾鉤以示之：『何者是也？王鉤甚多，形體相類，不知其所在。』於是鉤師向鉤而呼二子之名：『吳鴻扈稽，我在於此，王不知汝之神也。』聲絕於口，兩鉤俱飛，著父之胸，吳王大驚曰：『嗟乎！寡人誠負於子，乃賞百金，遂服而不離身。』」後泛指鋒利的寶刀，鮑照〈代結客少年場行〉：「驄馬金絡頭，錦帶佩吳鉤。」張柬之〈出塞〉：「吳鉤明似月，楚劍利如霜。」

〔5〕歌聲輭。酒斟宜淺。三盞清愁散：形容悠然自得，遣興消閒的情景。歌聲輭，酒斟宜淺，淺斟著酒，低聲吟唱，柳永〈鶴沖天〉：「忍把浮名，換了淺斟低唱。」歌聲輭，歌聲柔和綿密，謝逸〈玉樓春〉：「嬌娥道字歌聲軟，醉後微渦回笑靨。」輭，同軟，柔和、溫和，《玉篇‧車部》：「輭，柔也；軟，俗文。」白居易〈小童薛陽陶吹觱篥歌〉：「有時婉軟無筋骨，有時頓挫生稜節。」酒斟宜淺，微斟著茶酒，蘇軾〈和致仕張郎中春晝〉：「淺斟盃酒紅生頰，細琢歌詞穩稱聲。」三盞清愁散，三杯酒即可化解心中之憂愁。盞，淺而小的杯子，多指酒杯，《方言‧卷五》：「盞，桮也。自關而東，趙魏之間曰椷，或曰盞。」岑參〈玉門關蓋將軍歌〉：「醉爭酒盞相喧呼，忽憶咸陽舊酒徒。」清愁，清冷的哀愁，崔涯〈黃蜀葵〉：「獨立悄無語，清愁人詎知。」林逋〈和黃亢與季父見訪〉：「微風起蘋末，歸路滿清愁。」

二

　　古寺蕭條，十年再到經行路〔1〕。舊題新句。總是關心處〔2〕。　　睡起西軒，轉覺添幽趣〔3〕。斜陽暮。淡煙疎雨。濕遍山前樹〔4〕。

【校】

　　〔睡起西軒〕：天順舊鈔本、弘治本、四印齋本、《全金元詞》作「睡起西軒」，四庫本作「挂起西軒」。由上下文意判斷，以「睡起西軒」爲宜。

　　〔淡煙疎雨〕：天順舊鈔本、弘治本作「淡烟疎雨」；四印齋本、《全金元詞》作「淡煙疏雨」；四庫本作「澹烟疎雨」。淡，同澹。烟，同煙。疎，同疏。

【箋注】

　　〔1〕古寺蕭條，十年再到經行路：指一別古寺，轉眼十年。古寺蕭條，古廟寂寥冷清，白居易〈二十四先輩昆季〉：「衡門寂寞朝尋我，古寺蕭條暮訪君。」蘇轍〈雨後遊大愚〉：「古寺蕭條仍負郭，閑官疎散亦肩輿。」蕭條，寂寥冷清的樣子，《楚辭·遠遊》：「山蕭條而無獸兮，野寂寞兮無人」曹植〈贈白馬王彪〉：「原野何蕭條，白日忽西匿。」十年再到經行路，十年後，再回到之前曾經到過的地方。經行路，之前所經過之路，陸游〈五月得雨稻苗盡立〉：「草荒常日經行路，水到前村舊漲痕。」劉過〈上范秘監〉：「疇昔經行路，黃山更一過。」

　　〔2〕舊題新句。總是關心處：無論是舊題還是新句，都是我關心之處，形容對舊地的懷念。舊題新句，舊有和新作的詩文。舊題，之前的題辭，元稹〈送王協律游杭越十韻〉：「浣渚逢新豔，蘭亭識舊題。」鄭谷〈渼陂〉：「卻展漁絲無野艇，舊題詩句沒蒼苔。」新句，新作的詩句，元稹〈酬樂天江樓夜吟稹詩因成三十韻〉：「忽見君新句，君吟我舊篇。」朱慶餘〈送僧往太原謁李司空〉：「禪餘得新句，堪對上公吟。」總是關心處，都是掛念留心的地方。總是，一直都是，李白〈子夜吳歌〉：「秋風吹不盡，總是玉關情。」白居易〈南浦歲暮對酒送王十五歸京〉：「相看漸老無過醉，聚散窮通總是閒。」關心處，掛心留意的地方，葉夢得〈次韻馬參議同遊蔣山〉：「追尋會識關心處，未怪衰翁苦憶歸。」陳傅良〈送倪正甫侍郎賀正〉：「顧瞻河洛關心處，應記幽燕用事人。」

　　〔3〕睡起西軒，轉覺添幽趣：於寺中小憩，倍添清幽情趣。睡起西軒，於西邊的小房間睡醒。睡起，醒覺起身也，李頻〈送徐處士歸江南〉：「遊歸花落滿，睡起鳥啼新。」韓偓〈離家第二日卻寄諸兄弟〉：「睡起褰簾日出時，今辰初恨間容輝。」西軒，西邊的廂房，白居易〈樟亭雙櫻樹〉：「南館西軒兩樹櫻，

春條長足夏陰成。」趙湘〈招阮山人宿〉：「欲話因來宿，西軒只兩人。」轉覺添幽趣，漸漸發現多了一番清靜幽雅的情趣。轉覺，更加覺得，陶潛〈雜詩〉：「轉覺日不如，墾舟無須臾。」王維〈送崔九興宗遊蜀〉：「送君從此去，轉覺故人稀。」轉，漸漸、更加，《助字辨略・卷三》：「轉，猶浸也。」陶潛《搜神後記・卷六》：「忽見空中有一異物如鳥，熟視轉大。」添，增加，《玉篇・水部》：「添，益也。」《說文解字注・水部》：「沾，沾、添，古今字，俗製添爲沾益字，而沾之本義廢矣。」

〔4〕斜陽暮。淡煙疏雨。濕遍山前樹：描摹醒來所見，淡煙夕雨的景況。斜陽暮，傍晚的暮色，秦觀〈點絳唇〉：「煙水茫茫，千里斜陽暮。」吳潛〈青玉案〉：「蒼煙欲合斜陽暮，付與愁人砌愁句。」淡煙疏雨，形容煙雨迷濛的樣子，白居易〈江樓晚眺景物鮮奇吟翫成篇寄水部張員外〉：「澹煙疏雨間斜陽，江色鮮明海氣涼。」牟融〈陳使君山莊〉：「流水斷橋芳草路，淡煙疏雨落花天。」濕遍山前樹，把山前的樹木給淋濕了。濕遍，全都淋濕，朱繼芳〈次韻池上暮雨〉：「濕遍闌干欲倚休，手中團扇漸知秋。」曹勛〈接伴書懷〉：「客路空過桃李春，塞塵濕遍馬蹄痕。」

三

客夢初驚，雪晴風冷千山曉〔1〕。塞煙沙草。又上郵亭道〔2〕。　　石室蘿龕，爲我君應掃〔3〕。何時到。放懷吟嘯。相伴山間老〔4〕。

【校】

〔塞煙〕：天順舊鈔本、弘治本、四庫本作「塞烟」；四印齋本、《全金元詞》作「塞煙」。烟，同煙。

〔君應掃〕：天順舊鈔本、弘治本、四庫本作「君應掃」；四印齋本、《全金元詞》作「君應埽」。埽，掃之異體字。

〔山間老〕：天順舊鈔本、弘治本、四庫本作「山間老」；四印齋本、《全金元詞》作「山閒老」。閒，同間。

【箋注】

〔1〕客夢初驚，雪晴風冷千山曉：雪霽風寒，遊子客夢初醒。客夢初驚，遊子之歸鄉夢醒，許渾〈南海府罷南康阻淺行侶稍稍登陸而邁主人燕餞至頻暮宿東溪〉：「離歌不斷如留客，歸夢初驚似到家。」孫覿〈題臨川孝義寺壁〉：「秋風嫋嫋轉庭梧，客夢初驚一鳥呼。」初，纔、剛剛，《書・召誥》：「若生子，罔不在厥初生，自貽哲命。」《史記・外戚世家》：「天下初定未久，繼嗣不明。」

雪晴風冷千山曉，描寫風雪初停的清晨景色。雪晴，霜雪過後轉晴，賈至〈送李侍郎赴常州〉：「雪晴雲散北風寒，楚水吳山道路難。」許渾〈送惟素上人歸新安〉：「風急渡溪晚，雪晴歸寺寒。」千山曉，清晨山巒眾多壯闊的景象，彭汝礪〈先赴東流因寄虞蔣諸君〉：「紅日千山曉，清霜萬木秋。」王之道〈和彥時兄臘雪六首〉：「光凝夜旦千山曉，勢合高卑萬壑平。」

〔２〕塞煙沙草。又上郵亭道：形容自己猶如煙草，漂泊不定。塞煙沙草，指邊塞風煙景物，楊冠卿〈填維揚〉：「強敵不敢縱南牧，關塞煙迷芳草綠。」方嶽〈送少卿奉使淮西〉：「秋高塞上沙草愁，夜半軍中羽書急。」塞煙，邊塞的煙塵，徐彥伯〈送特進李嶠入都祔廟〉：「騎轉商巖日，旌搖關塞煙。」薛能〈折柳〉：「洛橋晴影覆江船，羌笛秋聲濕塞煙。」沙草，北方黃沙滾滾，草因此染塵，故言沙草，王建〈和裴相公道中贈別張相公〉：「日臨宮樹高，煙蓋沙草平。」張籍〈漁陽將〉：「塞深沙草白，都護領燕兵。」又上郵亭道，指煙塵野草又吹到行客往來的道路上，語有悲傷無奈之意。郵亭，古代傳遞信件的人沿途休息的地方或旅客歇宿的舍館，《漢書・薛宣傳》：「過其縣，橋梁郵亭不修。」楊凝〈送別〉：「樽酒郵亭暮，雲帆驛使歸。」

〔３〕石室蘿龕，為我君應掃：描寫欲歸隱之心切，《元史・劉秉忠列傳》：「居常鬱鬱不樂，一日投筆嘆曰：『吾家累世衣冠，乃汨沒為刀筆吏乎！丈夫不遇於世，當隱居以求志耳。』即棄去，隱武安山中。久之，天寧虛照禪師遣徒招致為僧，以其能文詞，使掌書記。後遊雲中，留居南堂寺。」劉秉忠曾出家為僧，故據此處所言，可推知作者想要再回古寺隱世，陸游〈遊法雲〉：「遐想瘦僧迎，寺門為我掃。」石室蘿龕，為供奉神、佛像或祖先牌位的石室或櫥櫃，此指古寺裡的房間及擺設。石室，石造沒有裝飾的屋室，孟浩然〈陪李侍御訪聰上人禪居〉：「石室無人到，繩床見虎眠。」李幼卿〈遊爛柯山〉：「石室過雲外，二僧儼禪寂。」蘿龕，藤蘿做的櫥櫃，齊己〈懷終南僧〉：「鳥道春殘雪，蘿龕晝定身。」釋重顯〈送元安禪者〉：「舊隱蘿龕付與誰，寒猿夜夜啼高樹。」為我君應掃，即打掃屋室，迎接我來，劉長卿〈集梁耿開元寺所居院〉：「到君幽臥處，為我掃莓苔。」李昴英〈送湛師回羅浮花首山〉：「蘭若苦空君不厭，可能為我掃蒼苔。」

〔４〕何時到。放懷吟嘯。相伴山間老：感嘆何時才能重回山間，清閒度日。何時到，此種日子何時才會到來，司空曙〈閒園即事寄暕公〉：「深山蘭若何時到，羨與閒雲作四鄰。」齊己〈船窗〉：「何時到山寺，上閣看江鄉。」放懷吟嘯，放開懷抱，盡情吟詠高嘯，韓淲〈點絳唇〉：「須吟嘯，放開懷抱，更約尋瑤草。」于石〈次韻徐則正山居〉：「棋邊冷眼安危著，筆底放懷長短吟。」放懷，敞開懷抱，白居易〈閒夕〉：「放懷常自適，遇境多成趣。」權德輿〈新月與兒女夜坐聽琴舉酒〉：「列坐屏輕箑，放懷弦素琴。」吟嘯，高聲吟詩與

嘯呼，《晉書・謝安傳》：「嘗與孫綽等汎海，風起浪湧，諸人並懼，安吟嘯自若。」劉琨〈扶風歌〉：「攬轡命徒侶，吟嘯絕巖中。」相伴山間老，相偕在山間老去。山間老，於山林中隱居終老，李綱〈初到臨平見山〉：「君恩若許歸田里，定卜山間老此身。」楊萬里〈九月一日夜宿盈川市〉：「病身只合山間老，半世長懷客裏情。」

四

寂寂朱簾，鳳樓人去簫聲住〔1〕。斷腸詩句。彩筆無題處〔2〕。　　花褪殘紅，綠滿西城樹〔3〕。衡皐暮。客愁何許。梅子黃時雨〔4〕。

【校】

〔衡皐暮〕：天順舊鈔本、弘治本作「衡皐暮」；四庫本作「衡陽暮」；四印齋本、《全金元詞》作「蘅皐暮」。由於此闋詞下片明顯化用賀鑄〈青玉案〉：「碧雲冉冉蘅皐暮，綵筆新題斷腸句。若問閑愁都幾許，一川煙草，滿城風絮，梅子黃時雨。」故四庫本作「衡陽暮」應是誤植。衡皐，同蘅皐，或稱為蘭皐，指有香草的水邊。今取弘治本所錄。

【箋注】

〔1〕寂寂朱簾，鳳樓人去簫聲住：指處所冷清孤寂的樣子。寂寂朱簾，居處冷清貌，李白〈怨情〉：「請看陳後黃金屋，寂寂珠簾生網絲。」鄭谷〈春暮詠懷寄集賢韋起居〉：「寂寂風簾信自垂，楊花筍籜正離披。」寂寂，寂靜無人聲，左思〈詠史詩〉：「寂寂揚子宅，門無卿相輿。」陶潛〈飲酒〉：「班班有翔鳥，寂寂無行跡。」朱簾，用來遮蔽門窗的朱紅色竹簾，江淹〈靈丘竹賦〉：「綺疏蔽而停日，朱簾開而留風。」庾信〈奉和夏日應令〉：「朱簾捲麗日，翠幕蔽重陽。」鳳樓人去簫聲住，弄玉與蕭史吹簫引鳳的鳳樓，如今已人去樓空，典出自劉向《列仙傳・蕭史》：「蕭史者，秦穆公時人也，善吹簫能致孔雀白鶴於庭。穆公有女字弄玉，好之，公遂以女妻焉。日教弄玉作鳳鳴，居數年，吹似鳳聲，鳳凰來止其屋，公為作鳳臺，夫婦止其上，不下數年，一旦皆隨鳳凰飛去。」亦有詩文化用此典，表達淒清孤寂之感，李白〈登金陵鳳凰臺〉：「鳳凰臺上鳳凰遊，鳳去臺空江自流。」岑參〈崔駙馬山池重送宇文明府〉：「鳳去妝樓閉，鴞飛葉縣遙。不逢秦女在，何處聽吹簫。」

〔2〕斷腸詩句。彩筆無題處：感慨悽苦之情無處可說。斷腸詩句，比喻悲傷到了極點的詩歌文句，白居易〈楊柳枝二十韻〉：「纏頭無別物，一首斷腸詩。」黃庭堅〈題陽關圖〉：「人事好乖當語離，龍眠見出斷腸詩。」彩筆無題處，沒有可以寄託情感的地方。彩筆，此指用以書寫文字的筆，錢起〈瑪瑙杯歌〉：

「王孫彩筆題新詠，碎錦連珠復輝映。」錢起〈過王舍人宅〉：「彩筆有新詠，文星垂太虛。」無題處，沒有地方可以題詩，抒發愁苦之情，張炎〈祝英臺近〉：「謾留一搯相思，待題紅葉，奈紅葉、更無題處。」張炎〈八聲甘州〉：「短夢依然江表，老淚灑西州，一字無題處，落葉都愁。」

〔3〕花褪殘紅，綠滿西城樹：描述春晚夏初之景象，周紫芝〈鷓鴣天〉：「花褪殘紅綠滿枝，嫩寒猶透薄羅衣。」花褪殘紅，指暮春時節，花朵色褪，凋謝枯萎，蘇軾〈蝶戀花〉：「花褪殘紅青杏小，燕子飛時綠水人家遶。」歐陽澈〈宿雨新晴〉：「濛濛春鎖弄晴雨，花褪殘紅煙淡竚。」殘紅，即落花，柳宗元〈別舍弟宗一〉：「零落殘紅倍黯然，雙垂別淚越江邊。」白居易〈微之宅殘牡丹〉：「殘紅零落無人賞，雨打風摧花不全。」綠滿西城樹，樹木綠意盎然的樣子，趙師使〈生查子〉：「紅逐故園塵，綠滿江南樹。」汪晫〈次韻落花〉：「新綠滿高樹，殘紅辭舊枝。」滿，全部充盈，沒有餘地，《說文・水部》：「滿，盈溢也。」《莊子・天運》：「在谷滿谷，在阬滿阬。」

〔4〕衡皋暮。客愁何許。梅子黃時雨：形容客愁綿綿不絕，化用賀鑄〈青玉案〉：「碧雲冉冉蘅皋暮，綵筆新題斷腸句。若問閑愁都幾許，一川煙草，滿城風絮，梅子黃時雨。」衡皋暮，指水邊的暮色。衡皋，同蘅皋，或稱爲蘭皋，指有香草的水邊，柳永〈少年遊〉：「夕陽閒淡秋光老，離思滿蘅皋。」歐陽脩〈送目〉：「送目衡皋望不休，江蘋高下遍汀洲。」客愁何許，作客他鄉之愁是什麼樣的感覺，周紫芝〈次韻趙鵬翔秋夜歎〉：「秋容日欲老，客愁秋更深。問言愁何許，萬里懷歸心。」趙長卿〈天仙子〉：「情幾許，愁何許，莫向耳邊傳好語。」何許，如何、怎麼樣，韓愈〈感春〉：「三杯取醉不復論，一生長恨奈何許。」陸游〈桃源憶故人〉：「試問歲華何許？芳草連天暮。」梅子黃時雨，初夏梅黃，陰雨綿綿之時，無名氏〈句〉：「楝花開後風光好，梅子黃時雨意濃。」朱松〈四月十五日上元道中〉：「亂山身逐簡書來，梅子黃時雨未開。」

五

天上春來，滿前芳草迷歸路〔1〕。楚山湘浦。朝暮誰雲雨〔2〕。　　鳳吹初聽，認是吹簫侶〔3〕。劉郎去。碧桃千樹。世外無尋處〔4〕。

【校】

　　五個版本所錄之字句皆同。

【箋注】

〔1〕天上春來，滿前芳草迷歸路：以春草生機盎然反襯自己不得歸之無奈。天上

春來，指春天已經到來，彭汝礪〈和莘老城東齋祠〉：「天上春來今幾時，園林已自足光輝。」張耒〈立春〉：「天上春來誰報人，江山氣象一時新。」滿前芳草迷歸路，春草滿眼，更添覊旅異鄉之苦悶，賀鑄〈點絳唇〉：「歸不去，鳳樓何處，芳草迷歸路。」辛棄疾〈摸魚兒〉：「春且住，見說道、天涯芳草迷歸路。」滿前芳草，綠草滿在眼前，劉辰翁〈池塘生春草〉：「青春何日到，芳草滿前生。」滿前，充滿眼前，白居易〈早春即事〉：「陽光滿前戶，雪水半中庭。」李益〈送同落第者東歸〉：「東門有行客，落日滿前山。」

〔2〕楚山湘浦。朝暮誰雲雨：南方楚地多雲雨，歷來文人即於詩中明載，如李端〈古別離〉：「巫峽通湘浦，迢迢隔雲雨。」張說〈荊州亭入朝〉：「巫山雲雨峽，湘水洞庭波。」作者於此言朝暮誰雲雨，乃藉以說明南方山水迷濛，自己卻無法登覽。楚山，長江中下游一帶的山，謝朓〈休沐重還丹陽道中〉：「雲端楚山見，林表吳岫微。」常建〈鄂渚招王昌齡張債〉：「楚山隔湘水，湖畔落日曛。」湘浦，湖南湘水的水濱，杜牧〈題池州弄水亭〉：「幽抱吟九歌，覊情思湘浦。」李嘉祐〈送韋司直西行〉：「湘浦眠銷日，桃源醉度春。」朝暮誰雲雨，是誰在那兒早晚製造雲雨。朝暮，早晚，儲光羲〈遊茅山〉：「冬春有茂草，朝暮多鮮雲。」劉長卿〈金陵西泊舟臨江樓〉：「行客千萬里，滄波朝暮流。」雲雨，形容自然界的雲情雨態，張九齡〈酬王六霽後書懷見示〉：「雲雨俱行罷，江天已洞開。」王昌齡〈送薛大赴安陸〉：「津頭雲雨暗湘山，遷客離憂楚地顏。」

〔3〕鳳吹初聽，認是吹簫侶：一聽見簫聲，便認定是弄玉及簫史，說明其對隱遁世外的渴望，語本劉向《列仙傳·簫史》：「簫史者，秦穆公時人也，善吹簫能致孔雀白鶴於庭。穆公有女字弄玉，好之，公遂以女妻焉。日教弄玉作鳳鳴，居數年，吹似鳳聲，鳳凰來止其屋，公為作鳳臺，夫婦止其上，不下數年，一旦皆隨鳳凰飛去。」鳳吹初聽，一聽到簫聲。鳳吹，笙、簫等弦管樂，王勃〈臨高臺〉：「瑤軒綺構何崔嵬，鸞歌鳳吹清且哀。」沈佺期〈安樂公主移入新宅〉：「馬香遺舊垞，鳳吹繞新臺。」初，開始，《爾雅·釋詁上》：「初，始也。」《易·既濟》：「初吉終亂。」認是吹簫侶，以為是吹簫隨鳳飛去的仙侶。認是，當作是、以為是，朱灣〈假攝池州留別東溪隱居〉：「愁鬢看如雪，浮名認是雲。」辛棄疾〈鷓鴣天〉：「杖藜忽避行人去，認是翁來卻過橋。」吹簫侶，指弄玉及簫史，即情投意合的人，張綱〈友人哭內作詩次韻〉：「登臺曾是吹簫侶，對影今為舞鏡雄。」朱熹〈鷓鴣天〉：「未尋跨鳳吹簫侶，且伴孤雲獨鶴飛。」

〔4〕劉郎去。碧桃千樹。世外無尋處：感嘆世外桃源難尋，典出於《太平御覽·卷四十一·地部六·天臺山》劉晨、阮肇入仙源、遇仙人之故事，詳見〈臨江仙〉（一別仙源無覓處）註 1「一別仙源無覓處，劉郎鬢欲成絲」條。碧桃千樹，

形容桃花繁盛的樣子，郎士元〈聽鄰家吹笙〉：「重門深鎖無尋處，疑有碧桃千樹花。」陸游〈記九月二十六夜夢〉：「碧桃千樹自開落，飛橋架空來者誰。」世外無尋處，已經找不到避世隱居的地方，王澳〈惆悵詩〉：「晨肇重來路已迷，碧桃花謝武陵溪。仙山目斷無尋處，流水潺湲日漸西。」世外，稱風景優美而人跡罕至的避世之地，孟浩然〈張七及辛大見尋南亭醉作〉：「世外交初得，林中契已並。」陸龜蒙〈奉和襲美贈魏處士五覛詩〉：「不是逍遙侶，誰知世外心。」無尋處，無法找到，劉言史〈贈成鍊師〉：「當時白燕無尋處，今日雲鬟見玉釵。」陸龜蒙〈樵人十詠樵斧〉：「丁丁在前澗，杳杳無尋處。」

六　梨花

立盡黃昏，襪塵不到凌波處〔1〕。雪香凝樹。懶作陽臺雨〔2〕。　　一水相懸，脈脈難為語〔3〕。情何許。向人如訴。寂寞臨江渚〔4〕。

【校】

〔襪塵〕：天順舊鈔本、弘治本作「韈塵」；四印齋本作「韤塵」；四庫本、《全金元詞》作「襪塵」。韈、韤皆襪之異體字。

〔懶作〕：天順舊鈔本、弘治本、四庫本作「懶作」；四印齋本、《全金元詞》作「嬾作」。懶，同嬾。

〔一水相懸〕：天順舊鈔本、弘治本、四庫本、四印齋本作「一水相懸」，《全金元詞》作「一水相縣」。縣，同懸，作繫、掛解。

〔脈脈〕：天順舊鈔本、弘治本、四庫本作「脉脉」；四印齋本、《全金元詞》作「脈脈」。脉脉，同脈脈。

【箋注】

〔1〕立盡黃昏，襪塵不到凌波處：點出梨花生長的環境。立盡黃昏，在夕照下直立著，多用以形容梅花，方夔〈梅花五絕〉：「美人立盡黃昏月，細看枝枯葉脫時。」葛立方〈次韻洪慶善同飲道家賞梅〉：「立盡黃昏賞玉肌，月華無語上疏枝。」作者藉之描摹梨花直立獨處的樣子。襪塵不到凌波處，足跡不曾到水邊。襪塵，羅襪上的塵土，此指腳步、足跡，王初〈銀河〉：「猶殘仙媛湔裙水，幾見星妃度襪塵。」向子諲〈浣溪沙〉：「風前楊柳入腰肢，凌波微步襪塵飛。」凌波處，水邊，陳亮〈最高樓〉：「鉛華不御凌波處，蛾眉澹掃至尊前。」凌波，通「淩波」，上下起伏的波瀾，郭璞〈江賦〉：「撫淩波而鳬躍，吸翠霞而大嬌。」庾信〈和春日晚景宴昆明池〉：「蘭皋徒稅駕，何處有凌波。」

〔2〕雪香凝樹。懶作陽臺雨：形容梨花香郁盛放的樣子。雪香凝樹，形容花香濃鬱，許渾〈聞薛先輩陪大夫看早梅因寄〉：「素豔雪凝樹，清香風滿枝。」此指梨花香氣，李白〈宮中行樂詞〉：「柳色黃金嫩，梨花白雪香。」武元衡〈左掖梨花〉：「巧笑解迎人，晴雪香堪惜。」懶作陽臺雨，懶得下起綿綿不絕的陽臺細雨，此指梨花盛開，不零落如雨。懶作，不想如同，姚合〈別賈島〉：「懶作住山人，貧家日賃身。」徐鉉〈月眞歌〉：「殷郎一旦過江去，鏡中懶作孤鸞舞。」作，像、似，庾信〈登州中新閣〉：「石作芙蓉影，池如明鏡光。」韓愈〈送桂州嚴大夫〉：「江作青羅帶，山如碧玉簪。」陽臺雨，綿密不絕細雨，宋之問〈宋公宅送甯諫議〉：「一散陽臺雨，方隨越鳥巢。」趙冬曦〈奉答燕公〉：「疑嶺春應遍，陽臺雨欲收。」陽臺，山名，在湖北省漢川縣南，一說在四川省巫山縣境，宋玉〈高唐賦序〉：「且爲朝雲，暮爲行雨，朝朝暮暮，陽臺之下。」陸敬〈巫山高〉：「別有陽臺處，風雨共飄颻。」

〔3〕一水相懸，脈脈難爲語：指被水隔絕，相視卻無法言語，語本《文選・古詩一十九首・迢迢牽牛星》：「盈盈一水間，脈脈不得語。」此處乃藉以說明梨花與世不涉，離群獨處。相懸，彼此距離遠、差距大，張說〈至尉氏〉：「始知魯衛間，優劣相懸倍。」白居易〈江樓夜吟元九律詩成三十韻〉：「工夫雖共到，巧拙向相懸。」脈脈，同脉脉，眼神含情，相視不語的樣子，何遜〈仰贈從兄興寧寘南〉：「當憐此分袂，脈脈淚沾衣。」劉長卿〈京口懷洛陽舊居兼寄廣陵二三知己〉：「一水阻佳期，相望空脈脈。」難爲語，難以用言語訴說情懷，郭祥正〈夜坐舟中偶成〉：「此情未遂難爲語，負劍長籲氣滿空。」畢仲遊〈次韻陳子思留別〉：「此時話別難爲語，山水淙淙聒耳鳴。」

〔4〕情何許。向人如訴。寂寞臨江渚：指梨花獨立江邊，情緒無處訴。情何許，情緒如何，張炎〈眞珠簾〉：「任此情何許，茂樹石床同坐久，又卻被、清風留住。」何許，如何、怎麼樣，韓愈〈感春〉：「三杯取醉不復論，一生長恨奈何許。」陸游〈桃源憶故人〉：「試問歲華何許？芳草連天暮。」向人如訴，似乎向人訴說，崔魯〈岸梅〉：「惹袖向憐香半日，向人如訴雨多時。」楊愼〈水調歌頭〉：「席上歡，天涯恨，雨中姿，向人如訴，欲將彩筆記相思。」寂寞臨江渚，孤寂冷清地獨自望著江邊。臨江渚，面對江中沙渚，王勃〈滕王閣〉：「滕王高閣臨江渚，珮玉鳴鸞罷歌舞。」辛棄疾〈賀新郎〉：「高閣臨江渚，訪層城，空餘舊跡，黯然懷古。」

七　梅

策杖尋芳，小溪深雪前村路〔1〕。暗香時度。更在清幽處〔2〕。　　　一見冰容，便有西湖趣〔3〕。題新句。句成梅許。折得南枝去〔4〕。

【校】

五個版本所錄之字句皆同。

【箋注】

〔1〕策杖尋芳，小溪深雪前村路：拄杖於雪中尋找梅花的蹤跡，李洪〈雪中問梅〉：
「雪擁前村路，梅花次第芳。月邊誰索笑，溪斷忽吹香。」策杖尋芳，扶杖
出遊賞梅花，曾幾〈尋梅至楊家見數株盛開〉：「芒鞋竹杖尋梅去，只有香來
未見花。」策杖，扶杖、拄著拐杖，曹植〈苦思行〉：「策杖從吾遊，教我要
忘言。」劉義慶《世說新語・企羨》：「王丞相拜司空，桓廷尉作兩髻、葛裙、
策杖，路邊窺之。」尋芳，尋覓花的蹤跡，韋應物〈陪元侍御春遊〉：「貰酒
宣平里，尋芳下苑中。」劉禹錫〈吐綬鳥詞〉：「春和秋霽野花開，玩景尋芳
處處來。」深雪前村路，描繪尋梅所經的景色，晁端禮〈水龍吟〉：「夜來深
雪前村路，應是早梅初綻。」方嶽〈山中〉：「梅花不隔前村路，只在霜橋雪
屋邊。」深雪，雪多而深的樣子，吳融〈酬僧〉：「翻憶故山深雪裏，滿爐枯
柏帶煙燒。」齊己〈早梅〉：「前村深雪裏，昨夜一枝開。」

〔2〕暗香時度。更在清幽處：描寫梅花香氣淡雅。暗香時度，清幽的香氣陣陣飄
來，張綱〈念奴嬌〉：「暗香時度，捲簾留伴霜月。」萬俟詠〈卓牌子〉：「共
攜手、同倚闌干，暗香時度。」暗香，形容清幽的花香，元稹〈春月〉：「風
柳結柔援，露梅飄暗香。」許渾〈過故友舊居〉：「高竹動疏翠，早蓮飄暗香。」
時度，時時飄過，王禹偁〈奉和御製上元燈〉：「明月靜添華燭影，和風時度
御爐煙。」王安石〈招約之職方並示正甫書記〉：「檽軒俯北渚，花氣時度谷。」
更在清幽處，更在清雅幽靜的地方。更在，更是在，宋之問〈泛鏡湖南溪〉：
「猶聞可憐處，更在若邪溪。」沈佺期〈入少密溪〉：「人家更在深巖口，澗
水周流宅前後。」

〔3〕一見冰容，便有西湖趣：敘述梅花形貌令人興發清雅的意趣。一見冰容，一
看見梅花。一，一旦、一經，《左傳・成公二年》：「蔡、許之君，一失其位，
不得列於諸侯，況其下乎？」《史記・滑稽列傳》：「此鳥不飛則已，一飛沖天；
不鳴則已，一鳴驚人。」冰容，此指梅花的形貌，蘇軾〈紅梅〉：「怕愁貪睡
獨開遲，自恐冰容不入時。」向子諲〈水調歌頭〉：「獨立水邊林下，蕭蕭冰
容孤豔，清瘦玉腰肢。」便有西湖趣，便想起林和靖吟詠梅花的幽趣。林逋，
《宋史・卷四百五十七・林逋列傳》：「林逋字君復，杭州錢塘人。少孤，力
學，不爲章句。性恬淡好古，弗趨榮利，家貧衣食不足，晏如也。初放遊江、
淮間，久之歸杭州，結廬西湖之孤山，二十年足不及城市。真宗聞其名，賜
粟帛，詔長吏歲時勞問。薛映、李及在杭州，每造其廬，清談終日而去。嘗
自爲墓於其廬側。臨終爲詩，有『茂陵他日求遺稿，猶喜曾無封禪書』之句。

既卒，州爲上聞，仁宗嗟悼，賜諡和靖先生，賻粟帛。」其擅長行書，好作詩，隱居西湖孤山，終身不仕，不娶，以植梅養鶴爲樂，詩風淡遠，多寫隱居生活和淡泊心境，有許多吟詠梅花之詩，如〈山園小梅〉二首、〈又詠小梅〉、〈梅花〉五首、〈題梅〉等，其中〈山園小梅〉：「疏影橫斜水清淺，暗香浮動月黃昏。」更是千古名句，往後文人詠梅多提及林和靖及其隱居地西湖，李綱〈葉夢授送家園梅花且以絕句十五章見示次其韻〉：「況有西湖隱君子，句中能道影橫斜。」蘇軾〈和秦太虛梅花〉：「西湖處士骨應槁，只有此詩君壓倒。」李復〈觀梅〉：「苦無疏影橫斜句，深愧林逋處士詩。」

〔4〕題新句。句成梅許。折得南枝去：吟詩句、折梅之南枝而去，藉之表達思歸之心，畢仲遊〈永日〉：「永日梅空發，夜眠分作題。不因懷北客，未折向南枝。」趙鼎臣〈和欽止桐廬中道見寄〉：「富貴君餘事，功名彼一時。臘梅如可寄，爲折最南枝。」題新句，新作詩句，姚鵠〈野寺寓居即事〉：「何處題新句，連谿密葉垂。」法振〈陳九溪中草堂〉：「殞幘題新句，簑衣象古賢。」許，稱贊、心服，《廣韻‧語韻》：「許，許可也。」《三國志‧蜀志‧諸葛亮傳》：「每自比於管仲、樂毅，時人莫之許也。」折得，攀折獲得，鄭谷〈折得梅〉：「寒步江村折得梅，孤香不肯待春催。」杜牧〈折菊〉：「籬東菊徑深，折得自孤吟。」得，得到、獲得，《說文‧彳部》：「得，行有所得也。」《易‧乾》：「知得而不知喪。」南枝，南邊的枝條，有歸返故園之意，劉長卿〈晚次苦竹館卻憶于越舊遊〉：「誰憐卻迴首，步步戀南枝。」獨孤及〈傷春贈遠〉：「楊柳逶迤愁遠道，鷓鴣喝唳怨南枝。」

八

恰破黃昏，一灣新月梢梢共〔1〕。玉溪流汞。時有香浮動〔2〕。　　別後清風，馥鬱添多種〔3〕。如相送。未忘珍重。已入幽人夢〔4〕。

【校】

〔一灣〕：天順舊鈔本、四印齋本、《全金元詞》作「一灣」；弘治本、四庫本作「一彎」。單就音調及字面解釋，二者皆可通；然就情境而言，「一灣」其既可點出地點，亦構築月映溪流的景致，較「一彎」勝。

〔梢梢共〕：天順舊鈔本作「梅稍共」；四庫本作「梢梢共」；弘治本、四印齋本、唐圭璋《全金元詞》作「稍稍共」。劉瞻〈無極道中〉：「銀河淡淡瀉秋光，缺月梢梢挂晚涼。」龐鑄〈却暑〉：「蔗蜜漿寒冰皎皎，畫簾鉤冷月梢梢。」由語意推敲，「梢梢共」較「梅稍共」爲宜。梢梢，或作稍稍，小也。

〔玉溪流汞〕：天順舊鈔本、弘治本作「玉溪流水」；四庫本作「玉溪銀

永」；四印齋本、《全金元詞》作「玉溪流汞」。由歷來文人作品觀之，並無使用「銀永」同溪流連用之語，故不取之；而「流汞」曾用於溪流，如蘇軾〈送陳睦知潭州〉：「白鹿泉頭山月出，寒光潑眼如流汞。」曾極〈張麗華墓〉：「玉鏡臺前棄脂水，深泉流汞尚盈科。」又此句末字為韻腳，故音律以「流汞」為佳。

【箋注】

〔1〕恰破黃昏，一灣新月梢梢共：點出別離的時間是在黃昏。恰破黃昏，正逢黃昏完盡之時，即接近夜晚時分，釋道潛〈與定師話別六言〉：「鳳咮山含暮靄，西陵月破黃昏。」黃裳〈蝶戀花〉：「忽破黃昏還太素，寒浸樓臺，縹緲非煙霧。」一灣新月梢梢共，水邊新月剛上升之際。一灣，水流彎曲之處，張說〈江行無題〉：「一灣一浦悵邅迴，千曲千溠悅迷哉。」錢起〈同趙侍御乾湖作〉：「一灣斜照水，三版順風船。」新月梢梢，小小的一彎新月，韓愈〈南溪始泛〉：「點點暮雨飄，梢梢新月偃。」向子諲〈浣溪沙〉：「草堂松桂已勝攀，梢梢新月幾回灣。」梢梢，或作稍稍，《廣韻·效韻》：「稍，小也。」《周禮·天官·膳夫》：「凡王之稍事，設薦脯醢。」共，極、甚，謝朓〈和伏武昌登孫權故城〉：「文物共葳蕤，聲明且蔥蒨。」劉長卿〈夏中海紅搖落一花獨開〉：「共憐芳意晚，秋露未須團。」

〔2〕玉溪流汞，時有香浮動：描述與友別離時之情景。玉溪流汞，晶瑩澄澈之溪流，蘇軾〈送陳睦知潭州〉：「白鹿泉頭山月出，寒光潑眼如流汞。」韓淲〈朝中措〉：「濕雲涼雨南臺上，歌動玉溪流。」玉溪，澄澈之溪流，趙嘏〈薛廷範從事自宣城至因贈〉：「金管別筵樓灼灼，玉溪回首馬蕭蕭。」賈島〈蓮峰歌〉：「錦礫潺湲玉溪水，曉來微雨藤花紫。」時有香浮動，時時有花香撲鼻而來，林逋〈山園小梅〉：「疏影橫斜水清淺，暗香浮動月黃昏。」趙鼎臣〈蔡興兵曹謝曾秀才見和梅花詩復此韻為謝〉：「暗香浮動正黃昏，獨坐悲歌唾壺缺。」

〔3〕別後清風，馥鬱添多種：藉別後清風中已增添多種香氣，表示自別後，已過了一段時間。清風，清微、涼爽的風，謝朓〈臨高臺〉：「四面動清風，朝夜起寒色。」何遜〈曉發〉：「早霞麗初日，清風消薄霧。」馥鬱，香氣濃厚，寇準〈惜花〉：「深謝暖風傳馥鬱，長憂夜雨暗摧殘。」蘇頌〈清暉茅亭〉：「閒移賓榻向松軒，一坐清風香馥鬱。」

〔4〕如相送，未忘珍重，已入幽人夢：言別後未忘珍重，盼彼此能出現在對方的夢中。珍重，即保重，多用於臨別的客套語，王僧孺〈與何炯書〉：「所以握手戀戀，離別珍重。」元稹〈鶯鶯傳〉：「臨紙嗚咽，情不能申，千萬珍重、珍重千萬。」已入幽人夢，隨後便進入對方的夢中相會，反用李流謙〈再賡

佳什已致牽羊之請又辱不鄙垂教蓋大巫困小巫欲眨其顛踣為戲耳輒作二章以
足小成之數」：「徵招不入幽人夢，節物空驚壯士肝。」已，已而、隨後，《史
記‧項羽本紀》：「韓王成無軍功，項王不使之國；與俱至彭城，廢以為侯，
已又殺之。」《徐霞客遊記‧遊天台山日記》：「香風來處，玉蘭芳草，處處不
絕。已至一山嘴，石壁直豎澗底，澗深流駛，旁無餘地。」幽人，幽隱山林
的人，班固〈幽通賦〉：「夢登山而迥眺兮，覿幽人之髣髴。」韋應物〈秋夜
寄丘二十二員外〉：「空山松子落，幽人應未眠。」

桃源憶故人 〔1〕

桃花亂落如紅雨。閃下西城碧樹〔2〕。寂寞瑣窗朱戶。最是春深處
〔3〕。　　一樽酒盡青山暮。樓外輕雲猶度〔4〕。遠水悠悠不住。流
得年光去〔5〕。

【校】

〔瑣窗〕：天順舊鈔本、四印齋本、《全金元詞》作「瑣窗」，四庫本作「瑣
窻」；弘治本作「瑣窓」。窻、窓乃窗之異體字。

〔一樽〕：天順舊鈔本、弘治本、四庫本作「一樽」；四印齋本、《全金元
詞》作「一尊」。樽，同尊，酒器也。

〔輕雲猶度〕：天順舊鈔本、弘治本、四庫本、四印齋本作「輕雲猶度」，
《全金元詞》作「輕雲猶渡」。渡，同度，去也。

【箋注】

〔1〕桃源憶故人：雙調，四十八字，前後段各四句，四仄韻。一名〈虞美人影〉；
張先詞或名〈胡搗練〉；陸游詞名〈桃源憶故人〉；趙鼎詞名〈醉桃源〉；韓淲
詞有「杏花香裏東風峭」句，因此名〈杏花風〉。

〔2〕桃花亂落如紅雨，閃下西城碧樹：言桃花紛落，拋下碧樹獨自青綠。桃花亂落
如紅雨，暮春桃花紛飛之景象，李賀〈將進酒〉：「桃花亂落如紅雨，勸君終日
酩酊醉。」紅雨，形容花落如雨，劉禹錫〈百舌吟〉：「花樹滿空迷處所，搖動
繁英墜紅雨。」殷堯藩〈襄口阻風〉：「鷗散白雲沉遠浦，花飛紅雨送殘春。」
閃下西城碧樹，拋下城西的林木獨自茂綠。閃下，拋棄、撇下，張相《詩詞曲
語辭匯釋‧卷五》：「閃，拋撇之義。」馬致遠〈青衫淚‧第二折〉：「你好下得
白解元，閃下我女少年。」白樸〈梧桐雨‧第三折〉：「妃子，閃殺寡人也呵！」
碧樹，枝葉茂密的長青樹，《列子‧湯問》：「碧樹而冬生，實丹而味酸。」李嶠
〈太平公主山亭侍宴應制〉：「碧樹青岑雲外聳，朱樓畫閣水中開。」

〔3〕寂寞瑣窗朱戶，最是春深處：雖身處華麗的宅第，卻仍有春深寂寞之感，孫
　　光憲〈河傳〉：「謝家池閣，寂寞春深。」瑣窗朱戶，刻有環形連瑣花紋的窗
　　戶和漆成紅色的府第大門，指富貴人家之宅第，毛滂〈春詞〉：「瑣窗朱戶無
　　寒到，長似春光日日來。」歐陽脩〈溫成皇后閣〉：「瑣窗朱戶暖生煙，不覺
　　新春換故年。」最是，尤其是，何遜〈詠早梅〉：「兔園標物序，驚時最是梅。」
　　戴叔倫〈哭朱放〉：「最是不堪回首處，九泉煙冷樹蒼蒼。」

〔4〕一樽酒盡青山暮，樓外輕雲猶度：慨天上之雲朵仍自顧自地飄著，不理會酒
　　已盡、天已暮。一樽酒盡青山暮，酒盡望青山，日已將暮，許渾〈京口閒居
　　寄京洛友人〉：「一尊酒盡青山暮，千里書回碧樹秋。」樓外，高樓之外，白
　　居易〈和柳公權登齊雲樓〉：「樓外春晴百鳥鳴，樓中春酒美人傾。」韋莊〈謁
　　金門〉：「樓外翠簾高軸，倚遍闌干幾曲。」輕雲猶度，浮雲依舊飄流。猶度，
　　指行不絕也，韋應物〈期盧嵩枉書稱日暮無馬不赴以詩答〉：「南陌人猶度，
　　西林日未昏。」法輪〈觀大駕出敘事寄懷〉：「鳴笳猶度闕，清蹕尚喧宮。」

〔5〕遠水悠悠不住，流得年光去：流水不停，年華亦隨之逝去。遠水悠悠，水流
　　無盡的樣子，張九齡〈江上〉：「長林何繚繞，遠水復悠悠。」李中〈都下再
　　會友人〉：「浮雲空冉冉，遠水自悠悠。」不住，不停止，劉商〈隨陽雁歌送
　　兄南遊〉：「塞鴻聲聲飛不住，終日南征向何處。」朱灣〈寒城晚角〉：「乍似
　　隴頭戍，寒泉幽咽流不住。」流得年光去，年華似水流去不回頭，化用呂陶
　　〈懷鶴鳴〉：「真景望如雲在上，年光去似水流東。」年光，年華、光陰，張
　　柬之〈東飛伯勞歌〉：「春去花枝俄易改，可歎年光不相待。」白居易〈早秋
　　曲江感懷〉：「人壽不如山，年光忽於水。」